荒川善夫
新井敦史
佐々木倫朗　編

戰國遺文

下野編 第一巻

東京堂出版

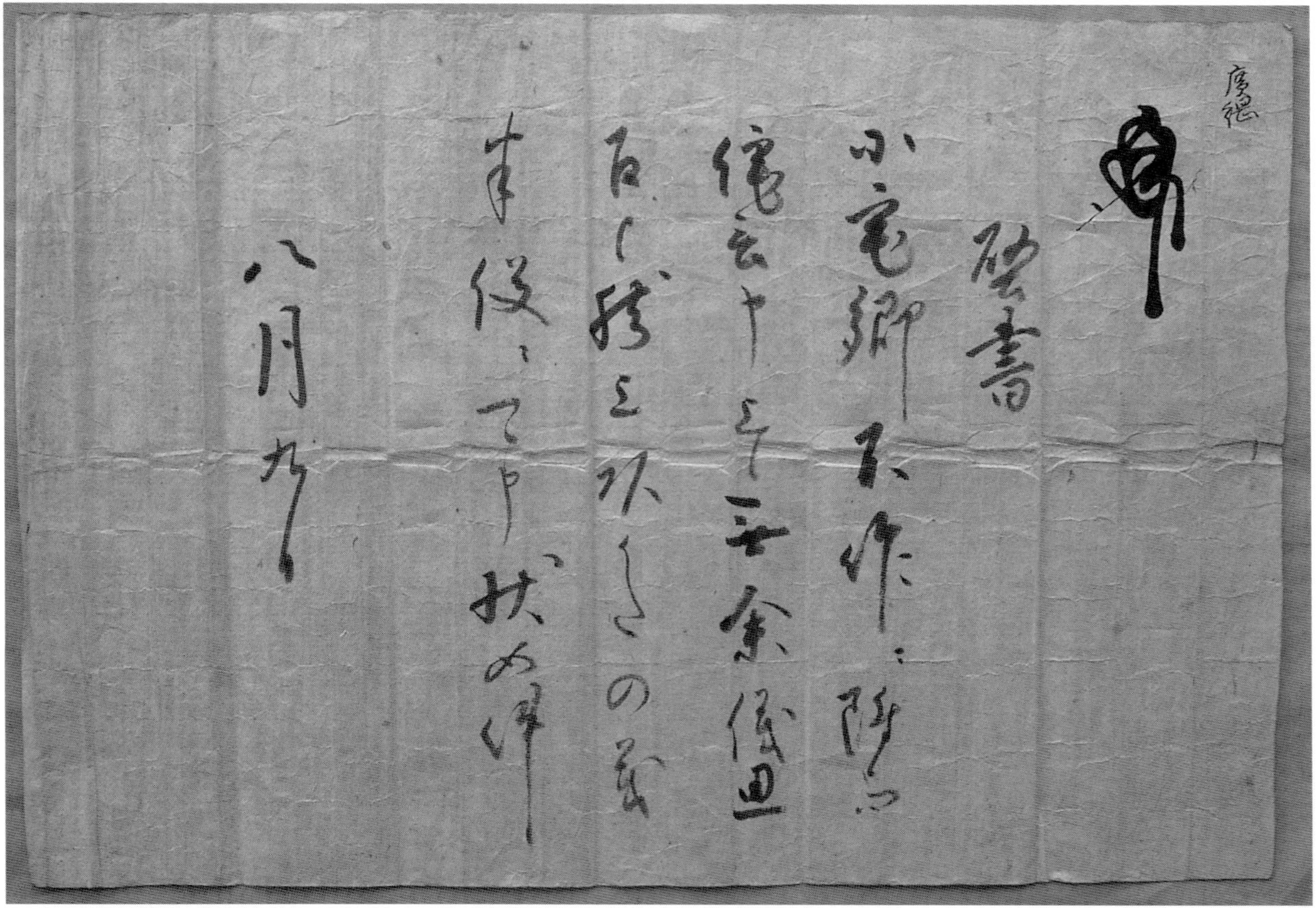

宇都宮広綱壁書（栃木県立文書館寄託小宅定一郎家文書）　本文 337 頁（883 号文書）

序

　歴史学は史料との対話で進めていく学問である。一次史料を中心に据え、史料を科学的に読み込み、史料に歴史を語らせることによって成り立っている学問である。それ故に、研究者は史料を重視する。下野の戦国期権力を研究する場合も同様で、まず『栃木県史』史料編・中世一〜五（一九七三〜七九）を通覧し、次いで県内市町村史をめくる。その後は地域を変えて関東甲信越地域や南東北地域の県史史料編、同地域の出色な市史等史料編にあたり史料蒐集する。さらに、先行論文に掲載されている史料を見るという手順で進めていく。これまで下野の戦国期権力を研究してきた経験を一言で言えば、第一がほとんどの時間を依拠すべき史料の蒐集に費やしたということである。

　第二は、無年号文書が多く年次比定に苦労させられたことである。年次比定に際しては、年紀や閏月が記載されているもの、及び無年号文書ながら古記録などで確実に裏が取れる文書を中心に据え、事件や出来事毎に同じ記述内容があり日付が近ければ同年のものに比定し、日付が離れている場合同じような記述があっても異なる年次ではないかなどと考えた。

　下野南西部の戦国期権力佐野氏の場合は、『佐野市史』資料編1原始・古代・中世（一九七五年）、『田沼町史』第三巻資料編2原始古代中世（一九八四年）、『唐沢山城跡調査報告書（別冊史料集）』（二〇一三年）などが刊行されており、それらを見ればほぼ史料が網羅されている。同地域の足利・館林長尾氏の場合は、『近代足利市史』第三巻史料編原始古代中世近世（一九七九年）や『館林市史』資料編2中世佐貫荘と戦国の館林（二〇〇七年）をめくれば史料がほぼ揃っていて見ることができる。東部の茂木氏の場合は、『栃木県史』史料編・中世二（一九七五年）や『茂木町史』第二巻史料編1原始古代中世（一九九七年）をめくれば茂木氏関係史料をほぼ把握することができる。

それに対し、下野戦国期の三大勢力、南部の小山氏、中央部の宇都宮氏、東部から北部にかけて蟠踞していた那須氏の場合はどうであろうか。小山氏の場合は、『小山市史』史料編・中世（一九七八年）や『小山市史』通史編Ⅰ史料補遺編（別冊、一九八四年）が刊行されているが、現在の研究状況から考えると年次比定など研究の進展に立ち遅れている感が否めない。宇都宮氏と那須氏の場合は、栃木県立博物館の調査研究報告書『那須文書』（一九八八年）などが刊行されているが、まとまった史料集がないのが現状である。さらに、小山・宇都宮・那須の三氏の場合、『栃木県史』史料編中世一〜五に収録されていない新たに発見された史料があるにもかかわらず、翻刻掲載されている史料集が分散している状況である。

このような現況を考えると、『戦国遺文』シリーズの一つとして、比較的史料点数の多い宇都宮氏一族衆の壬生氏や宇都宮氏寄衆の皆川氏関係の文書も含め、戦国期下野の三大勢力小山・宇都宮・那須氏の当主・一族・家臣および寄衆の文書等を蒐集し編年順にならべ刊行することは意義のあることと思われる。本書の最終巻に掲載を予定している索引とともに活用していただければ、下野の戦国期権力研究は飛躍的に発展することが予想される。

ところで、下野を含めた東国の戦国時代は、享徳三年（一四五四）十二月に鎌倉公方足利成氏が関東管領上杉憲忠を殺害したことが契機となって起こった享徳の乱が始まりである。享徳の乱が勃発した時、小山氏当主が持政で、宇都宮氏当主が等綱《ともつな》である。那須氏は当該期上那須氏と下那須氏とに分かれており、上那須氏当主が明資で、下那須氏当主が持資である。本書第一巻では、下野も含めた東国が室町期的様相から戦国期的様相に移行していく様子を理解するために、彼ら当主の享徳の乱勃発以前の発給・受給・関連文書も蒐集掲載した。収録史料の上限が室町時代になっているのはそのためである。

享徳の乱以降、今迄鎌倉にいて鎌倉公方に仕えていた小山氏や宇都宮氏などはそれぞれ本拠に戻り城郭を構え、「洞中」や「家中」と呼ばれる戦国期家臣団組織を新たに創り出し、領域支配に専念していく。下野の場合、前代以来の南部に小山氏、中央部に宇都宮氏、東部から北部に那須氏が割拠する政治構造は戦国最末期まで続くことになる。当主による「洞中」や「家中」の創出は、今まで緩やかであった当主と一族・重臣間の対立を先鋭化させ、領域支配をめぐって近隣の戦国期権力とも対立を繰り返し、東国は戦国争乱の時代になっていく。小山・宇都宮・那須氏などは、東国の伝統的な上位権力鎌倉公方の後身古河公方を盟主に仰ぎつつ、一族・重臣間の内訌と近隣の戦国期権力との所領争いを繰り広げていく。こうした状態は、基本的に永禄三年（一五六〇）八月下旬の越後上杉謙信の関東出陣以前まで続く。

上杉謙信が関東に出陣し、相模の北条氏康・氏政父子共々古河公方をそれぞれ擁立し関東の覇権をめぐり相争うようになると、小山・宇都宮・那須氏などは二大勢力の狭間で去就を変転させる。永禄十二年（一五六九）六月越後上杉氏と相模北条氏との間で越相同盟が結ばれると、上杉氏に与していた常陸佐竹氏を含め宇都宮氏などは上杉氏離れを起こし、甲斐の武田氏と結び北条氏と敵対していく。元亀二年（一五七一）十二月武田氏と北条氏の間で甲相同盟が結ばれると、宇都宮・小山氏などの北関東の戦国期権力は常陸佐竹氏を中心として自立化し結束を強めていく。天正二年（一五七四）閏十一月には、上杉方の簗田氏の居城下総関宿城（千葉県野田市）が、北条氏により上杉謙信と佐竹・宇都宮氏など北関東諸将との足並みの乱れをつかれ攻略される。佐竹・宇都宮氏などの北関東の諸将は、北条氏の北関東侵攻が本格化していく中で、反北条氏連合への道を進んでいく。

第一巻では、このような歴史的な推移と紙幅を考慮し、天正元年までの文書を収録した。
末筆になるが、本書の刊行にあたり東京大学史料編纂所・栃木県立文書館・栃木県立博物館などの史料所蔵機関や個人所蔵者のご配慮を得た。また、本書の編集に際しては、株式会社東京堂出版編集部の林謙介氏、大正大学大学院生谷橋啓太氏・大塚秀哉氏・大類優汰氏のお世話になった。記して感謝申し上げたい。

二〇一七年九月

荒川　善夫（文責）
新井　敦史
佐々木　倫朗

目次

凡例

一、本書は、『戦国遺文―下野編』第一巻として、応永三十年（一四二三）から天正元年（一五七三）までの下野小山・宇都宮・那須氏の当主・一族・家臣および寄衆の文書・供養帳・金石文・棟札等を九八四通収録した。収めた文書が応永三十年からとなっているのは、東国の戦国時代の始まりを享徳三年（一四五四）の享徳の乱と捉え、享徳の乱勃発時の小山・宇都宮・那須氏の三氏当主について乱勃発以前に遡り収録したためである。

一、本書の構成および配列は、下野小山・宇都宮・那須氏の当主を中心に彼らの一族・家臣および寄衆の発給・受給・関連文書に供養帳・金石文・棟札等を加え、編年順に配列した。

一、無年号文書のうち、年次比定が可能なものはその年次の所に挿入し、月日の横に（　　）を付し年号を補った。比定不可能なものは、便宜その文書の想定される年次幅の最初の年の所に収録した。

一、字体は原則として常用漢字とし、読点や並列点を加え、異体字・俗字・変体仮名などのうち特に必要と思われるものはそのまま用いた。

一、文書の署判について、花押は（花押）・（花押影）とし姓名を（　）で傍注した。また、印章は、その形状および朱印・黒印の別を明記し、印文ほか必要な事項を（　）で注記した。

一、編者の付けた校訂に関わる注記は〔　〕、説明に関わる注記は（　）により傍書し、本文と区別した。また、文字に疑義がある部分はそのまま記し（ママ）を傍らに付した。その他、編者が加えた文字や文章には、その頭に○を付して、本文と区別した。

一、人名注・地名注は（　）で示し、地名注は、栃木県内については、市町名のみとし、栃木県外については、県名＋市町村名とした。

一、原本に抹消がある場合、文字の左傍にミを付し、右傍に末梢された文字を〔　〕で記し、塗抹または判読困難な文字は▨で示した。また、虫損・欠損部分は、文字数を推定して□□で示し、文字数の不明な部分は［　　］で示した。

一、文書に付属する端裏書・封紙ウハ書・付箋などの文字は、その上下に「　」を付け、（端裏書）・（封紙ウハ書）・（付箋）などと注記した。

一、原本文書の料紙の形態については、竪紙以外可能な限り（竪切紙）・（切紙）・（小切紙）・（折紙）などの注記をした。

一、各文書の本文は、送り組みとし、年月日・差出人・宛所の位置関係についてはある程度統一した。

一、案文・写などに記された注や返り点で省略したものもある。

戦国遺文

下野編 第一巻

応永三〇年（西紀一四二三）

〇一　某覚書写　〇秋田藩家蔵文書四二

天下之三職之事

「七大名八人之諸家」

一兵衛佐様　四位　管領　公方様之御左座

一細川殿　四位　管領　右座　是ハ管領職ヲ被為持ヒト位御サガリ候

一畠山殿　五位　管領

七大名

一畠山殿

一山名殿

一赤松殿

一大館殿

一一色殿

一土岐殿

一佐々木殿

以上

一八人ノ諸家ヘ都之公方様ヨリ御教書被下候ハ、イツレヘモ日ノ下タノ御字ハ御スヘナク候、御判計也、一度千葉在京致、日ノ下ノ字ニ付ヶ色々侘言申上、日下ノ御字ヲ遊ハレ候、是ハ一返ノ事也

関東諸家之次第

千葉・小山・小田・佐竹・那須・結城・長沼・宇都宮、是ハ京之公方様ヘ之御出仕ハイツレモ御ヱンマテ召出サレ候、サリナカラ千葉・小山ハ御座敷シキヰゴシマテ召出サレ候、残リハ忠節ニヨル也、此座躰年始八朔五節供等ニ如此

武衛様　畠山殿　赤松殿　土岐殿

一色殿ハ御座位ニテ御座敷不定

公方様　アマノヘリニデウタヽミ

此三職・七大名之御一類ハイツレモ公方様之御奉公之衆也

御出立ハ赤地ノ錦ノ直垂ニタテヱボシ也

御釼ハ定テ赤銅作、御カナ物ニ御文スハル、キリノタウ也

ブエイホソ川ノ出立モヨギノ直垂ニヲリエホシ也
細川殿　山名殿　大館殿　佐々木殿
イツレモ七大名ハアサギカチンノヒタ、レニヲリヱボシ也

一於京都御成之次第
公方様ハ御輿アカ染也
一御騎馬之衆ハ細川之右馬頭殿《細川ノソシガシラ》御釼之御役御馬也
一伊勢守殿　　一一色殿
一小笠原殿　　一日野殿是ハ御一家頭御相伴也
細川右馬頭殿御障之時ハ御釼伊勢守殿歟小笠原殿也、御
持候、さなけれハ、上意之御下知ニヨリ、誰々ニテモ御
持候
一御ハシリ衆、昔ハ六十三人、今ハ卅六人モ御ツレ候
一御トン者六人、一射手昔ハ十二人モ又ハ六人モ、是ハシ
ユスノモ、引也、町ハヅレニテ弓ノ持様口伝アリ

○二　足利持氏安堵状

○山川光国氏所蔵松平基則氏所蔵文書

(封紙ウハ書)
「小山藤犬(持政)殿　　持氏」

父(小山)左馬助満泰遺跡事、任相続之旨、領掌不可有相違之状如件、

応永卅年十二月廿三日　(足利持氏)(花押)

小山藤犬(持政)殿

永享元年（正長二・西紀一四二九）

〇三　足利義教御内書案写　〇昔御内書符案

宇都宮藤鶴丸（等綱）属御手可致忠節之由申候、別而被加御扶持候者、本意候状如件、

（永享元年）十月廿六日　（足利義教）御諱

（足利満直）左兵衛佐殿

永享四年（西紀一四三二）

〇四　鎌倉府奉行人連署奉書案　〇輪王寺文書

（端裏書）「（異筆）『到来永享四年十一月七日』

宇都宮伊与寺〔守〕殿　民部丞行義」

日光山常行堂皆水精念珠十四連事、頼朝・実朝幷別当座主大僧正道潤御寄進已下、山中為重宝之処、去年桜下〔本〕房退散刻紛失之由、衆徒及度々注進之条、太不可然、仍彼念珠宮中在之由、被及聞召間、所詮被尋出之、不日常行堂江可被返入之由、所被仰出也、仍執達如件、

永享四年十月五日

民部丞在判

前遠江守判

宇都宮伊与寺〔守〕殿

永享七年（西紀一四三五）

○五　鎌倉府奉行人町野満康奉書　○鹿島神宮文書

鹿島大禰宜憲親申、当社領下野国大内庄内東田井郷（益子町）者、依殊御願、為日〔次脱カ〕御供料所、有御寄付間、諸公事免除地也、爰就去年宇都宮頭役事、及度々致入部譴責由依歎申、不可然旨、固被仰下処、剰当年号塙信濃入道仁、依令居住隣郷、打留用水、結句令乱入社領、馬三疋押取間、百姓等悉致逃散、神領忽罷成亡所由申之、太招重科者也、所詮於塙信濃入道者、為神敵悪行上者、不日被追放其身、至于社領者、永可被止違乱之状、依仰執達如件、

永享七年五月三日　　前備中守（町野満康）（花押）

宇都宮右馬助（等綱）殿

永享八年（西紀一四三六）

〇六　鎌倉府奉行人連署奉書案　〇塙不二丸氏所蔵文書

（端裏書）「三度目召符案文」

鹿嶋大禰宜憲親申、下野国東田井郷（益子町）宇都宮大頭役并用水事、忩参上可遂訴陳旨、以前両度被仰下処、今度如請文者、已就当社申詞、可致頭役銭沙汰由、雑賀遠江守為奉行、被成奉書処、以何篇如此可有御成敗云々、雖為勿論、如大禰宜申者、於　鹿嶋太神宮領者、帯公家・関東御免許、一切不懃仕諸役処、近年構新儀、依被致狼籍、厳重神領罷成亡所由歎申間、所詮両社代官、来月廿六日以前企参上、遂訴陳、任理非可有御裁許由、所被仰出也、仍執達如件、

永享八年閏五月廿六日

民部丞在判

左衛門尉在判

宇都宮右馬助（等綱）殿

永享十年（西紀一四三八）

〇七　足利持氏書状（小切紙）　〇栃木県立博物館所蔵那須文書

（封紙ウハ書）
「那須五郎殿　（足利）持氏」

（端裏）
「（切封墨引）」

注進委細披見了、随而路次無相違下着、目出候、同者祇薗（小山市）城事、先度如被仰候、相触近所之輩令談合長沼・茂木、早速可攻落候、委細者自海老名可申遣之候、謹言、

（永享十年）九月八日　（足利持氏）（花押）

那須五郎（持資）殿

○八　小野寺朝通言上状案　○小野寺文書

小野寺太郎朝通謹申
右、自今月二日、就笠原致出陣、与小山(持政)於一所在陣仕者也、
然者、朝通本領小野寺(栃木市)七ケ村等所々之事、無相違令知行之、
弥為抽忠節、恐々言上如件、
　　永享十年九月十一日

○九　足利持氏書状（小切紙）　○栃木県立博物館所蔵那須文書

(端裏)「(切封墨引)」
祇薗(小山市)城攻落候、先日出候、面々下向候、無程如此候之間、
高名神妙候、委細者自海老名方可申遣候、謹言、
　　(永享十年)九月十二日　(足利持氏)(花押)
　　　那須五郎(持資)殿

永享十二年（西紀一四四〇）

○一〇　某（伊勢貞国ヵ）注進状写　○石川武美記念図書館所蔵成簣堂古文書

結城館長春院殿(足利持氏)御子息入申候之由、小山小四郎(持政)註進、即令
披露候了、言語道断次第候、致降参、不過一両年、罷成御
敵候、及難儀候者、又可参　御方条、勿論候歟、此間捧告
文、種々可致忠節之由、言上之神妙之由被思食候、結句一
両日進上ひなた(日名田)致候、是御返事未出候最中、如此進退胡乱
無比類候、且天罰之至、尽弓矢冥加候歟、▨▨(如此)未練至極族
者、中々罷成　御敵候事、一途▨▨(之由)被仰出候、結城使者(氏朝)両人、
則被召置候、▨▨▨▨▨▨〔不思儀次第候哉〕、随而常州辺凶徒如何、早速

御対治肝要候、可被廻計略候、連々無御等閑、註進以下
日々御申御感過御察候、就▨〔如〕此子細、被下遣　御自筆御書
候、御面目▨▨〔之至候〕〔候哉〕、将又御合力御勢事、方々被仰付候、御
心安可被存候、○次委曲重而可申候、
蘆名（盛久）・白川（直朝）・海道五郡以下御勢、定而早々可出陣候哉、万
一遅々候者、自是直為御催促▨〔為〕被進管領状候、被写遣彼
方々、可有御催促候哉、

卯二（永享十二年）

上杉修理大夫（持朝）殿　　上杉兵庫頭（清方）殿

○一一　足利義教感状（切紙）

○山川光国氏所蔵松平基則氏所蔵文書

去月十七日岩松左馬助（持国）・桃井（憲義）・結城（氏朝）以下凶徒寄来之処、於
当所宿城致合戦、敵数輩令被疵追払彼等、得勝利之由註進
到来、尤神妙、次被官人河尻助三郎軍功事、被感思食也、

五月三日（永享十二年）　（花押）（足利義教）

小山小四郎（持政）殿

○一二　足利義教感状写

○小山氏文書

去月廿九日、於結城館（茨城県結城市）致合戦、被官人数輩被疵之条、尤神
妙候也、

八月十七日（永享十二年）　（花押影）（足利義教）

小山小四郎（持政）殿

○一三　足利義教御内書（切紙）

○山川光国氏所蔵松平基則氏所蔵文書

諸軍勢等雖取囲結城館、于今同篇之条、如何様子細候哉、
早諸陣加談合、不日落居候者、可為本意、巨細剛叟和尚・
景種蔵主可被申候也、

九月十七日（永享十二年）　（花押）（足利義教）

小山小四郎（持政）とのへ

○一四　仙波常陸介某申状写　○安得虎子五

結城城攻ノ時、兵庫頭清方(上杉)、諸大将へ太田駿河守・長南駿河守両使ヲ以、各々へ尋問ハル、諸将存分ヲ残サス申条々、

上杉修理大夫(持朝)方如被申者、被取寄攻陣(近カ)、城中宜可御覧歟、意見雖被申候、有延々無其計略、自然不慮題目出来候者、不可然、其上諸軍勢着陣候トイヘトモ、外城計モ未不手懸事、所存外候、近日被責候者、可然被申候、

宇都宮右馬頭(等綱)被申候、結城(氏朝)事ハ我々如前一族・被官同心之儀候者、以一力可被計略処、近年無力ト申、彼御息様依有御座当城如此候、且他国御勢御粉骨之事、無面目次第候、仍城危可申候時節、何期可被待哉、可申立人躰ヲハ、如何様方便ニテモ可致扶持哉、落行雑人共ニ対シ、不可立其用、然者可御延引、自然而就他国凶事出来候者、不可然間、急速可被責由被申候、

小山小四郎(持政)事ハ宇都宮同前ニ申候、

千葉介(満胤)被申候ハ、大略宇都宮同前ニ候、上意ニモ于今落居如何様子細候哉、被仰下候、帰壁(ママ)除外堀被掘候事、可被責、対テ者当日ニモ其用可然哉由被申候、

武田申事、甲州御敵現形事候、去程ニ少々不請暇罷下人等候、当勢落時者不可然候哉、毎事申談候間、同心ニ可致忠節候由被申候、

小笠原入道(政康)申事、尤近々被責事可然存候、乍去是程大城、御息様以下宗徒者共数輩館籠候、哀々早々可責承度申成、其故者、自諸方落集人躰、兵粮限候間、不落内ニ可被責事肝要候歟、然共楚忽被責候者、用害習自然而責損、手負以下候者、古河・山河(氏義)其外御敵等出張候者、陣中野心族可得力候間、不可然候、然者有不変事者、可為短慮、信州・甲州・大井・逸見以下事者、何程事可仕哉、縦五百騎千騎出張候者、此御勢ヲ以御退治可輙候、入道於京都此事被仰出、自罷下時、当城無落居候者、再帰国可仕共不存候、如何様国ノ難儀子細候共、一騎不返候、当城落居候者、一騎罷帰候共、可輙入国候由、思定候間、此城無落居候程者、不存

余儀候、既被取寄近陣、時ニ伺城被詰候者、兵粮以下限不
損御方、輙御敵可有御退治候間、近々可被責意見難申候、
但衆議候者、其又最前ニ可致忠節由被申候、
長尾因幡守（実景）被申候、越後国御勢難渋之族候間、依其於路次
逗留送日数、結句蚊触ヲ出シ、着陣遅々仕、于今当城廻ヲ
不及見、急而意見申事、其憚候共、凡大城事ト申、彼御息
様有御座、各家面々走籠、片時モ早々被責者、為行御勢候
処、楚忽可被責事、万一合戦凶候時ハ、上州一揆等任雅意、
定而三分一二可罷帰候、然者陣中ニ有言而、重被責事可為
大義候哉、凡当城之躰、兵粮限候由其聞候、落人幾も見而
候、近陣ヲ厚被取寄候者、廿日卅日内城中時宜可見得候、
他国事者不存、越州ノ御勢ハ、愚身在陣程ハ、二年三年候
トモ、一騎モ不可返候、当年内ハ次第御勢可重候間、少々
御延引候、可然歟申候、
長沼申事、数万騎御勢ニ候間、被責候者、外城事ハ可落居
由存候、乍去既愚身要害僅事候、彼御旗ヲ被向、桃井・岩
松以下馳向テ、七十日被責候、甲三十計、上下百余館籠テ
度々合戦、数百人御敵打死仕候、況此要害事者、大城ト申、
思程馳聚者共数千人楯籠候、雖然兵粮無用意間、此時早々
可被責事肝要存、自分万一被責候間、城中可得力候歟、当
城事案内者ニ御座日（ママ）而今少被延候者、以其内計略子細可出
来歟、其上山河以下事申談事候、若相違事、彼要害一勢被
指向、時宜相計可責由申候、
小田・北条申事、大略長沼同前候、雖然無勢事候間、衆議
御同心候者、最前可致忠節由申候、
上杉治部少輔・土岐勢事ハ、此間着陣候間、無案内候間、
衆議可為由被申候、
両国一揆事者、諸大将任議候由申候、如此諸陣意見可承定
候由、自兵庫頭方（上杉清方）申候処ニ、各之儀心得申候、所詮上意
早々被責候者、可然由入道方へ可申旨返事候、去ル十三日
房州方へ罷出、此子細具ニ申談候処ニ、被申者、既当城四
方通路絶、取寄詰陣候上者、早々可被責事勿論候、雖然城
中時宜能々撲（ママ）人躰肝要候間、了簡殿（ママ）早良延引候、篇目申而
不立者、京都様へ注進申事大事候、次山河身上事、属長沼

申子細候間、先可在陣候由申候処ニ、猶以兎角申題目如此之計略共候間、疎忽成事有而ハト存、是等左右聞定、早々被責由諸陣へ可申旨候、愚身房州へ申事、諸勢両篇雖被申候、其内ニ早々一篇調儀ヲ被定候者、其段可致注進候、去年於永安寺両三人御警固候処ニ、彼御息様討漏申方依有而、如此御大事出来候歟、况大城事候間、堅雖被取巻候、自然而一人モ有御忍而御漏候者、猶以可為御大事候間、片時も早々被責候者、可然哉由令申候テ帰候、日限治定候者、重而可致注進、於愚身無油断昼夜走廻候、以此旨可有御披露候、恐惶謹言、

永享十二年十月十五日　仙波常陸介在判

(伊勢貞国)伊勢守殿御披露

○一五　足利義教感状（切紙）

○山川光国氏所蔵松平基則氏所蔵文書

今度最前参御方之由注進到来、尤神妙、弥可抽忠節也、

(永享十二年)十二月十一日　(足利義教)(花押)

小山小四郎(持政)殿

○一六　幕府方分捕着到状写

○結城戦場別記所収文書

一清方彼(被)官の人々分捕

根本五郎頭　賀茂部加賀守頭　磯将監頭已上三、
不知名字頭合七、　大石石見四郎討捕之、
江戸八郎頭　長井六郎討捕之、
今川式部丞頭上洛、　白石周防守討取之、
真田頭　山県美濃入道討取之、
結城右馬助頭上洛、　小串六郎討取之、
小笠原但馬入道頭　発知平次左衛門討取之、
大賀対馬守頭　村山越後守討取之、
小幡豊前守頭　豊嶋大炊助討取之、
香川周防守頭　高山越後守長尾因幡守相討、
大城頭　倉役左近将監討之、

不知名字頭　小幡三河守討取之、
八椚頭　後藤弾正討取之、
不知名字頭　山県左京 那波内匠相討、
不知名字頭　土岐原監理討取之、
不知名字頭　岡見大炊助討取之、
大蔵民部丞頭　大石源左衛門討取之、
寺岡左近　長尾新五郎生捕之、
不知名字頭　和田隼人佐討取之、
慈光寺井上坊頭　吾郡二郎頭　野田右馬介か家人
高倉頭合三、　於古河城、田嶋四郎左衛門討取之、
中谷頭　於当国椎木城、入野出羽守討取之、
一上野一揆分捕之頭
木戸左近将監頭
北楽遠江頭合二、　高山宮内討取之、
築〔筑、以下同ジ〕波法眼頭　赤堀左馬助討取之、
築波伊勢守頭　高田越前守討取之、
小河常陸守頭　和田備前守討取之、

不知名字頭　和田八郎討取之、
桃井僧(ママ)頭左衛門督伯父也、　和田左京 大類中務相討、
不知名字頭　倉賀野左衛門討取之、
不知名字頭　寺尾上総 同左馬助相討、
不知名字頭　長野周防 同宮内少相討、
田賀彦大郎頭　臼井五郎頭合二、　長野左馬介討取之、
不知名字頭　諏訪但馬守討取之、
築(ママ)波頭　一宮駿河守討取之、
神沢頭　一宮修理亮討取之、
不知名字頭　倉賀野五郎討取之、
不知名字頭　発知上総三郎討取之、
大縄孫三郎頭　那波大炊助 同名左京亮相討、
大森六郎頭　那波刑部少輔討取之、
玉井頭　沼田上野三郎討取之、
不知名字頭　小林山城守討取之、
不知名字頭　綿貫越後守討取之、
不知名字頭　綿貫多利房丸 同名　亀房丸相討、

以上
一小田讃岐守分捕頭
厚木掃部助頭　金井頭　能与頭并不知名字頭合二、
五、　　小田讃岐守討取之、
一土岐形〔刑〕部少輔分捕并生捕
前宇都宮伊予守〔家綱〕頭上洛、　篠田山城守頭
伊予部頭　飯塚頭　高植頭　家園家人頭
淡川家人頭合七、　不知名字頭四、　都合十一、
一同手生捕　　厚木掃部助家人
龍崎右京亮　神山三河守　関十郎左衛門是ハ則被討、
龍崎家人高知尾隼人佐并五嶋五郎左衛門并高田太夫新発知有申旨赦免、
小山小四郎〔持政〕分取頭
小笠原越後守　大膳大夫息小山九郎頭上洛、
二階堂左右衛門尉頭　同家人若菜安芸守子僧頭
高橋頭　以上五、
一上杉治部少輔分捕頭

結城中務太夫頭上洛、　比楽十郎頭
野田遠江守家人加藤尾張守頭　小林出羽守頭并不知名字頭以上合五、
一長尾因幡守分捕頭并生捕
香川周防守頭　高橋越後守ト相討、
桃井形〔刑〕部太夫上略〔洛カ、以下同ジ〕、　多賀谷　才河　矢賀井
伊曽野　菊池　塩谷　蓬田　山田　八角兄弟　伊曽山
磯孫三郎　臼井　上須　篠木　阿美次郎　加園将監　酒
谷藤木入道　朽木　加園　修理亮　高野兵部助　河嶋大
炊助　武蔵杉山左衛門五郎　簗四郎　林五郎　明石大炊
助
以上卅人、此内簗四郎、林五郎兄弟ヲ、山川兵部願而討之、
一野田讃岐守分捕頭
関弾正頭　野田右馬助家人矢部大炊助頭是ハ於古河討取、
野田遠江守家人鳩井隼人佐是ハ生捕テ後誅之、
以上三、
一千秋民部少輔分捕
桃井和泉守頭上洛、　小山田大膳太夫息頭上洛、

小畑九郎頭　内田信濃守頭　人見次郎左衛門頭
結城駿河守頭上落〔洛カ〕、　須釜頭結城被官　以上七、
一武田刑部太夫入道分捕
結城七郎頭　同次郎頭上洛、　桃井修理亮頭上略、
簗田出羽三郎頭　梶原大和守頭　以上五、
一中条判官分捕頭
里見修理亮頭上略、　大須賀越後守頭
芦間刑部少輔頭　上曽三郎頭
水谷大炊助頭　木戸宮内左衛門頭
石田頭　大野左近将監頭
不知名字頭　以上九、
一羽川越中守虜人数
吉田次郎　山田下野守　吉見三郎
簗波法眼息童形千寿丸、　小山大膳太夫息僧
以上
一人々分捕之覚
一色伊予六郎頭上洛、　新田ノ羽河越中守討取之、

桃井左京亮頭上洛、　薬師寺安芸討取之、
舞木家人須役頭　網戸式部丞討取之、
長頭桃井家人　泉大炊助頭一色家人　小幡伊賀守討取之、
小栗二郎頭　宇都宮右馬頭〔等綱〕討取之、
秋庭三郎頭　北条駿河守討取之、
榛谷弥三郎頭　禰津伊豆守討取之、
不知名字頭　武田右馬助討取之、
師但馬守頭　茂木筑後守家人討取之、
稲村下野入道　長沼淡路守生捕誅之、
簗波法眼弟子頭　根岸弾正忠頭二、　森形〔刑〕部少輔討取之、
以上十四、

○本史料は、東京大学史料編纂所所蔵「玉塵集結城戦場別記六五」により収録した。

嘉吉元年（永享十三・西紀一四四一）

〇一七　足利義教感状　〇小山文書

（包紙ウハ書）「小山小四郎殿（持政）」

去年十二月十二日幷今月一日於結城館（茨城県結城市）致合戦、親類被官人等被疵之条、尤以神妙也、

（永享十三年）正月廿五日　（足利義教）（花押）

小山小四郎（持政）殿

〇一八　足利義教感状　〇小山文書

（包紙ウハ書）「小山小四郎殿（持政）」

於野木原（野木町）、被官人致合戦、討捕武藤・石崎等之条、尤以神妙也、

（嘉吉元年）四月五日　（足利義教）（花押）

小山小四郎（持政）殿

〇一九　細川持之書状案写　〇足利将軍御内書幷奉書留

上様（足利義教）御事、去廿四日、於赤松（満祐）宿所、不慮子細御座候、無是非候、雖然、面々同心令発向、可加治罰候、不可有遁避候歟、京都事、毎事、無為無事候、可被御心安候、就其佐竹（義憲）事、不相替被致忠節候者、目出候由、面々一同御申候、恐々、

（嘉吉元年）六月廿六日　右京大夫（細川持之）右―

謹上　上杉安房入道（長棟、憲実）殿　兵庫（上杉清方）　修理大夫（上杉持朝）

千葉（胤直）　小山（持政）　宇津宮（等綱）

佐竹下総守（祐義カ）　民部（上杉房朝）　土岐（持益）

小笠原（政康）　武田（信重）　上杉中務少輔（持房）

岩松治部大輔（家純）　上杉治部少輔（教朝）

○二〇　細川持之書状　○井口文書

上様（足利義教）御事、去廿四日、於赤松宿所、不慮子細御座候、無是非次第候、雖然面々同心令発向、可加治罰候、不可有遁避候歟、京都事、若君様（足利義勝）御座候上者、毎事無為無事候、可被御心安候、就其者佐竹（義憲）事、不相替被致忠節候者、目出候之由、面々一同被申候、恐々謹言、

（付箋）「ふくわういん（普広院）御しやうかい（生害）の時小山へ　ほそ川うきやうの大夫よりの一札」

（嘉吉元年）六月廿六日　右京大夫（細川）持之（花押）

謹上　小山小四郎（持政）殿

○二一　細川持之書状写　○本願寺文書

此御事誠以非所覃言詞候、無是非次第候、雖然若君様御座候上者、京都毎事無為候、就是——

（嘉吉元年）七月廿二日　右持之（右京大夫）（細川持之）

謹上　宇都宮右馬頭（等綱）殿

○二二　口宣案　○松平基則氏所蔵文書

（端銘）「上卿日野大納言（資親）」

嘉吉元年九月五日　宣旨

依為当国守護、追先例、

宜任下野守、

蔵人左少弁俊秀（坊城）奉

文安三年（西紀一四四六）

〇二三　細川持之書状写　〇本願寺文書

普広院殿（足利義教）御事、先度御▨▨（申候）了、抑赤松大膳大夫入道（満祐）事、去
十日、於播州城山城討捕候、彼頸既到来候、目出候、就中
佐竹左京大夫（義憲）事、其後如何様候哉、一途落居念願候、巨細
説談和尚可被仰候、恐々謹言、
九月廿二日（嘉吉元年）　右（右京大夫）（細川持之）
謹上　上杉殿（憲実）　千葉殿（胤直）　上杉兵庫助殿（清方）
宇津宮右馬頭殿（等綱）　上杉修理大夫殿（持朝）
小山小四郎殿（持政）

〇二四　口宣案　〇松平基則氏所蔵文書

（端銘）「上卿四条中納言（隆盛）」
文安三年十一月廿四日　宣旨
藤原（小山）持政
宜任下野守
蔵人前伯耆守藤原教忠（葉室）奉
〇小山文書にもほぼ同文の文書写あり。

文安五年（西紀一四四八）

○二一五　宇都宮等綱寄進状写　○中里文書

右大□〔岡カ〕之郷より神宮寺大御堂行事分供料五貫文并経所七貫文堅可致進納由、神大夫申付候、於向後被違犯候之者、為彼判形先可被仰付候状如件、

文安五年七月六日

嫡孫前下野守等綱（宇都宮）（花押影）

惣行事御房

宝徳二年（西紀一四五〇）

○二一六　足利成氏書状写　○鎌倉大草紙四

関東執務事、上杉右京亮憲忠雖居其職候、依為微若、長尾左衛門入道（昌賢、景仲）自専諸職、令蔑如公務、太田備中入道（資清）為談合張本、緩怠逐日令傍（倍増カ）情、剰構種々造意、綷入火急候間、無拠于勘忍候而、去月二十六日夜移居江嶋（神奈川県藤沢市）候、翌日廿一日為長尾・太田骨張（出）、引率多勢、寄来腰越浦（神奈川県鎌倉市）、致合戦之間、小山下野守（持政）家人数輩令討死候、其後彼等出由比浦（神奈川県鎌倉市）へ候之間、千葉新助（胤将）・小田讃岐守（持家）・宇都宮（等綱）以下為御方、数刻責戦間、凶徒等被打散、相州糟谷庄（神奈川県伊勢原市）へ引退而、致合戦張行候、長棟（上杉憲実）舎弟道悦僧、為為（無）異計略、自駿州罷越、執

申降参訴訟候間、以寛宥之儀、父子共令優免旨、申付候
処、参上令難渋、結句七沢山(神奈川県厚木市)仁構要害之由、其聞候、次
於長尾・太田以下凶徒者、速仁可加誅罰由、令成敗候、
此一件事、不替時日、雖可致注進候、相待長棟帰国為談
合、言上に令延引候、
一右京亮事、自元無誤候間、可参上、所行不自由歟、尤不
便至候、爰憲忠被官人中、長尾名字数輩、相続・小幡(羽)・
小宮山以下数十人、馳参当陣候、
一安房(上杉憲実)入道候関東、可執行政務之由、可被仰下候、
一去廿一日合戦時、戦功輩中へ可被成下御感之御教書候、
一関東諸侍并武州・上州一揆輩中江可致忠節旨、被成御教
書候者、尤可然存候、
一勝長寿院門主(成潤)・若宮社務(雪下殿)速村(ママ)何居、当帰候、「此下虫喰不
見」
一奉対京都、一切不存私曲候、於自今以後茂可抽無二忠勤
候、肝要、安房入道縦雖居傍候、早速可相帰旨、被下上
裁候者、可畏入候、此等趣可然様可令披露給候、恐々謹
言、

五月十二日(宝徳二年)　成氏(足利)

左衛門督入道殿(徳本、畠山持国)

○原本に付された訓点は略した。

○二七　徳本畠山持国書状写　○南部文書

関東執務□(之)事、上椙(杉)右京亮憲忠□□□(雖居其)職候、依為微若長尾
左衛□(景仲)□□□(門入道等)自専□□□(諸職蔑)如公務、太田備中入道(資清)為談合張本、
緩怠逐日令倍増、剰構種々造意綺語、既覃火急之間、無拠
堪忍候上、連々依相談安房入道候、□(去カ)月廿日夜俄移居江島
候処、翌日廿一日為□□(長尾)、太田骨張引卒多勢、於輿(腰)越致合
戦間、小山下野守(持政)家人数輩令討死候、其後彼等打出由比浜
候処、千葉介(胤将)・小田讃岐守(朝久)・宇都宮右馬頭(等綱)以下、為御方数
刻防戦之間、凶徒等悉被打散、相残軍兵引退糟屋庄畢、就
中□(上)杉修理大夫入道号隠居遁公名、白衣□□(打着カ)甲冑、雖致合
戦張行候、長棟(上杉憲実)舎弟道□(悦)僧為無為計略、自駿州罷越、執申

降参訴訟間、以寛宥之儀、父子共可優免旨申付候、但於長尾・太田以下凶徒者、速可加誅罰由、令成敗候、一件不替時、雖可致註進候、相□□□《（待長棟）》帰国為談合、言上于今延引候、

一　右京亮《（上杉憲忠）》事、自元無誤間、参上事、雖度々申、関東事委細御註進旨、即披露仕候、仍長尾左衛門入道幷太田備中入道等事、隠遁之由承候、於于今者、属無為儀候哉、随而長棟帰参以下事、任御申請旨、被成御教書候、目出度候、

恐々謹言、

五月廿七日《（宝徳二年）》　　　徳本《（畠山持国）》

武田右馬助入道殿

宝徳三年（西紀一四五一）

○二八　細川勝元書状写　○小山氏文書

足立源左衛門尉本知行所々事、可被返付之由、自普広院殿《（足利義教）》御代、連々被仰候畢、仍今度両所被渡付之由、注進候、目出候、相残分事、定可被渡候、彼仁事、京都御扶持之儀候、自然之時者、御合力可令悦喜候、恐々謹言、

「宝徳三正廿三到来」《（異筆）》

十二月七日《（宝徳三年）》　　　勝元《（細川）》（花押影）

小山下野守《（持政）》殿

享徳元年（宝徳四・西紀一四五二）

〇二九　源義氏書状　〇國學院大學白河結城文書

細川右馬頭(持賢)方へ御尋之子細候処、以書状被申候由、太田申候、喜入候、仍国事、宇都宮(等綱)其外之由申談、無等閑候者可喜入候、謹言、

(宝徳四年)卯月一日　(源義氏)(花押)

白川(直朝)とのへ

〇三〇　足利成氏書状　〇小山文書

(封紙ウハ書)「小山下野守(持政)殿　(足利)成氏」

(端裏)「(切封墨引)」

下野国天命(佐野市)事、長春院殿(足利持氏)様御折角刻、以海上信濃(頼胤)入道跡、為勲功之賞、印東下野守仁被成御判候之上者、可致入部之由、被仰付候、堅合力候者、可為御悦喜候、謹言、

(享徳元～三年)九月十七日　(足利成氏)(花押)

小山下野守(持政)殿

〇三一　小山持政寄進状　〇青木文書

寄進

惣大宮

下野国中泉庄大河嶋郷(小山市)内三拾貫文下地事

右、就当庄還補、奉寄付之状如件、

享徳元年十一月十五日

(小山持政)前下野守（花押）

当社別当

享徳二年（西紀一四五三）

〇三二 佐竹義頼書状（切紙） 〇栃木県立博物館所蔵那須文書

先度如申候、早速預御合力候者恐悦候、仍伊勢畑之事、以
大岩石見守申子細、可然之様被仰合候而承候者、目出可悦
喜仕候、恐々謹言、

（享徳二年前後）七月四日　（佐竹）源義頼（花押）

謹上　（持資）那須殿

〇佐竹義頼は佐竹義俊の前名である。

康正元年（享徳四・西紀一四五五）

〇三三 勝海譲状 〇青木文書

譲与
下野国中泉庄惣大権現之別当職之事、中納言房ニ譲与所也、
寺家御神領幷旦那已下悉渡処実也、但旦那之事者、彼勝尊
房ニ預置所也、若又迎当住持、無奉公致疎略者、如本寺家
仁可被召返旨、申付所也、仍証文状如件、

享徳四年二月十日　勝海（花押）

中納言房渡状

〇三四　足利成氏感状（切紙）　〇栃木県立博物館所蔵那須文書

（端裏）「（切封墨引）」
今度小栗（茨城県筑西市）江参陣、誠感思召候、相継先忠候上者、於抽賞者、
可有其沙汰候、猶以励勲功者、可然候、謹言、
（享徳四年）閏四月二日　（足利成氏）（花押）
那須越後守（持資）殿

〇三五　足利成氏感状（切紙）　〇栃木県立博物館所蔵那須文書

（端裏）「（切封墨引）」
長々陣労上、去七日城（小栗城）攻時、被官人等若干蒙疵尽粉骨由聞
召候、忠儀至、誠御感悦候、以瑞泉寺被仰候、謹言、
（享徳四年）閏四月十三日　（足利成氏）（花押）
那須越後守（持資）殿

〇三六　足利成氏書状写　〇集古文書六六

（封紙ウハ書カ）「（後筆）『到来康正元年五月四日』
那須越後守（持資）殿　成氏（足利）」
大将於可被立趣、内々雖被申候、既其方江被下御幡上者、
別而不可被仰付候、仍宇都宮（明綱）勢罷立由聞召候、進陣事、堅
可被仰付候、然者、調儀等相談計略候者、尤可然候、謹言、
（享徳四年）五月一日　（足利）成氏（花押影）
那須越後守（持資）殿

〇三七　足利成氏宛行状（切紙）　〇栃木県立博物館所蔵那須文書

（端裏）「（切封墨引）」
為今度抽賞、上州和田八郎跡事、可有知行候、謹言、
（享徳四年カ）五月廿一日　（足利成氏）（花押）
那須越後守（持資）殿

○三八　足利成氏諸役免除状（切紙）　○栃木県立博物館所蔵那須文書

(端裏)「(切封墨引)」

当参幷諸公事御免事、被申候、不可有相違候、謹言、

(亨徳四年カ)五月廿一日　(足利成氏)(花押)

那須越後守(持資)殿

○三九　足利成氏書状写　○正木文書

今日晦日小山(小山市)江御着陣候、不日又其方へ可被寄御馬候、恐々謹言、

(後筆)「到来亨徳四　六月三日」

五月晦日　成氏(足利)在判

岩松右京大夫(持国)殿

○四〇　足利成氏書状（小切紙）　○栃木県立博物館所蔵那須文書

(端裏)「(切封墨引)」

連々存忠儀上、以前小栗(茨城県筑西市)江罷立専励戦功候、感思召候、就調儀子細此方(小山)江被移御陣候、此上者弥抽忠勤候者、尤可為御本意候、恩賞事先立上州仁雖被行候、重近所仁可然在所お可被望申候、謹言、

(亨徳四年)七月十三日　(足利成氏)(花押)

那須越後守(持資)殿

○四一　足利成氏書状（小切紙）　○栃木県立博物館所蔵那須文書

(端裏)「(切封墨引)」

宇都宮下野守等綱翻先忠企野心之段其聞候、若事実候者、不日襲来等綱在所、可抽忠儀旨、相談白河修理大夫(直朝)、同心仁致忠節候様廻計略候者、於抽賞者、宜依望候、謹言、

(康正元年)七月廿九日　(足利成氏)(花押)

那須越後守(持資)殿

○四二　足利成氏書状（切紙）　○栃木県立博物館所蔵那須文書

(端裏)「(切封墨引)」

茂木筑後入道幷森田・向田・下河井等事、如元随逐不可有相違候、謹言、

(康正元年)八月十九日　(足利成氏)（花押）

那須越後守(持資)殿

○四三　小山持政安堵状　○青木文書

下野国中泉庄惣大別当職事

右、先師勝海譲与状明白上者、領掌不可有相違之状如件、

享徳四年九月三日　(小山)持政（花押）

惣大別当中納言御房

○四四　足利成氏安堵状　○小田部好伸家文書

(真岡市)中村庄事、任先御落居旨、成敗不可有相違候、入部時節事者、於参陣上可被仰定候、謹言、

(康正元年)九月十八日　(足利成氏)（花押）

宇都宮四郎(明綱)殿

(封紙ウハ書)「宇都宮四郎(明綱)殿　(足利)成氏」

○四五　小山持政書状（小切紙）　○國學院大學白河結城文書

(封紙ウハ書)「白川入道殿　(小山)前下野守持政」

□先日以□御出陣候哉、御床敷候、仍無御余儀御申条、難黙止存候間、為後代亀鏡、申下　御旗候、家之御面目、不可如之候、於拙者、祝着候、然者弥被廻武略、被励大功候者、重可有御抽賞候、巨細彼使節精可被達仰候、恐々謹言、

(康正元年)九月廿九日　(小山)前下野守持政（花押）

謹上　白川修理大夫(直朝)殿

○四六　宇都宮等綱宛行状　○松野文書

(大田原市)小河郷之事、悉皆可有御知行候、恐々謹言、

康正元年十月廿八日　等綱（宇都宮）（花押）

松野越中守殿

○四七　足利成氏感状写　○大田原市那須与一伝承館寄託那須文書

以使節被仰候処、懇申上候、感悦之余被下御旗候、弥励忠節者、可有御恩賞候、委細之段興聖寺可被申候、謹言、

十月廿八日（康正元年カ）　成氏（足利）（花押影）

那須越後守（持資）殿

○四八　足利成氏書状写　○楓軒文書纂九一 白河証古文書二

宇都宮弥四郎（明綱）雖参上、等綱（宇都宮）進退未定上者、時宜不可相替之由以前被成御書候、仍陣所事、小山下野守（持政）可申遣候、謹言、

十一月朔日（康正元年）　（花押影）（足利成氏）

白川修理大夫（直朝）殿

○四九　足利成氏軍勢催促状（小切紙）　○國學院大学白河結城文書

（前欠）□（者）□（即カ）致参上候、等綱（宇都宮）隠謀遂（逐カ）日倍増之上者、最初被仰出時宜、一点不可相替候処、緩陣候之由被聞召及候、不可然候、早々宇都宮知行分江寄陣、可励戦功候、然者、自此方可被差向御勢候、謹言、

十一月七日（康正元年）　（花押）（足利成氏）

白川修理大夫（直朝）殿

○五〇　足利成氏書状（切紙）　○栃木県立博物館所蔵那須文書

（端裏）「（切封墨引）」

向等綱（宇都宮）館取陣候由聞召候、感思食候、然者、急速令落居候様可廻計略候、謹言、

十二月十八日（康正元年）　（花押）（足利成氏）

那須越後守（持資）殿

○五一　小山持政書状（折紙）　○青木文書

当社大工事、申人躰有へからす、所詮別当の心にまかせて、はんしやう（番匠）をめしつか（召使）ハれ候へく候、恐々謹言、

　　二月五日　　　持政（小山）（花押）

　中泉惣大別当

○五一号～五四号は年未詳であるが、前掲四三号との関連で便宜同じ年次の所に置く。

○五二　小山持政書状（折紙）　○青木文書

為　惣大社頭造営料、庄内間別、不論出家・侍之在所、可致取沙汰候、謹言、

　　八月九日　　（小山持政）（花押）

　中泉庄奉行中

○五三　某広村書状（折紙）　○青木文書

惣大御造営事ニより、当庄間別とりさたすへきよし、被仰出間、出家・侍のきらいなく、厳密ニ可取候、其段御意得あるへく候、恐々敬白、

　　八月九日　　　広村（花押）

　惣大別当

○五四　小山持政寄進状　○青木文書

武州太田庄南方下村事、令寄付候、任先例、可有所務候、恐々敬白、

　　十月十五日　　持政（小山）（花押）

　霊鷲院

○五五　岩松持国闕所注文（折紙）　○正木文書

　上野国

一　藤河郷（群馬県邑楽町）　藤河五郎四郎　知行分

一　石打郷（群馬県邑楽町）　石打兵部少輔　知行分

一　飯塚郷（群馬県太田市）ゆい所

下野国
一　牧野之郷（栃木市）　木戸兵部少輔
知行分　（裏花押）
一　小薬郷（小山市）　梶原五郎右衛門尉
知行分
以上
岩松右京大夫（持国）申也、

○本文書、享徳四年（康正元年）のものと思われる。

康正二年（西紀一四五六）

○五六　足利成氏加判赤堀政綱軍忠状（元竪継紙）

○群馬県立歴史博物館所蔵赤堀文書

（花押）（足利成氏）

赤堀孫太郎政綱申軍忠事

右、去享徳四年二月十七日夜善信濃入道・同三河守庶子等
在所悉焼落、同十八日亡父下野守時綱武州村岡（埼玉県熊谷市）御陣馳参在
陣仕、同三月三日古河（茨城県古河市）江供奉仕、同十四日一揆悉弛（馳カ）御陣、
雖致御敵於時綱（赤堀）相残御方在々所々致宿直警固、同六月廿四
日足利（足利市）御陣御供仕、同七月九日至小山（小山市）御陣供奉仕令在
陣、同十月十五日宇都宮（等綱）御敵出張之間、小山下野守（持政）同心仁

於木村(栃木市)原合戦仕、親類家人数輩被疵、同十七日小野寺(栃木市)江馳
越令在陣、同十二月十一日只木山(足利市)御敵没落以後者、薗田・
足利所々令在陣致宿直警固、翌年正月七日夜那波郡(群馬県玉村町)福嶋橋
切落警固、御敵等数輩討捕畢、同正月廿四日殖木・赤石(共に群馬県伊勢崎市)江
御敵出張之間、馳合致合戦数輩討捕、同二月廿六日於深巣(群馬県前橋市)
合戦、長尾兵庫助幷沼田上野守手仁(ママ)懸合、下野守時綱・同
孫三郎兄弟討死仕、其外親類家人数輩（後欠）

○本文書、康正二年二月二十六日以降のものである。

○五七　足利成氏書状（切紙）

○栃木県立博物館所蔵那須文書

(端裏)「（切封墨引）」

去年宇都宮(宇都宮市)江在出陣、数日陣労事度々被仰出候処、既茂木(茂木町)
辺江罷越之間、使節不及対談帰参候き、仍茂木筑後入道謀
略事、連々聞召候処、結句旧冬造意無是非次第候、可被任
中上旨候、次森田・向田事、年来其方同道、時宜一定候者、
宇都宮四郎(明綱)江堅可被仰付候、謹言、

(康正二年)正月十六日　(足利成氏)（花押）

那須越後守(持資)殿

○五八　足利成氏書状（切紙）

○栃木県立博物館所蔵那須文書

(端裏)「（切封墨引）」

日光浄月坊以下落人等知行近辺徘徊候、以前度々雖訴訟申
候、不可叶候由被仰出候了、殊致計略子細其聞候、速令沙
汰候者、可然候、謹言、

(康正二年カ)二月五日　(足利成氏)（花押）

那須越後守(持資)殿

○五九　足利成氏書状（切紙）

○栃木県立博物館所蔵那須文書

(端裏)「（切封墨引）」

以前以等敏西堂被仰候処、雖不始事懇申上候、誠御悦喜候、
殊去三日於茂木(茂木町)致合戦、親類家人数輩被疵候由聞召候、御
感悦之余、為使節被遣興正寺候、其口事憑思召候上者、可

然様廻計略候者、尤御大慶候、時宜巨細被仰含天叟和尚候、
謹言、
(康正二年)三月六日　(足利成氏)(花押)
那須(持資)越後守殿

○六〇　足利成氏安堵状　○天翁院文書

下総国大方郡事、為本領上者、如元可有知行候、謹言、
享徳五(康正二年)
三月九日　成氏(足利)（花押）
小山下野守(持政)殿

○六一　足利成氏書状（切紙）　○栃木県立博物館所蔵那須文書

(端裏)「（切封墨引）」
向茂木(茂木町)城取近陣、日々致矢軍由聞召候、悦思食候、同者速令没落候様可廻計策候、仍京都註進当所事、当職由其聞候間、畠山右衛門佐尤可然候、次森田事、宇都宮江可被仰付候処、菟角子細申候、重可被仰付候、向田事者、応　上裁候者、可然候、次両総州御敵悉令対治(退)候間、近日彼諸勢可致参陣候、目出候、謹言、
(康正二年)三月十五日　(足利成氏)(花押)
那須(持資)越後守殿

○六二　道景(宇都宮等綱)去状　○東京大学白川文書

上杉奥州(憲直)跡塩谷三ケ郷、幷武茂十二郷事、如先年去進候、於此以後、不可違篇申候、若兎角篇申候者、
大明神・八幡大菩薩・鹿嶋大明神可蒙御罰候、恐々謹言、
康正二年四月一日　沙弥道景(宇都宮等綱)（花押）
白川修理大夫(直朝)殿

○六三　足利成氏書状写　○武家事紀四三

於京都御進止者、一所不成其綺段候、諸代官存知前候、
就中足利(足利市)荘事、被下御代官、直可有御成敗候、

一　勝長寿院門主成潤事、如以前啓上、同心聞候、陣館於移日光山(日光市)候間、意趣何事候哉由尋試候処、以罰文乍令陣謝加敵陣候、太虚偽之至候、彼書状為御披覧写進候、

一　去年(康正元)正月六日、上杉修理大夫入道(持朝)幷憲忠(上杉)被官人等相州(神奈川県平塚市)嶋河原江出張間、差遣一色宮内大輔・武田右馬助入道(信長)、討発(ママ)多分討取候了、同正月廿一日・翌日廿二日、上杉右(憲信)馬助入道・同名太夫三郎(顕房)幷長尾左衛門入道(昌賢、景仲)等、武州・上州一揆以下同類輩、引率数万騎、武州国府辺競来間、於高幡(東京都日野市)・分陪河原(東京都府中市)、両日数箇度交兵刃終日攻戦、為始上杉両人討取数人候、至于今残党者束手令降参候了、其後敗軍余党等常州小栗城(茨城県筑西市)ニ館籠間、野州(総)結城御厨(茨城県結城市)江進旗差向、外様軍士数日相戦攻落候間、小山下野守(持政)館江令帰着時節、上杉民部大輔(房定)・同兵部少輔(房顕)保具(召カ)越州・信州群勢、長尾左衛門入道集調武州・上州党類、野州天命(佐野市)・只木山(足利市)他日張陣、今川上総介(範忠)率海道諸国勢、相州江襲来り、千葉介(胤直)入道常瑞・舎弟中務入道了心(賢胤)・宇都宮下野守等綱等如合符、所々江令蜂起処、千葉陸奥入道常義(輝)父子(康胤・同胤持)存貞節属御方間、相副諸軍於総州多胡・志摩両城決雌雄、千葉介入道兄弟・同専一家(人脱カ)円成寺(妙城)(城)下野守一類以下千余人討取候、余党等尚以同国市川(千葉県市川市)ニ構城郭候間、今年正月十九日不残令討罰、然間、両総州討平候了、

一　宇都宮等(綱)総事、欲加対治(退)刻、長子四郎(明綱)召具芳賀伊賀守幷紀・清両党令帰伏陣下、於等綱者、雖形衣頬乞降免候間、以慈憐儀寛(宥カ)免候、

一　山河兵部少(基義)(輔脱カ)・真壁兵部大輔構要害成敵讎間、可加討戮処、各退城内帰候了、

一　上杉八郎(藤朝)・同庁鼻和六郎・同七郎(憲明)・長尾左衛門入道(景仲)以下両国一揆等、武州騎西郡(埼玉県加須市)ニ相集、輝玄甲(申)間、将師於差副数多兵軍、去年十二月三日・同六日致軍戦、為宗勇兵等数百人討取候了、残逆(徒)等方々皆以令馳走候、

一　天命(佐野市)・只木山(足利市)仁数日令纒集敵軍等塞用(要)路、不漏欲討留処、不遂一戦抛身於溝壑令漂没、残軍等、尚武州・上州江旗於令横行候、加追討重致註進候処、庶幾者、速預無為御返事候者、誠以可為都鄙安泰基候、此趣具被懸尊意

候者、所仰候、恐々謹言、
(康正二年)四月四日　成氏(足利)
三条殿(実雅)

○六四　細川勝元書状写　○楓軒文書纂九一白河証古文書中仙台白河家蔵

関東事、旧冬既出陣之由注進候之間、被感思食候之処、無幾程帰国之上、剰宇都宮等綱古河へ降参之事、一向其方意見之由其聞候、無勿体候、就中京都屋地事、雖無一通証文出帯候、以別儀被成御教書了、御面目之至候歟、如今者上意可為如何候哉、所詮其内令進発、被抽一段之戦功候者可然候、巨細者少納言山臥(八槻)可被申候、恐々謹言、
(康正二年)四月四日　勝元(細川)花押同上
白河修理大夫殿(直朝)

○六五　足利成氏感状（切紙）　○栃木県立博物館所蔵那須文書

(端裏)「(切封墨引)」

就宇都宮道景(等綱)落所事、処々註進、以御悦喜候、可然様可有御了簡候、次宇都宮勢不得上意退陣事、不可然旨被仰付之処、重立一勢候之由申上候、然者、調義以下談合尤候、常州辺御敵可出張之由其聞候之処、于今令在陣励戦功候、雖不始事候、忠儀之至感思召候、謹言、
(康正二年)卯月五日　(花押)(足利成氏)
那須越後守殿(持資)

○六六　足利成氏書状（切紙）　○栃木県立博物館所蔵那須文書

(端裏)「(切封墨引)」
宇都宮道景(等綱)入道落所事巨細申上候、可有御心得候、仍茂木(茂木町)要害依未致没落、当陣昼夜励戦功候由聞召候、陣労無比類候、然者、急可立一勢由四郎(宇都宮明綱)方江被仰出候、次森田(那須烏山市)新要害事、宇都宮江堅被仰付可被崩候、次御恩賞事、可然地ぉ可被下候、無相違所於申上候者、可有御計候、謹言、
(康正二年)四月十九日　(花押)(足利成氏)

那須越後守（持資）殿

○六七　足利成氏感状（切紙）　○栃木県立博物館所蔵那須文書

（端裏）「（切封墨引）」

就此方御動座令申候、御悦喜候、仍凶賊等於方々廻計略時節、一身可励武功心中誠以深感至候、弥昼夜陣労察思食候、次宮勢近陣事、重堅可被仰付候、巨細梶原能登守可申遣候、謹言、

（康正二年）五月十八日　（足利成氏）（花押）

那須越後守（持資）殿

○六八　足利成氏感状（切紙）　○栃木県立博物館所蔵那須文書

（端裏）「（切封墨引）」

長々在陣感悦之余以使節被仰出候、殊宇都宮入道々景（等綱）可致出張之由就其聞候、無油断由聞食候、御推察候、雖不始事候、忠節至無比類候、時宜具可申上候、委旨宏哲首座可被申候、謹言、

（康正二年）六月七日　（足利成氏）（花押）

那須越後守（持資）殿

○六九　足利成氏書状（切紙）　○栃木県立博物館所蔵那須文書

（端裏）「（切封墨引）」

以前雖被成御恩賞、未事行候哉、無心元思食候、以可然地申上候者、可有御計候、巨細被仰興正寺候、謹言、

（康正二年）六月十一日　（足利成氏）（花押）

那須越後守（持資）殿

○七〇　足利成氏書状（切紙）　○栃木県立博物館所蔵那須文書

（端裏）「（切封墨引）」

去月廿八日号宇都宮父子（等綱・明綱）和睦、白川（直朝）・小峰（直常）出張之段、可有御心得候、仍其方事、在敵軍中一身存忠儀、昼夜励戦功之段、無比類忠節候、依武州時宜速可有御勢仕候、其間事者

可然様可廻計略候、次去月廿五日於上州合戦、悉御理運候、
敵討取注文為披見被遣之候、謹言、
（康正二年）八月八日　（足利成氏）（花押）
（持資）那須越後守殿

○七一　足利成氏宛行状（切紙）　○栃木県立博物館所蔵那須文書

（端裏）「（切封墨引）」
連々存忠儀無私曲候上者、為抽賞、東真壁郡内自絹河限東、事、
可致知行候、謹言、
（康正二年カ）八月十九日　（足利成氏）（花押）
（持資）那須越後守殿

○七二　足利成氏書状（切紙）　○栃木県立博物館所蔵那須文書

（端裏）「（切封墨引）」
態注進、御悦喜候、仍此方時宜者東上州合戦理運候、以後
敵未武州・上州群集之間、雪下殿（定尊）致御供奉公外様大略罷立
候之間、両国事御心安候、肝要其口事以一人武略于今無為
候歟、所詮武州合戦間、弥以無油断可廻計策候、謹言、
（康正二年）九月三日　（足利成氏）（花押）
（持資）那須越後守殿

○七三　宇都宮明綱宛行状　○栃木県立文書館寄託小宅定一郎家文書

下　（芳賀町）東高橋事
右彼所者、今度依有忠節、所宛行也者、早守先例、可致御
沙汰之状如件、
享徳五年十月十五日　（宇都宮明綱）（花押）
小宅筑前守殿

○本文書、なお検討を要す。

○七四　足利成氏書状（切紙）　○栃木県立博物館所蔵那須文書

（端裏）「（切封墨引）」

塩谷安芸守要害、依為無勢迷惑候歟之処、無油断差遣勢合
力之由聞召候、誠感悦候、殊方々差置諸勢陣労候由其聞候
処、如此廻調方（法）候、無比類次第候、中根（茂木町）敵軍没落間者、弥
合兵義候者、御悦喜候、謹言、
（康正二年）十一月八日　（足利成氏）（花押）
那須越後守（持資）殿

○七五　足利成氏書状　○小山文書

在陣辛労察思召候、仍総州江上杉修理大夫（持朝）以下凶軍等出張
間、方々時宜火急様候、御油断候者、即時難儀可出来候、
所詮有御発向、速可有御対治（退）候、就之被急其方合戦、敵讐
討伐候者、翌日令参陣可被励戦功候、其外条々被仰候、委
旨使節可令申候、恐々謹言、
（康正二年）十一月十四日　（足利）成氏（花押）
小山下野守（持政）殿

○七六　足利成氏書状（切紙）　○栃木県立博物館所蔵那須文書

（端裏）「（切封墨引）」
（宇都宮等綱）道景進退可為無為歟由、小山下野守（持政）雖申上候、御覚悟外候
間、未及御返答候、可為如何候哉、可申述心底候、仍中根（茂木町）
落居候者、彼勢お可被差向茂木（茂木町）城候由申候、何様可被仰付
小山（持政）・宇都宮（明綱）候、次野口・長倉江御書一両日以前被遣之候、
急可有調方（法）候、謹言、
（康正二年）十二月五日　（足利成氏）（花押）
那須越後守（持資）殿

○七七　足利成氏書状（小切紙）　○栃木県立博物館所蔵那須文書

（端裏）「（切封墨引）」
茂木（茂木町）要害事、無是非子細候、乍去式部大夫（茂木持知）無為之事、目出
候、雖覚悟之前候、速彼人躰如本意調法候者、可然候、謹
言、
（康正二年カ）十二月十四日　（足利）成氏（花押）

那須（持資）越後守殿

長禄二年（西紀一四五八）

〇七八　足利成氏契状写　〇小山氏文書

以前度々以御書如被仰候、江嶋（神奈川県藤沢市）動座刻以来、就今度一乱及累年、云武術、云戦功、被抜自余候条、真実感悦至候、如御心底更被仰難述候、仍関東事、万一属本意令静謐候者、併其方大功故と可思給候、如此忠貞異于他候上者、偏兄弟可為契盟候、然者、当家至于子孫者、毫毛不可有御等閑候、若加様申遣候段、参差子細候者、可有八幡大菩薩照覧候、肝要発向事、既相定之上者、調義以下懸身上、別急被申候者、弥可為忠儀候、恩賞事者、宜有御談合候、恐々謹言、

（長禄二年）閏正月十一日　　（足利）成氏（花押影）

小山下野守(持政)殿

〇七九　小山持政書状　〇石川文書

(封紙ウハ書)「(後筆)『長禄二年四月八日之到来』
謹上　石川治部少輔(光俊)殿　前下野守(小山)持政」

関東之時宜定可聞召及候哉、依凶軍謀計、都鄙御間不御無為候、乍去逐日歎御申之間、果而可有御和睦候、此刻若自其口御難儀出来之子細候者、可有御忠節候、御恩賞等事者、依御望申成候、巨細御使節可被仰候之間、令省略候、恐々謹言、

(長禄二年)二月九日　前下野守(小山)持政（花押）

謹上　石川治部少輔(光俊)殿

〇八〇　足利義政御内書（切紙）　〇熱海白川文書

宇都宮下野守等綱帰国事、不日可沙汰居之候、又可成氏(足利)誅罰之旨、先度被仰遣訖、已典厩下向之上者、早速令進発、同心可抽戦功也、

(長禄二年)四月廿八日　(足利義政)（花押）

白河修理大夫(直朝)殿

〇八一　細川勝元書状（切紙）　〇熱海白川文書

宇都宮下野守(等綱)事、先度注進候間、帰国事被仰付候、仍近日可有下向候、就其奥郡方々、以上使、一段可被仰候、此等之儀好便候之間、先一筆令申候、恐々謹言、

(長禄二年)七月十七日　(細川)勝元（花押）

白川修理大夫(直朝)殿

〇八二　宇都宮等綱書状（切紙）　〇東北大学国史研究室保管白河文書

去春那須飛脚下向之時、委細申候、定参着候哉、抑拙者事、去卯月廿九日　上方懸御目候、快然此事候、即可罷下之処、奥郡方へ可被下上使候、依之令延引候、此子細

自管領、以状被仰候、
一大斗へ、武衛、其外諸大名今日可被差下候、さ様儀相調、
其口へ愚身可被下候由　上意候、京都之儀毎事目出候、
委細風見中務可申候、恐々謹言、
（長禄二年）七月廿四日　前下野守等綱（宇都宮）（花押）
謹上　白川殿（直朝）

〇八三　横瀬国繁書状案　〇正木文書

追而言上候、始末以後被存候間、長尾右衛門入道（昌賢）書状申候
而進上事、此方事者走廻候、御心安可被思食候、
猶々佐野・小山なとへ者御注進候而、時宜をも云御覧、動
をも御存知肝要候、将又此方信州御勢之大将事、京都より
も仰出され候、豆州よりも同前候、今日御使参着候、旁目
出候、定可為御祝着候与申候、恐々謹言、
（長禄二年）九月八日　横瀬 雅楽助国繁在判
謹上　伊丹修理介殿

〇八四　棟札銘写　〇栃木県庁採集文書六

長禄二戊刁年九月十五日
当聖人宝蔵坊権少僧都昌仲
同宿大輔公阿闍梨綱重
弁公昌恵大徳
少輔公阿闍梨昌隆
御留守座禅院権大僧都昌継　筆者法門坊権律師昌俊
物政所西本坊権少僧都昌宣　当学頭観日坊法師教誉

〇「河内郡宇都宮町二荒山神社棟札、鹿沼今宮社ニモ同シモノアリ」の注記あり。

〇八五　細川勝元書状写　〇楓軒文書纂九一白河証古文書中仙台白河家蔵

屋地事被成下　御判候、目出候、兼者〔而〕関東事、宇都宮等綱
下向之時被仰候、又被下上使具被仰出了、既大手御勢越利
根河候之上者、其方事早々進発可為肝要之由、被仰出候、
臣〔巨〕細尚寺町三郎左衛門尉可申候、恐々謹言、

（長禄二年）十一月廿九日　　（細川）勝元花押同上

白川（直朝）修理太夫殿

長禄三年（西紀一四五九）

○八六　足利成氏書状写　○小山氏文書

雖不珍事候、其方事、江嶋（神奈川県藤沢市）移座候刻以来、就今度一乱、
忠儀更無比類間、已前如被成御書候、偏如御兄弟思食候、
乍去如此之時者、以蜜（密）儀被仰被申上事候間、依不傍人存知、
若雖申乱子細候、其旨趣速可被仰遣候、況可有御信用候哉、
又被承及篇目候者、縦被存巷説候共、無思惟被申候者、可
為怡悦候、簡要者元々以殊文言被成置候、御書之筋目不可
有参差候、万一於静謐上、忠功之次第少も緩可思召哉由、
可有疑心候歟、是又達本意無為之期候者、弥大小事共憑思
食候、然者、調義已下不顧自余申沙汰候者、可為感悦候、

次当国事、先年被成御判候処、在時既入国候上者、結城雖
申出旨候、敢不可被聞召入候、心底御返事江具可被申候、
謹言、
九月廿六日（長禄三年カ）　成氏（足利）（花押影）
小山下野守（持政）殿

○八七　足利成氏書状（切紙）　○遍照寺文書

（端裏）「（切封墨引）」
依寺領錯乱、遍照寺住持其方へ被越候歟、為祈願寺不退被
致御祈禱事候、急度帰寺候様令調法候者、可然候、巨細長
寿寺長老可有対談候、謹言、
四月十一日　（花押）（足利成氏）
芳賀兵衛入道殿
○本文書、長禄三年～明応六年頃のものと思われる。

寛正元年（長禄四・西紀一四六〇）

○八八　足利義政御内書案写　○御内書案

同前（飯尾之種）、渡手（蜷川国親）同前
等綱（宇都宮）死去事、被驚思召候、早遂先忠之功、弥同心可致忠節
候、委曲尚勝元（細川）可申下候也、
月日（長禄四年四月廿一日）　御判（足利義政）
宇都宮下野守（等綱）親類中
同被官人中　両通也

○八九　足利義政御内書案写　○御内書案

如前、同之、

同（去年十月十五日於上州佐貫庄羽継原合戦）之時、致軍
功、親類被官人被疵、以下同前（之由被聞食、尤神妙、弥
可抽忠節候也）、

（長禄四年四月廿八日）月日　　御判（足利義政）

芳賀（成高カ）右兵衛尉殿

○九〇　足利義政御内書案写　○御内書案

（飯尾之種）同奉　同―（渡親徹也）

去年十月於上州佐貫庄羽継原合戦之時、致軍功、親類・被
官人数輩或討死、或被疵之由、房顕（上杉）注進到来、誠以神妙、
弥可励忠節、仍太刀一腰宗吉遣之候也、

（長禄四年）四月廿八日　　御判（足利義政）

小山常陸介殿

○九一　足利成氏書状（切紙）　○栃木県立博物館所蔵那須文書

（端裏）「（切封墨引）」

同名大膳大夫（氏資）号善光寺物詣、敵陣（上杉氏）江音信之由聞召候、無是
非次第候、其段可有御心得候、毎事其方之事、不可有等閑
之儀候、謹言、

八月一日　　（花押）（足利成氏）

那須越後守（持資）殿

○本文書、寛正元年頃～文正元年頃のものと思われる。

○九二　足利成氏書状（切紙）　○栃木県立博物館所蔵那須文書

（端裏）「（切封墨引）」

同名大膳大夫（氏資）身上事、就善悪菟毛角毛其方可被相任候、謹
言、

八月廿七日　　（花押）（足利成氏）

那須越後守（持資）殿

○本文書、前号文書との関連で便宜ここに置く。

○九三　足利義政御内書案写　○御内書案

（太田大炊助光《ヒカル》申之、一字名乗也、此時御書三十四通也、先《ススム》改之、）
同前
小山（持政）・宇都宮（明綱）・那須（持資）以下事、馳参御方、致忠節之様運計略
者、殊可為感悦候、委曲貞親可申遣候也、
（長禄四年）十月廿一日　御判（足利義政）
同　人（白川修理太夫殿）（白川直朝）

○九四　足利義政御内書案写　○御内書案

（太田大炊助光《ヒカル》申之、一字名乗也、此時御書三十四通也、先《ススム》改之、）
同前
成氏（足利）事、既被成治罰　綸旨之処、猶奉蔑如　朝憲之条、不
可遁
天譴、所詮速馳參御方、可励忠節、委曲直朝（白川）可申遣、於抽
軍功者、可有恩賞也、
（長禄四年）十月廿一日　御判（足利義政）
宇都宮四郎殿（明綱）
小山下野守殿（持政）
那須越後守殿（持資）
佐野伯耆守殿（盛綱）

○九五　足利義政御内書案写　○御内書案

（太田大炊助光《ヒカル》申之、一字名乗也、此時御書三十四通也、先《ススム》改之、）
同前
就成氏（足利）厳刑事、被成下治罰　綸旨之処、于今令遅引之間、
併奉忽緒
天命之条、不可遁誅譴乎、所詮早速小山（持政）・宇都宮（明綱）以下馳参
御方、致忠勤之様加談合直朝（白川）、於抽軍戦者可行其賞也、
（長禄四年十月廿一日）同日
那須大膳太夫殿（氏資）

○九六　足利義政御内書案写　○御内書案

（太田大炊助）同奉、太田上野介先《ススム》申之、寛正二九十六認之、
就成氏（足利）誅刑事、被成下治罰　綸旨之処、奉蔑如　朝憲、宇（明

綱）都宮以下于今追罰延引、緩怠之到、難遁　天譴之到、所詮
早速馳参御方、抽軍功之様、運籌略者可行勧賞也、
同日（長禄四年十月廿一日）——寛正三十一十七日御判出之也、
芳賀伊賀守（成高）殿　宇都宮被官也

○九七　宇都宮等綱書状（切紙）　○東京大学白川文書

自小山方（持政）被申子細候哉、無御等閑者、可然存候、委細者自
彼方可被申間、令省略候、恐々謹言、
三月廿四日　（宇都宮）前下野守等綱（花押）
謹上　白河殿（直朝）

○九七号～九九号まで年未詳であるが、宇都宮等綱関係年未詳文書として便宜ここに置く。

○九八　安富元盛書状写　○古今消息集四

宇都宮等綱申候濃州南宮安堵　御判事、先日内々被申候了、
出仕已後御披露可然之由にて候、下向近々事、早々可有申
候（ママ）沙汰之間被申候、証文等長野石見守可持参申候、次江戸
三郎御訪事、早々可被渡候、下向之用意一向以之可致沙汰
事候、恐々謹言、
五月六日　（安富）元盛（花押影）
飯尾左衛門大夫殿

○九九　宇都宮等綱書状断簡写　○秋田藩家蔵文書一七

「是ヨリ先キレテ不見」
御成敗候、誠ニ悦喜申候、仍□年貢等巨細被仰
候者、殊ニ可悦喜申候、委細者神長可申候、謹言、
十二月一日　（宇都宮）等綱（花押影）
松野殿

寛正二年（西紀一四六一）

○一〇〇　小山持政書状　〇鑁阿寺文書

就（小山）虎犬丸不例事、在御精誠、巻数送給候、目出存候、御祈念之故得寸減候、大慶此事候、心事期後音之時候、恐々謹言、

（寛正二年カ）十二月十九日　　前下野守（小山）持政（花押）

謹上　鑁阿寺供僧中

○一〇一　左近将監泰成副状　〇鑁阿寺文書

（小山虎犬丸）虎犬歓楽之事、在御祈精、巻数被遣候、即令披露候、被進御返事候、委細不動院へ申候、定可申給候、恐々謹言、

（寛正二年カ）十二月十九日　　左近将監泰成（花押）

謹上　宝珠院
　　参御同宿中

寛正三年（西紀一四六二）

〇一〇二　芳賀高益書状　〇鑁阿寺文書

当陣御祈禱之巻数一合給候、目出度候、弥御精誠可然候、
恐々謹言、

十二月四日　（芳賀）右兵衛尉高益（花押）

謹上　鑁阿寺
年行事

〇本文書、寛正三年～長享元年頃のものと思われる。

〇一〇三　芳賀高益寄進目録　〇専修寺文書

奉加馬一疋鳥目廿緡

（芳賀）右兵衛尉高益（花押）

〇前号の芳賀高益との関連で便宜ここへ置く。

寛正四年（西紀一四六三）

〇一〇四　足利義政御内書案写　〇御内書案

飯尾左衛門大夫（之種）申之、半切、

早速馳参御方、致忠節者、可行恩賞也、

（寛正四年）四月十日

宇都宮四郎（明綱）殿

寛正五年（西紀一四六四）

○一〇五 足利義政御内書案写 ○御内書案

飯尾（之種）左衛門大夫申之

成氏（足利）誅戮事、既被差遣 綸旨幷錦御旗、
勅命厳重之処、猶以不馳参御方之間、難遁
天罰、然去頃、早速可抽戦功之旨、度々雖被仰下、于今令
同意凶徒等之条、不可有冥譴疑、所詮翻逆心励忠節者、可
被行勧賞也、

（寛正五年）八月十七日　　十月八日御判出之、
御判（足利義政）

小山下野守（持政）とのへ

○一〇六 足利義政御内書案写 ○御内書案

同前（飯尾左衛門大夫申之、）

下野守（小山持政）事、早速馳参御方、可抽忠功之旨、可加諷諫候、
勅命厳重之処、于今不信用之条、忽蒙
天譴之段、不覚悟哉、所詮不日励戦忠者、可有勧賞也、

（寛正五年）八月十七日　　同前（十月八日御判出之、）
御判（足利義政）

水谷壱岐守とのへ 小山被官也、

○一〇七 太刀銘 ○日光二荒山神社宝物館所蔵

奉納新宮御殿 小山野刕（州）持政
寛正五年甲申十二月 日

寛正六年（西紀一四六五）

〇一〇八　宇都宮正綱書状　○鑁阿寺文書

（封紙ウハ書）
「
『（後筆）享徳十四年七月廿日　二五改』
謹上　千手院　　　（宇都宮）藤原正綱　」

為当陣祈禱御巻数送給候、目出候、尚以預御祈念候者、所
仰候、巨細者重而申承候、恐々敬白、
（享徳十四年）七月廿日　　　（宇都宮）藤原正綱（花押）
謹上　千手院
御報

○享徳十四年は寛正六年に相当する。

〇一〇九　足利義政御内書　○東京国立博物館所蔵文書

今度於塩谷狐河外城攻落之由、注進到来候訖、誠以被感思
食候、弥可廻治罰籌略也、
（寛正六年）十二月十七日　（足利義政）（花押）
白川修理大夫殿（直朝）

文正元年（寛正七・西紀一四六六）

○一一〇　足利義政御内書案写　○御内書案

亡父等綱（宇都宮）、於御方忠節異于他事候、然早速馳参、致戦功者、可有恩賞也、

（文正元年）六月三日

宇都宮弥三郎（正綱）とのへ

○一一一　足利義政御内書案写　○御内書案

（飯尾肥前守之種申之、厚様）如前

去年十二月、馳向塩谷安芸入道并同周防守要害、度々致戦功、敵数多討捕之、得勝利之由、房顕（上杉）注進到来候畢、誠以被感思食候、弥励凶徒等誅戮計略者、可行勧賞也、

（文正元年六月三日）同日　御判（足利義政）

那須太郎（明資）とのへ　号上那須

○一一二　足利義政御内書案写　○御内書案

（飯尾肥前守之種申之、厚様）如前

成氏（足利）誅罰事、不遷時日馳参御方、励戦忠者、可有恩賞也、

（文正元年）六月三日

那須越後守（持資）とのへ　号下那須

○一一三　足利義政御内書案写　○御内書案

（飯尾肥前守之種申之、厚様）同前

成氏（足利）誅刑事、早速馳参御方、可抽忠功之旨、先度被仰候畢、雖然于今無其儀之条、難遁天譴、黐猥違之心、励反逆人対治之籌計者、不日可有勧賞也、

（文正元年六月三日）同日

小山下野守(持政)殿

○一一四　足利義政御内書案写　○御内書案

去年於荒木(埼玉県行田市)要害合戦之時致忠節、敵数多討捕之旨、被聞食候、尤神妙、然城中与力輩以下被疵云々、殊被感思食候、弥可励戦功也、

(文正元年六月三日)同日

小山常陸介殿

○一一五　足利義政御内書案写　○御内書案

同前(飯尾肥前守之種申之、厚様)

去年合戦之時、致合力那須太郎(明資)、抽軍功之条、尤神妙候、所詮早速令出陣、可運忠節計略也、

(文正元年六月三日)同日

白川修理太夫(直朝)とのへ　結城白川

小峰下野守(直親)とのへ

○一一六　宇都宮正綱安堵状　○一向寺文書

一向寺々領之事、如先規可有成敗候、仍如件、

寛正七年

八月七日　正綱(宇都宮)（花押）

一向寺

○一一七　棟札銘写　○栃木県庁採集文書五

聖主天中天　大旦那藤原因幡守忠資　大工五郎左衛門

迦陵頻伽声　同　六郎広資

参奉造立御温泉棟札三度上葺分文正元年丙戌十二月吉日敬白

哀愍衆生者

我等今敬礼　同――　禰宜孫太郎

○「那須郡片田村(大田原市)温泉神社所蔵棟札之写」の注記あり。

応仁二年（西紀一四六八）

○一一八　足利成氏書状　○古河歴史博物館所蔵文書

（端裏）「（切封墨引）」

水谷右馬助事、万一対其方致緩怠候者、片時も不可有御許容之儀候、謹言、

八月六日（応仁二年カ）　成氏（足利）（花押）

小山下野守（持政）殿

○一一九　足利成氏書状（切紙）　○栃木県立博物館所蔵那須文書

（付箋墨書）「応仁二年潤十月二日到来、御使佐々木近江守、於天明（佐野市）陣（命）」

（端裏）「（切封墨引）」

就都鄙御合躰、可励忠節由、自京都被成御教書候、此度属御本意候様、弥兵義等能々可相談候、謹言、

閏十月朔日（応仁二年）　成氏（足利）（花押）

那須越後守（持資）殿

○一二〇　小山持政書状　○鑁阿寺文書

就当陣、祈禱巻数一合、送給候、目出候、恐々謹言、

閏十月十日（応仁二年）　前下野守持政（小山）（花押）

謹上　六字院

○一二一　那須持資書状　○鑁阿寺文書

就着陣、態御音信、本意候、殊巻数送給候、目出候、恐々謹言、

閏十月十日（応仁二年）　前越後守持資（那須）（花押）

謹上　鑁阿寺

御同宿中

○一一二二　那須明資書状　○鑁阿寺文書

為出陣祈禱、巻数拝領、目出御芳志至候、如何様如此御礼
自是可申入候、猶御音信忝令存候、恐々敬白、

（応仁二）閏十月十日　（那須）肥前守明資（花押）

謹上　鑁阿寺六字院
御同宿御中

○一一二三　足利成氏書状（切紙）　○栃木県立博物館所蔵那須文書

（端裏）「（切封墨引）」

来廿六日吉日候、有用意被取野陣候者、可然候、巨細多門（証尊）
院可被申候、謹言、

（応仁二年）閏十月十四日　（足利）成氏（花押）

那須越後守（持資）殿

○一一二四　足利成氏書状（切紙）　○栃木県立博物館所蔵那須文書

（端裏）「（切封墨引）」

昨日其方着陣目出候、辛労察思食候、乍去諸陣有談合小曽（足利市）
祢辺仁急被取野陣兵義可然候、巨細被仰遣使節候、謹言、

（応仁二年）十一月朔日　（足利）成氏（花押）

那須越後守（持資）殿

○一一二五　足利成氏感状（切紙）　○栃木県立博物館所蔵那須文書

（端裏）「（切封墨引）」
（付箋墨書）「到来応仁二年十一月廿八於小曽根（足利市）陣御自筆御書也」

就此際深雪、野陣之辛労弥察思食候、然間以使節被仰遣候、
仍調義専之事、速有思案、被申意見候者可為簡要候、猶々
長々陣労誠ニ感悦無極候、委曲芳久首座可被申候、謹言、

（応仁二年）十一月廿八日　（足利）成氏（花押）

那須越後守（持資）殿

○一一二六　足利成氏書状（切紙）　○栃木県立博物館所蔵那須文書

（端裏）「（切封墨引）」

十二日向勧農城(足利市)進陣事、不慮延引候歟、然間重被仰出日限
候、被存其旨速被寄陣候者、可為感悦候、巨細提佐蔵主可
被申候、謹言、

(応仁二年カ)十二月十四日　成氏(足利)（花押）

那須越後守(持資)殿

○一二七　設楽成兼副状　○鑁阿寺文書

如例年之、御巻数御進上、則令披露候処、被成　御書候、
次私へ昆布五十帖拝領、畏入候、巨細申度候処、就小山之
時宜故、取乱申候間、不能一二候、恐々謹言、

十二月廿四日　修理亮成兼(設楽)（花押）

謹上　年行事　六字院御報

○本文書、応仁二年～文明二年頃のものと思われる。

○一二八　定尊書状（切紙）　○栃木県立博物館所蔵那須文書

(端裏)「(切封墨引)」

出陣之由、聞食床敷被思食候之処、巨細言上、御悦喜候、
就今度御調義火急速参上、忠儀尤所相感候也、謹言、

十月廿四日　（花押）(定尊)

那須越後守(持資)殿

○一二八号～一三一号は年未詳の定尊関係文書である。便宜まとめてここに置く。

○一二九　定尊書状（切紙）　○栃木県立博物館所蔵那須文書

(端裏)「(切封墨引)」

今度長々在陣之辛労、迷惑旁以御推察候、雖然兵儀可為近
日候歟、堪忍尤可然候、謹言、

十一月廿八日　（花押）(定尊)

那須越後守(持資)殿

○一三〇　定尊書状封紙　○栃木県立博物館所蔵那須文書

(封紙ウハ書)「那須越後守(持資)殿　定尊」

○一三一　定尊書状封紙　○栃木県立博物館所蔵那須文書

（封紙ウハ書）
「那須越後守（持資）殿
　　　　　　　　　　　　　　定尊」

文明三年（西紀一四七一）

○一三二　某安堵状　○青木文書

下野国小山庄嶋田郷（小山市）義道坊職・同所帯等事、如明繁蔵主知行、永代不可有相違者也、仍如件、

　　文明三年二月廿三日　　　　（花押）

中泉
　惣大別当

○一三三　小山持政書状（小切紙）　○國學院大學白河結城文書

就此方時儀、先日も飛脚候つる、定参着候哉、打越も時儀共懇申候ハんため、以禅才僧、口状にて申入子細共候、此度事者、相延事努々不可有之候間、調儀之様、委細宝光寺

より可有御伝達候間、不能一二候、恐々謹言、

三月十八日（文明三年カ）　　前下野守持政（小山）（花押）

謹上　白川入道殿（道朝、白川直朝）

○一三四　足利義政御内書案写　○御内書符案

従管（細川勝元）御申飯肥（飯尾之種）案文出之、

就関東事、可参御方之趣、先度被仰之訖、不日馳参致忠節者、可有恩賞候也、

五月七日（文明三年）

小山下野守（持政）とのへ

同文章

小田太郎（成治）とのへ

○一三五　足利義政御内書案写　○御内書符案

同前（従飯肥案文出之、）

関東事、不忘代々忠節、不日参御方、抽戦功者、可有恩賞候也、

同日（文明三年五月三十日）

宇都宮四郎（正綱カ）とのへ

○一三六　足利義政御内書写　○小山氏文書

就関東事、可参御方之趣、先年被仰下之処、応下知可致忠節之旨、顕定（上杉）註進到来、尤神妙、一段抽戦功者、可有恩賞候也、

五月卅日（文明三年）　　（花押影）（足利義政）

小山下野守（持政）とのへ

○一三七　足利義政御内書案写　○御内書符案

従飯肥（飯尾之種）案文同前

就関東事、可参御方之趣、先年被仰下之処、応下知可致忠節之旨、顕定（上杉）注進到来、尤神妙、一段抽戦功者、可有恩賞候也、

五月卅日（文明三年）

小山下野守（持政）とのへ

○一三八　足利義政御内書案写　○御内書符案

（従飯肥案文出之、）同前

就関東事、下野守（小山持政）参御方、可致忠節云々、尤神妙、同心可励戦功候也、

（文明三年五月三十日）同　日

小山三河守とのへ　　小山治部少輔とのへ
白川刑部少輔とのへ　水谷壱岐入道とのへ

○一三九　足利義政御内書案写　○御内書符案

就関東事、下野守（小山持政）参御方、可致忠節云々、一段計略之旨被聞食之訖、尤神妙、弥不存疎略、可励戦功候也、

（文明三年五月三十日）同　日

水谷右馬助とのへ

○一四〇　足利義政御内書案写　○御内書符案

（従肥案文出之、）同前

関東事、年来度々忠節之段被聞食訖、殊今度小山下野守（持政）以計略参御方、可致戦功云々、尤神妙、弥励忠勤者、可有恩賞候也、

（文明三年五月三十日）同　日

結城水谷掃部助とのへ

○一四一　足利義政御内書案写　○御内書符案

（従飯肥案文出之、）同前

関東事、年来度々忠節之段被聞食訖、殊小山下野守（持政）事、以掃部助（水谷）籌略参御方、可致戦功云々、尤神妙、弥可抽軍功候也、

（文明三年五月三十日）同　日

結城水谷伊勢入道とのへ

◯一四二　足利義政御内書案写　◯御内書符案

（従飯肥案文出之、）
同前

関東事、小山下野守（持政）参御方之上者、此刻不日馳参、抽忠節者、可有恩賞候也、

（文明三年五月三十日）
同日

佐竹左馬助とのへ
鹿嶋出羽守（実幹カ）とのへ

◯一四三　足利義政御内書案写　◯御内書符案

（従飯肥案文出之、）
同前

就関東事、度々被仰之訖、小山下野守（持政）参御方之上者、同心励忠節者、可有恩賞候也、

（文明三年五月三十日）
同日

那須肥前守（明資）とのへ

◯一四四　足利義政御内書（小切紙）　◯國學院大學白河結城文書

就関東事、度々被仰之処、一途不能現形之儀之条、何様事哉、所詮小山下野守（持政）参御方、致忠節之上者、此刻抽無二戦功者、可有恩賞候也、

（文明三年）
五月卅日　（足利義政）（花押）

白川修理大夫入道（道朝、白川直朝）殿

◯一四五　足利義政御内書案写　◯御内書符案

（従飯肥案文出之、）
同前

就関東事、度々被仰之処、一途不能現形之儀之条、何様事哉、所詮小山下野守（持政）参御方、致忠節之上者、此刻抽無二戦功者、可有恩賞候也、

（文明三年五月三十日）
同日

白川修理大夫入道（道朝、白川直朝）とのへ
小峰（直常）とのへ

〇一四六　足利義政御内書案写　〇御内書符案

(従飯肥案文出之、)
同前

小山下野守(持政)・小田太郎(成治)・佐野愛寿(秀綱)等事、以計略参御方云々、依之差遣長尾左衛門尉、足利庄内赤見(佐野市)幷椛崎(足利市)城、則時攻落之、南式部大輔父子以下数輩討捕之条、尤以神妙、仍太刀一腰友成遣之候也、

同日(文明三年五月三十日)

上杉四郎(顕定)とのへ

〇一四七　足利義政御内書案写　〇御内書符案

(従飯肥案文出之、)
同前

小山下野守(持政)・小田太郎(成治)・佐野愛寿(秀綱)等事、以籌略参御方云々、依之令進発足利庄内赤見(佐野市)城、則時攻落之条、尤以神妙、弥可抽忠功、仍太刀一腰信真遣之候也、

同日(文明三年五月三十日)

長尾左衛門尉(景信)とのへ

〇一四八　足利義政御内書案写　〇御内書符案

(従飯肥案文出之、)
同前

関東事、小山(持政)以下参御方、敵城所々攻落之条快然候、此刻時節到来候歟、度々雖被仰下之、閣万事不移時日、令出陣致忠節者、静謐之儀不可廻踵候、巨細猶右京大夫(細川勝元)可申候也、

同日(文明三年五月三十日)

上杉民部大輔(房定)とのへ

〇一四九　足利義政御内書案写　〇御内書符案

(従飯肥案文出之、)
同前

就関東事、可参御方之旨、度々被仰之訖、不日馳参致戦功者、可有抽賞候也、

同日(文明三年五月三十日)

那須越後守(持資)とのへ

〇一五〇　長尾景信書状写　○集古文書六六

態啓候、抑今度宇都宮(正綱)為躰、無是非次第候、仍対当方在城衆可被成勇之由承候間、令披露、屋形(上杉顕定)証状取進之候、園田事之半旨候之間、重而証状可取進候、委細大沢方可有披達候、恐々謹言、

文明三
六月六日　　長尾
　　　　　　左衛門尉景信判

謹上　横瀬信濃守(国繁)殿

〇一五一　小山持政書状（折紙カ）　○関興寺所蔵文書

就園田遺跡事、先日進状候処、委細御返事、名代相定候者、彼所帯之事可相定候哉、上州名字之地、於其上可有落居候歟、簡要無相違之様、雅楽助(横瀬国繁)方へ御意見可然候、恐々謹言、

(文明三年)七月一日　　前下野守(小山)持政（花押）

謹上　太田左衛門大夫(道灌)殿

〇一五二　足利義政御内書案写　○御内書符案

仰奉　兵受領(伊勢兵庫助貞宗)

註進之趣委曲被聞含訖(食カ)、仍就小山(持政)・小田(成治)参御方、差遣同名(上杉顕定)四郎・長尾左衛門尉(景春)於足利庄、攻落赤見(佐野市)・樺崎(足利市)両城、南式部大輔(師綱)以下数輩討捕之、次太田図書助(資忠)依令進発佐野越前入道館、彼等降参、将又攻寄上州佐貫庄立林・舞木城之刻、図書助其外数多被疵、并討死有之云々、旁以尤感悦、弥可励軍功候也、

(文明三年)七月二日

上杉修理大夫(政真)とのへ

〇一五三　足利義政御内書案写　○御内書符案

飯肥(飯尾之種)奉案文出之、

今度就小山下野守(持政)并小田(成治)以下降参、近日攻寄舞木城(群馬県千代田町)合戦之時、同名図書助(太田資忠)其外数輩、或被疵、或討死云々、尤神妙、仍敵軍族事、弥廻計略、早速令落居者、可為本意候也、

同　日（文明三年七月二日）
太田備中入道（道真）とのへ

〇一五四　足利成氏書状（小切紙）　〇茂木文書

（端裏）「（切封墨引）」

凌遠路申上之条、御悦喜候、殊近所者共大略与敵之処、越後守（那須持資）同心仁於于今致御方候哉、忠節至、誠無比類候、千葉介（孝胤）無二補佐申之際、先以御心安候、近日被調時宜自此口可有御兵義候、其間事、越後守（那須持資）在所相拘候様可廻武略候、結城（茨城県結城市）要害堅固相踏候由、被聞召候、事々相談候者可然候、謹言、

七月廿一日（文明三年）　（花押）（足利成氏）
茂木式部大夫（持知）殿

〇一五五　足利義政御内書案写　〇御内書符案

（飯肥奉案文出之、）
同前

参御方之条、被感思食訖、云先忠云当時、弥不存疎略抽忠節者、可有恩賞、委曲猶右京大夫（細川勝元）可申下候也、

八月十九日（文明三年）
宇都宮右馬頭（正綱）とのへ

〇一五六　足利義政御内書案写　〇御内書符案

（飯肥奉案文出之、）
同前

正綱（宇都宮）事、依計略、近日参御方之条、併一身之忠節、被感思食訖、弥致戦功者、可有抽賞候也、

同　日（文明三年八月十九日）
芳賀左兵衛尉（高益）とのへ

〇一五七　足利義政御内書案写　〇御内書符案

（飯肥奉案文出之、）
同前

宇都宮右馬頭（正綱）事、依連々計略、近日参御方之旨註進到来、尤神妙、仍遣内書之訖、此刻方々時宜弥廻了簡、早速遂静謐者可為本意、巨細猶右京大夫（細川勝元）可申下候也、

（文明三年八月十九日）
同　日

上杉四郎（顕定）とのへ

〇一五八　足利義政カ御内書案写　〇大館記所収昔御内書符案

紬卅到来了、神妙候、太刀一腰・香合・盆遣之候也、

十二月廿九日

宇都宮右馬頭（正綱カ）殿

〇前号文書宇都宮正綱との関連で便宜ここに置く。

〇一五九　片見政広書状（切紙）　〇東京大学白川文書

雖無指事候、好便之間、申入候、世上之時儀色々様々、罷成候事、不思儀之子細候歟、仍就御所帯方事、被仰越候哉、内々懇之趣被申候、於此上も、我々式まて、涯分走廻可申候、次以前御約束之御馬一疋、送給候由、所仰候、事々自是可申候、恐々謹言、

（文明三年）八月十九日　　（片見）刑部少輔政広（花押）

謹上　（白川）道朝御宿所

〇一六〇　小山持政書状（切紙）　〇國學院大學白河結城文書

（封紙ウハ書）「謹上　（道朝）白川入道殿　　（小山）前下野守持政」

一所可去進之由、連々承候、雖細少之地候、家中郷大和田村細井中務丞知行分可有御成敗候、委細片見（政広）刑部少輔可申候、恐々謹言、

（文明三年）閏八月十二日　　（小山）前下野守持政（花押）

謹上　（道朝、白川直朝）白川入道殿

○一六一　片見政広書状（折紙）

○東北大学国史研究室保管白河文書

追申入候、出羽紙所望被申候、来便ニいか程も御越候者、謹言、
細井中務跡家中之内ニ、大和田郷事、被進候上者、早々今月中ニ重被越人候者、可然候、只彼中あし方を給へく候、愚身走廻可申候、彼地事者、幸我々近所之間御まかせ候へく候、その中あしを今月中ニ御越候者、可目出候、巨細者宝光寺より可有御伝達候、恐々謹言、

（文明三年）閏八月十五日　片見刑部少輔 政広（花押）

白川まいる

○一六二　足利義政御内書案写

○御内書符案

就小山下野守（持政）幷小田太郎（成治）降参、御方於所々得勝利、殊成氏（足利）引退下総国之由註進到来訖、先以目出度候之状如件、

（文明三年九月二日）同日　（「御諱同前」）同前（足利義政）

（伊奉）同前

（左兵衛門督殿）同前（足利政知）

○一六三　小山持政書状（切紙）

○國學院大學白河結城文書

（封紙ウハ書）「□□（謹上）白川入道殿（道朝、白川直朝）　前下野守持政（小山）」

（氏広）結城近陣之調義、可為近日候、仍其方御出陣事、可申意見之由、長尾左衛門尉（景信）、以使此方へ申候、自京都様（足利義政）連々被仰下候事候、於関東、御忠節可然之由、能々可申之由申越候、近陣候者、御出陣可然候、随而就両那須和睦御越之由承候、尤候、早々無為之御計略簡要候、巨細定自宝光寺可有御伝達候間、不能具候、恐々謹言、

（文明三年）九月五日　前下野守持政（小山）（花押）

謹上　白川入道殿（道朝、白川直朝）

○一六四　小山持政書状（切紙）

○國學院大學白河結城文書

（義俊）佐竹事、其方近隣之間、毎々被仰談候者、彼方不被存等閑

候、其方も無御疎略候者、可然候、恐々謹言、

（文明三年）九月六日　　　　前（小山）下野守持政（花押）

謹上　白川入道殿（道朝、白川直朝）

○一六五　足利義政御内書案写　○御内書符案

同前（飯肥奉案文出之、）

参御方之旨註進到来、被聞食之訖、弥相談上杉四郎（顕定）、可抽
忠節候也、

同　日（文明三年九月十七日）

宇都宮右馬頭（正綱）とのへ

○一六六　足利義政御内書案写　○御内書符案

同前（飯肥奉案文出之、）

去五月六日、於野州河原田（栃木市）合戦之時、被官人数輩、或討死
或被疵之条尤神妙、弥可抽忠節候也、

同　日（文明三年九月十七日）

小山右馬助とのへ

○一六七　足利義政御内書案写　○御内書符案

同前（飯肥奉案文出之、）

今度同心之族幷一族親類已下事、依計策悉参御方之条、忠
節異于他候、弥相談上杉四郎（顕定）、抽戦功者、可有恩賞候也、

同　日（文明三年九月十七日）

小山下野守（持政）とのへ

○一六八　足利義政御内書案写　○御内書符案

同前（飯肥奉案文出之、）

洛陽屋地事、京都令静謐者則尋究之、如元可宛給之候也、

同　日（文明三年九月十七日）

同前（小山下野守とのへ）

○一六九　足利義政御内書案写　○御内書符案

（飯肥奉案文出之、）
同前

関東事、連々依無等閑、今度最前参御方之条、尤神妙、弥可抽忠節候也、

（文明三年九月十七日）
同日

鹿島出羽守とのへ
那須（明資）肥前守とのへ

○一七〇　足利義政御内書案写　○御内書符案

（飯肥奉案文出之、）
同前

関東事、不日参御方、可致忠節候也、

（文明三年九月十七日）
同日

那須越後守（持資）とのへ

○一七一　足利義政御内書案写　○昔御内書符案

就関東合戦之儀、小山下野守（持政）有注進子細者、厳蜜可被加成敗之状如件、

（文明三年十二月三日）
同日　　　御諱御判

左兵衛督（足利政知）殿

○一七二　足利成氏書状（切紙）　○小山文書

（封紙ウハ書）
「小山下野守（持政）殿　　成氏（足利）」

（端裏）
「（切封墨引）」

（群馬県板倉町）
就籾谷所帯事、以万福寺愬被申候、偏被存御為故候歟、感思食候、今度長春院主覚悟之段、雖無正躰候、可有帰座之由申遣最中候、委旨多門院（証尊）可被申候、謹言、

六月十一日　　成氏（足利）（花押）

小山下野守（持政）殿

○一七二号～一七四号までは年未詳の小山持政宛て文書である。便宜まとめてここに置く。

○一七三　足利成氏書状写　○栃木県庁採集文書一

太田荘内簗田中務少輔（持助）・同五郎知行分所々事、無相違成敗候者、可為御悦喜候、謹言、

六月十八日　（足利成氏）（花押影）

小山下野守（持政）殿

○一七四　足利成氏書状（切紙）　○松平基則氏所蔵文書

今度時義先以属無為候、心安可存候、仍連々被仰出候之処、遅参不可然候、早々令当参候者、尤候、謹言、

七月廿二日　（足利成氏）（花押）

小山下野守（持政）殿

文明四年（西紀一四七二）

○一七五　結城氏広書状（切紙）　○東京大学白川文書

態令啓候、抑自去年夏　公方様（足利成氏）総州仁被立　御旗候、於此口氏広（結城）一人不違累祖本意存候間、雖励忠略候、更無其功候、雖然御兵義相調候之間、　社家様（尊敒）御進発候、此度其方御忠節候者、当家面目此事候、然間其方仁被成　御書候、兼又那須肥前守（明資）与同越後守（持資）間事、数年不和子細候処、其方御調法故、無為候、無是非次第候、近日宇都宮江押詰、可致調儀候、那須両所御談合候者、可然候、以其方御兵略　公方（足利成氏）様被達御本意者、一家繁栄之基候、於御申事者、涯分可申達候、尚々此度御扶助憑存計候、公私安危可随御覚悟候、

恐々謹言、
(文明四年)二月三日　　(結城)藤原氏広（花押）
謹上　白川入道殿(直朝、白川直朝)

〇一七六　沙弥禅芳書状（切紙）　〇東北大学国史研究室保管白河文書

態令啓候、仍連々被懸御意候故仁候哉、此度可達本意候、為上意結城江罷越候、以吉日可致調儀候間、(足利成氏)公方様被仰出時宜再三於此方承候、公私目出存候、然者此時節可預御扶助、両那須之事も入道殿様之可為御意見候、下那須之事此一両日仁御揺候而、宮領少々討散候、次小山之時宜定可被及聞食候、水谷右馬助依緩怠、如此成行候、(足利成氏)公方様如思召候、今日廿五吉日ニ候間、宮領少々散、明日廿六小栗江面々致談合罷出候、宮中江兵儀可為火急候、可有御心得候、将又社家様古河口江御進発候間、古河之御要害被乗取候、敵者定□邊江悉引退候、可為御悦喜候哉、事々待来信候、恐々謹言、
(文明四年カ)二月廿五日　　沙弥禅芳（花押）
謹上　斑目殿(直基)

〇一七七　沙弥禅芳書状　〇結城文書

□□連々被懸御意□仁候哉、此度可達本意候、為上意、結城江罷越候、以吉日、可致調儀候歟、(足利成氏)公方様被仰出時宜、再三於此方承候、公私目出存候、然者此時節、可預御扶助候、両那須之事、可為御意見候、以此旨、可預御披露候、恐々謹言、
(文明四年カ)二月廿五日　　沙弥禅芳（花押）
謹上白川殿(政朝)人々中

〇一七八　那須持資宛行状　〇平沼伊兵衛氏所蔵文書

那須之内興野(那須烏山市)・大沢(那須烏山市)両村、子孫迄永代可令知行候、仍而如件、

文明四壬辰四月廿八日　那須越後守（持資）（黒印）

興野備中殿参

○本文書、なお検討を要す。

○一七九　藤原梅犬丸書状（切紙）　○東京大学白川文書

為御祝言、馬一疋送賜候、目出祝着之至候、仍見来候之間、
房一帖令進候、委曲尚片見刑部少輔（政広）可申候、恐々謹言、

（文明四年）十月廿三日　藤原梅犬丸（小山成長）

謹上　白川入道殿（道朝、白川直朝）

○一八〇　沙弥道真（太田資清）書状（切紙）　○東京大学白川文書

越州罷立之前捧状候、定可及御披見候哉、思外淹留、去十
二日帰陣、山路深雪可有御察候、兼又塩谷式部大夫方進退
事、連々申来事候、此時被達本意候様ニ、被懸御意候者、
於道真（太田資清）厚恩不可過之候、非老年者、何様以計略罷越、請御
意、彼方被達本意候様与存計候、能々取合被廻御調法候者、
可畏入存候、巨細彼方可被申談候、恐々謹言、

（文明四年）十一月廿八日　沙弥道真（太田資清）（花押）

謹上白川殿（直朝）御宿所

○一八一　上杉政真書状（切紙）　○早稲田大学白川文書

塩谷式部大夫進退事、連々無御等閑之由被申候、可然次第
候、殊以此刻被帰本意之様、御計略簡要候、猶巨細自太田
備中入道方可令申候、恐々謹言、

（文明四年）十二月二日　修理大夫政真（上杉）（花押）

謹上　白川修理大夫入道殿（道朝、白川直朝）

○一八二　某重道書状　○東北大学国史研究室保管白河文書

去廿一令啓候、定参着候哉、於向後可申通候、御同心所仰
候、随而塩谷式部大夫方就進退、太田備中方父子方より彼
調義事、其御申様可申談之由被申候、然者彼方御合力之趣
承、可存其旨候、依茂木事、日々打立取合弓矢之時節候、

其上ニも申談不致揺候、巨細彼山臥口上可被申候間、不能
具候、恐々謹言、
（文明四年頃）十二月廿五日　伊勢守重道（花押）
謹上　（直基）斑日殿
御宿所

○一八三　足利成氏書状（切紙）　○栃木県立博物館所蔵那須文書

（端裏）「（切封墨引）」
高瀬隠謀露顕候、書状被遣之候、御披見候、自何方執中重
常身上候共、不可有御信用候、謹言、
三月十四日　（足利）成氏（花押）
（持資）那須越後守殿

○一八三号～一九四号まで、便宜那須氏に関係した年未詳足利成氏発給文書を置く。

○一八四　足利成氏書状（切紙）　○國學院大學白河結城文書

（端裏）「（切封墨引）」
就日光之落人等事、以前被成御書候之処、両那須江可申遣
之由、懇被申候、御悦喜候、雖然山中雑説於于今不相止候、
堅可致追放旨両人方江重意見候者、可然候、謹言、
五月八日　（足利成氏）（花押）
白川修理大夫入道殿（道朝、白川直朝）

○一八五　足利成氏書状（切紙）　○栃木県立博物館所蔵那須文書

書状委細御披見候、仍御調義之時宜不相替以前候、出陣之
用意可然候、時節之事、重而可被仰出候、次奥方事、尚以
能々承可令申候、其方事、毎事不可有御等閑候、委曲佐々
木近江守可申遣候、謹言、
六月十四日　（足利成氏）（花押）
（持資）那須越後守殿

○一八六　足利成氏安堵状（切紙）　○栃木県立博物館所蔵那須文書

（端裏）「（切封墨引）」

西御庄事、知行不可有相違候、謹言、

六月廿一日　成氏（足利）（花押）

那須越後守（持資）殿

○一八七　足利成氏書状（切紙）　○栃木県立博物館所蔵那須文書

（端裏）「（切封墨引）」

下那須庄由緒地等事、雖有宇都宮申旨、別而不可有御折檻之儀候、謹言、

八月廿七日　（足利成氏）（花押）

那須越後守（持資）殿

○一八八　足利成氏書状（切紙）　○栃木県立博物館所蔵那須文書

（端裏）「（切封墨引）」

年来忠節異于他候之処、御恩賞等不被成之候、定無其勇可被存候歟、仍真壁郡（茨城県桜川市）之内真壁掃部助跡事、領知不可有相違候、謹言、

九月五日　成氏（足利）（花押）

那須越後守（持資）殿

○一八九　足利成氏書状写　○大田原市那須与一伝承館寄託那須文書

旗由緒之事

従与一宗隆三世孫肥前守頼資時代初名光資、建久四年癸丑四月頼朝卿那須野狩之時、於当庄長倉構屋形献御膳、此時賜頼之諱字、被預白旗、蒙可一旗之長命云々、且此狩之砌、光資自討留野狐・大熊、因為勲功任先例武者所蒙不可有相違旨命、為加恩下賜同国北条之庄者也、

従宗隆十一世孫越後守資之時代、

康正元乙亥年都不静謐、帝都守護職征夷大将軍源義政朝臣蒙可追討逆徒勅詔、都東山居城被催軍兵、関東大将左馬頭成氏尊氏三男従三位左兵衛督基氏四代持氏之子也、有評定関東之軍兵欲上洛刻、那須越後守資之、先祖肥前守光資従頼朝卿所被預之旗由緒、東山殿披露申、因之従頼朝卿被預御旗上者、別而不及立大将旨、従成氏賜証状、其文曰、

以使節被仰候処、懇申上候、感悦之余被下御旗候、弥励忠節者、可有御恩賞候、委細之段興聖寺可被申候、謹言、

十月廿八日　成氏（足利）（花押影）

那須越後守（持資）殿

○一九〇　足利成氏書状（切紙）

○栃木県立博物館所蔵那須文書

（端裏）「（切封墨引）」

昨日当所江御進発候、於此上之御調義事、聽而可被仰出候、此際数日在陣之辛労察思食候、謹言、

十月廿九日　（足利成氏）（花押）

那須越後守（持資）殿

○一九一　足利成氏安堵状（小切紙）

○栃木県立博物館所蔵那須文書

（端裏）「（切封墨引）」

已前御約束候西御庄事、知行不可有相違候、幷大内上六郷（真岡市）事、為連々抽賞、可有成敗候、巨細被仰使節候、謹言、

十一月廿七日　成氏（足利）（花押）

那須越後守（持資）殿

○一九二　足利成氏感状（切紙）

○栃木県立博物館所蔵那須文書

（端裏）「（切封墨引）」

今度戦忠無比族（類カ）候、然上者、為名字家督弥令連続武功、可興累祖家業候、謹言、

十一月廿八日　（足利成氏）（花押）

那須越後守（持資）殿

○一九三　足利成氏感状（切紙）　○栃木県立博物館所蔵那須文書

（端裏）「（切封墨引）」
去廿三日於久米（茨城県常陸太田市）一家被官砕手依励戦功候、小爪責落候之由、佐竹（義知）上総介注進候、誠感思食候、於御恩賞者可依申上旨候、猶以能々相談候者、可然候、謹言、

十二月七日　（足利成氏）（花押）

那須（持資）越後守殿

○一九四　足利成氏書状（切紙）　○栃木県立博物館所蔵那須文書

（端裏）「（切封墨引）」
昨日以宝塔院（足利市）勧農山調儀事、重被仰出候之処、懇被申候、目出候、然者、来十二日吉日候、被寄陣候者、可為感悦候、無油断其内当手勢可被集候、謹言、

十二月九日　（足利）成氏（花押）

那須（持資）越後守殿

文明六年（西紀一四七四）

○一九五　宇都宮正綱書状　○専修寺文書

先日者遂参謁、叮嚀事承候、互之祝義、千喜万悦候、殊更翌日之入来、一入祝着候、此方滞留之間、細々被企高駕候者、可為本意候、心事猶期面談候、恐々謹言、

（文明六年）壬五月十九日　（宇都宮）正綱（花押）

（真慧）専修寺上人

○一九六　宇都宮成綱判物写　○秋田藩家蔵文書五五

為頭之合力国分寺修理替廿貫文、岡本中務方へ此折紙致催促請取可申候也、

文明六年
八月十八日　（宇都宮成綱）（花押影）
□吉とのへ

○一九七　宇都宮正綱院号書出　○専修寺文書

無
量
寿
院

文明六年九月日　（宇都宮）正綱書之、

（包紙）「従山門院号之書付」

○一九八　芳賀高益書状（折紙）　○専修寺文書

当寺造栄（ママ）可被相急由承候、目出度大慶候、仍材木事、無敵御方嫌、御門徒中有談合、被寄参度由候、寺家再興成就簡要候間、尤何方ぉモ無其差別御調法可然候、若菟角申方候者、具承可申付候、恐々謹言、

十月廿日　芳賀高益（花押）

専修寺

○本文書、文明六年〜文明十七年頃のものと思われる。

○一九九　芳賀宗恩書状（折紙）　○専修寺文書

就御造営、従屋形（宇都宮正綱）被進折紙候、披見仕候、尤早々御造畢、目出候、猶々彼旨趣可存其旨候、恐々謹言、

（文明六年頃）十月廿三日　芳賀美作入道　宗恩（花押）

専修寺

○二〇〇　宇都宮正綱書状　○専修寺文書

太子堂こんりう（建立）、誠ありかたく神妙候、仍材木の事、尤無斟酌、当国近国いつかたも、もんと（門徒）中あひすゝめられ、もとめられ候ハゝ、可然候、当寺殿堂悉出来候ハん事、肝要候、巨細芳賀越前入道方より可申候、恐々謹言、

十月十七日　正綱《宇都宮》（花押）

専修寺

○本文書、文明八年以前のものと思われる。

文明九年（西紀一四七七）

○二〇一　日光山並当社縁起奥書

○愛媛県大洲市宇都宮神社所蔵

（上巻）

かくていく程なくて、朝日の君もおなじ草葉の露とき、させ給ひけり、偕老同穴のちぎりまことにおもひしられてこそ、さて、少将は二人の御かたを、おなしく苔の下におさめまいらせ給けり、

文明九年正月十一日　右馬頭正綱《宇都宮》（花押）

（下巻）

文明九年正月十一日

(宇都宮)右馬頭正綱（花押）

○二〇二　宇都宮正綱書状（折紙）　○専修寺文書

(宇都宮市)粉河寺之学頭、為住山令上洛候、北地之事、案内者御入候之間、中候、路次等能々加指南給候者、於身可悦入候、恐々謹言、

二月十二日　(宇都宮)正綱（花押）

専修寺

○二〇二号～二〇四号、文明九年以前のものと思われる。

○二〇三　足利成氏書状　○弘前市立図書館所蔵阿保文書

(端裏)「(切封墨引)」

真壁掃部助(尚幹)事、於于今深存忠儀由被申候、神妙至候、猶々無是非候、謹言、

三月廿二日　(足利)成氏（花押）

宇都宮右馬頭(正綱カ)殿

○二〇四　宇都宮正綱書状写　○秋田藩家蔵文書四四

就御頭合力之事被申候、去々年已来八陣参無之候際、不可有子細候へ共、御神慮之事候間、(宇都宮市)岡本之郷番料足十二貫渡候、能々蔵主走廻指南可被致候、謹言、

六月日　(宇都宮正綱)（花押影）

瓦屋殿

○二〇五　足利成氏書状（切紙）　○國學院大學白河結城文書

(端裏)「(切封墨引)」

対宇都宮(成綱)、武茂(兼綱)野心趣候歟、雖然有親気、定無事可成刷候乎、若此儘向惣領到(致)不儀候者、無二成綱(宇都宮)合力可然候、謹言、

八月廿八日　(足利成氏)（花押）

小峰参河守(直常)殿

○二〇五号と二〇六号、文明九年～明応六年頃のものと思われる。

〇二〇六　足利成氏感状写　〇秋田藩家蔵文書四八

今度武茂六郎背弥四郎候処、無二相守成綱（宇都宮）候条、神妙候、
弥可存其旨候、謹言、

十一月十九日　（花押影）（足利成氏）

築右京亮殿

文明十年（西紀一四七八）

〇二〇七　足利成氏書状写　〇小山氏文書

就可被進一勢事、及数ヶ度雖御催促候、于今遅々、甚不可
然候、上杉定正河越（埼玉県川越市）江打透候、以後者、吉見口（埼玉県吉見町）其外敵日々
相動候、下武蔵事者、御方者共小机（神奈川県横浜市）要害江馳籠候之処、去
月廿八日太田道灌差寄取進陣候、可相拘有無、可為如何候
哉、仍長尾右衛門尉（景春）一昨日板屋江致出陣候、千葉介（孝胤）事毛、
四五日之間可進陣候間、当御陣事之外、御無勢候、陣労雖
御察候、不移時片見以下申付被立候者、可為御悦喜候、爰
元様躰凡之様可有覚悟之間、被召網戸宮内少輔具被仰遣候、
謹言、

（文明十年）二月九日　　　成氏（足利）（花押影）

　　小山梅犬丸（成長）殿

○二〇八　足利成氏書状（切紙）

○早稲田大学図書館所蔵下野島津文書

無二相守梅犬丸（小山）、致専公儀之忠節候者、可為神妙候也、

（文明十年頃）二月廿九日　　（花押）（足利成氏）

　　嶋津隼人佐殿

文明十二年（西紀一四八〇）

○二〇九　簗田成助書状写

○下総旧事三所収水海村小池佐右衛門所蔵文書

如仰世上動揺公私御為先以口惜令存候、簡要都鄙御合躰此度無相違様ニ各御覚悟ニ候者、

公方様（足利成氏）御為関東御安全可為基候、定而可為御同意候、仍自去月十一日以下歓楽時分柄と申、迷惑此事候、乍去近日少減候形ニ候、将亦就身上以外雑説候、且迷惑且歎敷次第候、

公方様（足利成氏）無御余儀、次小田（成治）・宇都宮（成綱）無二ニ成助（簗田）一味候、先以可御心易候、猶々如此之子細不思儀題目候、可有御察候、

諸余は期後信之時候、恐々謹言、

（文明十二年カ）十一月廿六日　　（簗田）河内守成助

謹上　長井大膳太夫（広房カ）殿
御返事

文明十八年（西紀一四八六）

○二一〇　芳賀景高奉書　○一向寺文書

（宇都宮市）岡本郷之内一向寺給分田数四町諸御公事・頭役銭・鏑流（流鏑）馬
銭并番料足事者、
（右如）□□先々、為御寄進令免除□□（依仰カ）執達如件、
文明十八年
二月十三日　　（芳賀）左衛門尉景高（花押）

○二一一　宇都宮成綱安堵状写　○国立公文書館所蔵宇都宮氏家蔵文書上

奉奇（寄）付成高寺茂呂山事

右、於永劫不可有相違、至於累孫可守此儀者也、仍為末代
亀鏡之状如件、
文明十八年丙午五月廿六日　藤原(宇都宮)成綱（花押影）
成高寺

○二一二　宇都宮成綱感状写　○秋田藩家蔵文書五五

今度於下那須河井(那須烏山市)心地能相動候、神妙候、謹言、
五月廿一日　(宇都宮成綱)（花押影）
瓦屋中務丞殿

○本文書の宇都宮成綱の花押形が、二一一号文書の宇都宮成綱の花押形と同じであることより便宜ここに収録した。

○二一三　宇都宮成綱書状（切紙）　○早稲田大学白川文書

如仰改年御慶雖事旧候、尚以珍重々々不可有際限候、抑馬
一疋鹿毛駮印雀目結牽給候、祝着候、態馬一疋蘆毛印雀目結進之候、誠表
祝儀計候、仍旧冬那須大膳大夫(資親)方遺跡事、御息被相定候歟、
目出大慶候、諸余重可啓候、恐々謹言、
正月廿八日(文明末年頃カ)　藤原(宇都宮)成綱（花押）
謹上　白川殿(政朝)

○二一四　宇都宮成綱書状（切紙）　○東京大学白川文書

如仰三春之吉兆、尚更不可有尽期候、抑旧冬那須大膳大夫(資親)
方其方江罷越、名代之事、被申候処、御孫子被相定候歟、
目出大慶候、然而黒羽(大田原市)へ御越之由承候、兵儀以下御直談候
哉、肝要至極候、御調儀之時節、預一左右当方にも可致其
揺候、仍御馬一疋鴾毛印雀目結送賜候、祝着候、態太刀一腰白作
鞍一口大坪進之候、表祝儀計候、恐々謹言、
二月十一日(文明末年頃カ)　藤原(宇都宮)成綱（花押）
謹上　関川院(道朝、白川直朝)

延徳元年（長享三・西紀一四八九）

○二一五　さくら市今宮明神棟札写　○下野国誌四

長享三大歳己酉卯月十日

氏家郷今宮大明神御社壇

禰宜大夫宗保　大工大蔵丞宗久

御神主前下野守藤原（宇都宮）朝臣成綱（花押影）

清原（芳賀）朝臣綱高（花押影）

○二一六　足利政氏安堵状（切紙）　○小山文書

（封紙ウハ書）「小山小四郎（成長）殿　政氏（足利）」

（端裏）「（切封墨引）」

所帯方之事、如注文成敗不可有相違候、謹言、

七月十日　政氏（足利）（花押）

小山小四郎（成長）殿

○本文書、延徳期頃のものと思われる。

延徳二年（西紀一四九〇）

○二一七　宝篋印塔基礎部銘　○小山市現声寺蔵

長松庵殿 大嶽慶棟 禅定門	延徳二年 二月十九日

○二一八　宇都宮成綱書状（折紙）　○専修寺文書

（封紙ウハ書）「謹上　専修寺　（宇都宮）下野守成綱」

来札具披閲、抑御上洛以後不断御床敷存候処、懇切承候、忝存候、仍五明・周防真字袋上巻数々送給候、何も賞翫之至候、将又御留守中寺家之事、節々可加意見候間、可御心安候、委曲期帰寺之時候、恐々謹言、

十月十五日　（宇都宮）藤原成綱（花押）

謹上　専修寺御報

○二一八号と二一九号、延徳三年以前のものと思われる。

○二一九　宇都宮成綱書下（折紙）　○専修寺文書

高田留守中於寺家、横相之儀等申族候共、不可有信用候之状如件、

十月十五日　（宇都宮）成綱（花押）

専修寺衆中へ

明応元年（延徳四・西紀一四九二）

○二二〇　正覚院弘勝書状　○鑁阿寺文書

御代初御祝言事、内々于今不被御申上候之間、従此方態以飛脚可申之由存候処、預御状候、小山（小山市）辺事、漸静様候、然者急度被御申上候者、可然候、次千手院如何様御思案候哉、毎年之御棰等無御進上候、殊御代初事候処、如此之条、不可然候、以使如何之由可申候処、幸従衆中承候之間、乍御報申候、如前々可被御申候之由、御意見可然候、旧冬如申候、為惣御代官、千手院御参候者、尤候歟、但又如前々先御棰可有御進上候歟、能々御談合目出可存候、牧方出陣無之由、各へ御心得所仰候、恐々謹言、

（明応元又は二年）二月五日　権律師弘勝（花押）

謹上　不動院殿

○二二一　佐竹義舜書状（小切紙）　○栃木県立博物館所蔵那須文書

就彼題目御同意可有由承候、快然候、仍長倉（茨城県常陸大宮市）要害同除野田（茨城県常陸大宮市）之郷、彼仁相抱候地之事、速渡進候、恐々謹言、

延徳二二年壬子六月一日　右京大夫（佐竹）義舜（花押）

謹上　那須左衛門大輔（資実）殿

○二二二　佐竹義舜書状（切紙）　○栃木県立博物館所蔵那須文書

今度義舜（佐竹）為御合力、長倉口江（茨城県常陸大宮市）可有御動之処承候由、茂木上総介方被申越候、快然之至候、然者長倉遠江守（義尚カ）相抱候当知行、御成敗不可有相違候、猶此上急度御動肝要候、就中、岩城向小野崎山城入道要害張陣之時分与申、此刻被合御調儀候者専一候、猶以早々御合力者始末共可申談覚悟候、御

同意本望候、巨細茂木上総介方可被申届候、恐々謹言、

(延徳四年)七月十九日　(佐竹)右京大夫義舜（花押）

謹上　那須左衛門太輔(資実)殿

○二二二三　小山成長判物写　○彦根城博物館所蔵彦根藩井伊家文書

(小山)藤原成長（花押影）

下野国中泉庄栃木早乙目屋敷、十箇年御在陣、無相違御帰城、依其忠早乙目方江、為幅代居内二間諸公事共仁被下之候、何之給人中江心得可申候、仍所定置如件、

明応九(元)年壬子九月廿三日

○二二二四　宇都宮成綱等寄進状写　○寺社古状

奉寄付

成高寺大内庄之内大根田半郷・西方三沢郷之内福恩寺分并慶蔵院分西形(刑)部郷之内福聚寺分并広壽寺分、於累孫不可有相違候、仍状如件、

延徳四年十月二日　(宇都宮)下野守成綱（花押影）

(芳賀)左衛門尉景高（花押影）

成高寺

侍者御中

○二二二五　小山成長判物写（元折紙）　○彦根城博物館所蔵彦根藩井伊家文書

両度申上候者、御心得候、今日吉日之間、被遣之候也、

明応元年壬子十一月十日

(小山)成長（花押影）

佐乙女大和守殿

明応三年（西紀一四九四）

○二二六　宇都宮成綱書状（折紙）○専修寺文書

高田専修寺之事、散裁〔在〕之地公事以下、可為如先給人之嘉例候、縦雖及違乱族候、御信用之儀不可有之候、恐々謹言、

明応三年甲刁

三月十八日　（宇都宮）成綱（花押）

専修寺

○二二七　小山成長安堵状（折紙）○青木文書

下野国小山庄野田郷（小山市）寺社之内、以前如泰定院領知候、不可有成敗相違候条、如件、

明応三年甲刁

四月十一日　（小山）成長（花押）

泰定院

明応四年（西紀一四九五）

〇二二八　宇都宮成綱宛行状写　〇秋田藩家蔵文書四四

連々忠信感悦候、就中依今度一段之時宜、速申上之条、忠儀無比類候、然者瓦屋郷（宇都宮市）之番料足廿二貫文所免許也、仍状如件、

明応四年乙卯
八月十一日　（宇都宮成綱）（花押影）
瓦屋但馬守殿

明応六年（西紀一四九七）

〇二二九　法華経経箱　〇日光市輪王寺所蔵

奉施入法華経一部十巻
明応六年丁巳八月吉日
皆河庄植竹小次郎宗則敬白

明応七年（西紀一四九八）

〇二三〇　道秀檀那職売券案　〇米良文書

売渡申候旦那之事
合拾貫文者、
右件旦那者、勝達房雖為重代相伝、依要用有、十五年ケ〔季〕売
渡申処実正也、但旦那者、下野国七ツ石（壬生町）皆城坊門弟引旦那、
何候共地下一族并宇都宮殿一族共、一円ニ売渡申処実也、
若彼旦那ニ何方より違乱煩出来候共、本主而道遣可申候、
彼於旦那候て徳政行申間敷候、仍為後日売券状如件、
明応七年戊午卯月十三日
勝達房
道秀

〇二三一　宇都宮二荒山神社修理棟札　〇宇都宮二荒山神社所蔵

奉修理明応七年戊午十二月十五日
神主　藤原（宇都宮）下野守成綱（花押）

明応八年（西紀一四九九）

○二三二　宇都宮成綱判物写　○集古文書

右慈心院社務職并往生寺事、任自開山以来之旨、可成敗状如件、

明応八年乙未六月一日　（宇都宮）下野守成綱（花押影）

中将殿

○二三三　足利政氏書状　○茂木文書

（端裏）「（切封墨引）」

去年以使節参陣之事被仰候之処、于今不馳参之条、甚以不可然候、将又小田（政治）并宇都宮（成綱）近日可出陣之由言上、然者、速参上可喜入候、巨細政清（佐々木）可申遣候、謹言、

八月四日　（足利政氏）（花押）

茂木式部少輔（持知カ）殿

○本文書、明応期のものと思われる。

明応九年（西紀一五〇〇）

〇二二三四　道秀檀那職売券　〇米良文書

永代売渡申檀那之事
合弐貫八百文、
右件之檀那者、勝達房雖為重代相伝、下野国宇都宮大泉坊門弟引旦那幷皆成坊共地下一族、宮殿共、永代売渡申処実正也、彼於旦那何方より違乱煩出来候共、本主道遣可申候、又永代之物徳政行候共、彼状おき候て相違有間敷候、仍為後日永代売券之状如件、
明応九年三月五日　勝達房道秀（花押）
買主　等覚坊

〇二二三五　芸佳奉書（折紙）　〇安房神社文書

当社御寄進状、乾亨院殿（足利成氏）様如御判、被成之候、仍無退転御祈禱之由被聞召、神妙候、猶以精誠簡要候、能々可相届之段、上意候、恐々謹言、
（明応九年カ）四月廿八日　奉芸佳（花押）
粟宮々司殿

〇二二三六　宇都宮成綱書状写　〇秋田藩家蔵文書四九

就慮外之題目旨趣懇承候、何も其段相心得候、仍孫四郎（笠間資綱）方出城、不思儀之次第候、殊更方々相談謀略露顕之上、退出無是非候、然者任嘉例、各対当方無余儀候条被顕紙面候、忝難有候、万一敵之揺於現形之上可越勢頼由各承候哉、其段可相心得候、依註進不移時先一勢可差遣候間、爰元之儀

可心安候、於此上無油断之儀、各相談、要害被踏候者可為
簡要候、巨細自芳賀右兵衛所可申候、恐々謹言、

九月五日　成綱（宇都宮）（花押影）

寺崎殿

○本文書、明応期前後のものと思われる。

○二二三七　足利政氏書状（切紙）　○栃木県立博物館所蔵那須文書

（端裏）「（切封墨引）」

来烈川（喜連）（さくら市）事、去年被下御判候き、雖然、塩谷九郎以謀略乗取
候間、彼仁方へ被成御書候故、不可有恐怖候、為意得被仰
出候、仍而来烈川不慮儀候者、速合力可然候由、伊予守（那須資実）方
へ被仰出候、同心ニ可存其旨候、謹言、

十月十二日　（花押）（足利政氏）

那須民部少輔殿

○本文書、明応期のものと思われる。

○二二三八　足利政氏書状（切紙）　○茂木文書

（封紙ウハ書）「茂木上総介殿　政氏（足利）」

（端裏）「（切封墨引）」

宇都宮下野権守幷那須左衛門督（資実カ）和睦事、致調法之由聞食候、
尤候、尚々無為之段目出度候、謹言、

十二月九日　（花押）（足利政氏）

茂木上総介殿

○本文書、明応初期のものと思われる。

○二二三九　宇都宮尚綱感状　○玉生弘昌家文書

去六日合戦之時、横倉筑後守討取之条、無類戦功、神妙之
至候、仍而建武之功ニ従義貞賜助包之刀賜之者也、

明応九申極月廿一日　尚綱（宇都宮）（花押）

玉生美濃守とのへ

○本文書、なお検討を要す。

○二四〇　足利政氏書札礼　○喜連川文書

（前欠）
以使節被成下　御内書候、目出度令存候、此旨可令披露給
候、恐惶謹言、
八月日　　政氏
細川九郎（澄之）殿
人々御中
人々御中ト認ムル時ハ、礼紙へ有口伝、又管領ノアテ所ノ時者
恐々謹言、恐惶謹言ハ人々御中ト書時ノコト也、
為肇年之祝詞、種々送給候、忝存候、仍花瓶・香合進之候、
恐惶謹言、
八〔正〕月日　　政氏
建長寺当住竺雲和尚
極楽寺長老
清浄光寺
遊行上人
当麻上人　此外タヽノ寺ヘ如此ノ書礼アルヘからす、
為年始之祝言、香炉幷盆給候、目出候、仍絵一対・盆進之
候、恐々敬白、
八〔正〕月日　　政氏
円覚寺当住誠仲和尚
種々給候、欣悦候、恐々謹言、
八月日　　政氏
長寿寺
瑞泉寺
永安寺
長春院　勝光院モ准之、
乾亨院
イツレモ西堂ナラハ如斯ノ書礼ナルヘシ、但諸山単寮ハ恐々謹言、
蔵主ヨリ後堂マテハ恐々謹言、然者文章モカハルヘシ、給トアル
ヘカラス、到来トアルヘシ、

油煙幷龍涎到来、喜入候、穴賢々々、

九月日　政氏

教念寺

庫院

金蓮寺

此三人ニカキラス、上人ヨリ外ノ時衆ハイツレモ如此ナルヘシ、
但又日下ノ名乗ナキモアリ、能々可見本文、

惣持寺御住院目出度存候、恐惶謹言、

八月日　政氏

能山和尚

団扇給候、辱候、恐々敬白、

伝心院　惣持寺入院ナキハ、多分如此ナルヘシ、

巻数給候、目出候、弥可被抽懇祈候、恐々謹言、

九月日　政氏

勝定〔長〕寿院

雪下殿

熊野堂殿

但熊野堂ハ御連枝ニテナクハ書札如此アルヘカラス、僧正ニ任スレハ又御賞翫也、恐々謹言、御連枝ニテナクハ恐々謹言已也、

為今春之祈禱、被懃修愛染明王護摩、巻数到来、目出候、
愈可被抽精誠候、謹言、

三月日　田舎之能化ハ何も如此、御名乗ナシ

英海法印御房

ホウカチヤウ

ニハ位階ニテモ、官ニテモ、マシタルヲ書也、名乗アルヘカラス候、平人ハ氏ニ名乗ヲ書ヘシ、

種々到来、目出候、恐々謹言、

月日

四郎殿　昔ハシンノ謹言ハカリ也、乱裏ニ如此也、出仕

之時御剣ハ御一家シテ被下之也、今度御陣ニテ
一両度被申間直ニ被下之、於已後者、如先々以
御一家可被下也、又近年（上杉顕定）可諄切而申上故恐々謹
言と被成之也、

致用意可令還御之御供候、謹言、

四月日

近江守殿

叙爵一位ノ輩ニハ不可被侵名字也、

大上様於武州御陣下本間右衛門佐依申上、遊被下写本也、

種々到来、喜悦之至候、恐々謹言、

九月日　　日下

吉良殿　名字ヲ不被侵候、

渋川殿　コレハ心得マテニ名字ハカリ書候、

御一家ヘハ何も恐々謹言、但家督計ハ如此被成候、自余ヘハ謹言
已也、

馬牽進上、喜入候、謹言、

小春日

千葉介殿

外様ヘハ何も如此御書礼也、是も家督計也、

椢已下進上、御悦喜候、謹言、

長尾修理亮殿

此外ハ原・芳賀・水谷・赤井、其外外様ニ大概候、多分被官ハ也書、
惣別侍者（寺社カ）へ御書礼者恐々不宜、
一揆なとへハ何も謹言也、

文亀二年（西紀一五〇二）

〇二四一　佐竹義舜受領状写　〇小田部庄右衛門氏所蔵文書

孫根（茨城県城里町）以来数年之忠節、金砂（茨城県常陸太田市）・大門（茨城県常陸太田市）両所之動、神妙之至候、於于御本意之上、一廉可有御恩賞候、因茲、受領之儀、御心得候、謹言、

（文亀二年）六月廿八日　義舜（佐竹）

塩谷越前守殿

〇二四二　足利政氏安堵状　〇大中寺文書

当寺領下野国中泉庄（小山市・栃木市）内西水代郷事、於以後も不可有相違候、恐々敬白、

文亀二

十月廿一日　政氏（足利）（花押）

大中寺当住悦公（培芝正悦）禅師

文亀三年（西紀一五〇三）

〇二四三　小山成長判物（折紙）　〇安房神社文書

木沢之けん座役之事、任先例、山王別当方よりあひ渡由、致披露上者、不可有相違之由、大夫兵衛五郎ニ可申付状如件、

文亀三年乙丑（ママ）

三月十三日

「小□〔野〕寺」宮内左衛門尉殿　（花押）〔小山成長〕

〇「　」内晃程文書により補った。

〇二四四　芳賀高勝副状写　〇寺社古状

犬飼井郡之内下稲葉〔壬生町〕之郷并大井出之郷家中内家務之村之事、寄進致申上者、急度御成敗尤以目出度可然奉存候、依被申執達如件、

文亀三年癸亥十二月廿二日　清原〔芳賀〕新仁〔左カ〕高勝（花押影）

成高寺

侍者御中

〇二四五　宇都宮成綱寄進状写　〇小田部庄右衛門氏所蔵文書

右寄付之状

犬飼井郡之内下稲葉〔壬生町〕之郷并大井出之郷・下平出〔宇都宮市〕之郷奉倚〔寄〕付候、御成敗候者可畏入候、

文亀三年

十二月廿二日　下野守〔宇都宮〕成綱（花押影）

成高寺

○二四六　宇都宮成綱寄進状写　○寺社古状

犬飼井郡之内下稲葉（壬生町）之郷幷大井出之郷家内之内家務之村之
事、奉倚〔寄〕付候、御成敗候ハヽ、可畏入候、

文亀三年癸亥
十二月廿二日　（宇都宮）下野守成綱（花押影）

成高寺
侍者御中

○二四七　宇都宮成綱寄進状写　○寺社古状

犬飼井郡之内下稲葉（壬生町）之郷幷大井出之郷・下平出郷奉倚〔寄〕付候、
御成敗候者可畏入候、

文亀三年
十二月廿二日　（宇都宮）下野守成綱（花押影）

成高寺
侍者御中

永正元年（文亀四・西紀一五〇四）

○二四八　沙弥長胤宇都宮成綱寄進状写　○寺社古状

下稲葉（壬生町）郷之事令寄付候、御成敗不可有相違之状如件、

文亀四年三月五日　（宇都宮成綱）沙弥長胤（花押影）

成高寺

○二四九　芳賀高勝副状写　○寺社古状

下稲葉（壬生町）之郷為御寺領寄進被申候条、目出度奉存候、急度御
成敗猶以可然奉憶候、仍状如件、

文亀四年三月五日　（芳賀）清原高勝（花押影）

成高寺
侍者御中

〇二五〇　芳賀高勝宛行状写　〇小田部庄右衛門氏所蔵文書

連々奉公神妙之至ニ候、仍在宮之事其外条々有旨趣、依望申、刑部（宇都宮市）之郷之内鴨端分之事、為新恩宛行之候、猶以忠信其嗜簡要候、仍状如件、
文亀二二年甲子八月廿六日　高勝（芳賀）（花押影）
赤埴修理亮殿

〇二五一　足利政氏書状（切紙）　〇小山文書

（端裏）「（切封墨引）」
就御動座、以代官懇言上、随躰速可被越河候、此度之御一戦可為御安危候、急速被馳参、兵議等被申意見候者可然候、巨細被仰含代官候、謹言、
（永正元年）九月廿日　政氏（足利）（花押）
小山小四郎（成長）殿

〇二五二　佐竹義舜書状　〇茂木文書

此度御陳労以使可申届之由存候処、示給候、快然候、
一参陣之事、以町野方被仰出候、重被成　御書候、如何様岩城相談御請之事、可申上候、
一下之庄之面々懇切ニ可被相談之分ニ候歟、於当方も無余儀候、御懇候ハん事肝要候、
一証人之事其分竹隠軒へ可相届候、将又判形河連次郎右衛門尉ニ進之候、巨細彼口上申含候、恐々謹言、
八月晦日　義舜（佐竹）（花押）
茂木筑後守（持知）殿

〇本文書、文亀四年六月以降のものと思われる。

永正二年（西紀一五〇五）

〇二五三　道駕檀那職売券　〇米良文書

永代売渡申檀那之事
合参百九十文
右彼旦那者、我々雖為重代相伝、依有要用、等覚房へ永代売渡申候所実也、但、旦那在所者、下野国宇都宮宮中良林坊門弟引一円可有御知行候、但、彼之旦那者、南蔵坊より我々給候て知行仕候、何方より於彼旦那、違乱煩出来候者、本主道遣可申候、仍為後日売券状如件、
永正弐年乙丑八月廿日
道駕〔賀カ〕（花押）

永正三年（西紀一五〇六）

〇二五四　白川政朝書状案　〇東北大学国史研究室保管白河文書

御書謹以拝見仕候、畏入奉存候、抑就宇都宮御退治、可抽忠節段、被仰出候、可存其旨候、仍　上意之趣那須太郎〔資永〕方江可申届候、以此旨、可預御披露候、恐々謹言、
（永正三年前後）正月八日　弾正少弼政朝〔白川〕
進上　御奉行所

〇二五五　白川政朝書状案　〇東北大学国史研究室保管白河文書

「政氏〔ママ〕御請安文〔案〕」
御書之趣、謹以拝見仕候、抑就宇都宮〔成綱〕御退治、可致参陣之

由、被仰下候、如何様可奉存其旨候、委曲御使節仁言上仕
候、此段御披露所仰候、恐惶謹言、
(永正三年前後)九月廿三日　(白川)弾正少弼政朝
進上　御奉行所

○二五六　足利高氏書状写　○秋田藩家蔵文書一〇

就至于当地(宇都宮)被移御座、下総守(岩城常隆)方へ被成御書候、此砌抽諸士
励忠勲ニ様加意見候者、可然候、於御本意、有勇御刷可被
成之候、巨細田代中務太輔可申遣候、謹言、
(永正三年)十二月廿一日　(足利高氏)(花押影)
(岡本妙誉)竹隠軒
(封紙ウハ書カ)「竹隠軒　(足利)高氏」

○足利高氏は足利高基の前名である。

永正四年（西紀一五〇七）

○二五七　足利政氏書状写　○楓軒文書纂九一所収白河証古文書二

(封紙ウハ書カ)「上書
小峰修理大夫(朝脩)(殿脱カ)　(足利)政氏」

旧冬被成御書候処、懇切言上、御悦喜候、仍高氏(高基)至于淡河(栃木市)
相移、向祇園(小山市)可成其揺段、自方々註進到来、事実候者、当
口被出御馬可被遂御一戦候、其砌之忠信純一(ママ)候、将又去年
岩城下総守(常隆)方被成御書候き、号隠遁不捧御請候、御覚外候、
無二奉守上意、急度致言上様加意見候者、可為神妙、猶々
可存其旨候、巨細簗田五郎可申遣候、謹言、
(永正四年カ)二月十三日　(足利政氏)(花押影)

小峯修理大夫殿（朝脩）

○二五八　本間政能書状案　○鑁阿寺文書

御音問具披見、抑結城・宇都宮、為佐野合力其口へ可相揺由、巷説候哉、兼日如申候、公私御一統之上、争可在其儀候哉、結城・宇都宮へ被仰出候処、何以其口へ之揺不可叶由、被申上哉、佐野方へも可加意見段、被申候、一戦已後（来）之事者、其方向彼口可被揺之間、為用心、宮辺之衆少々合力候哉、努々重可被致行儀無之候、殊其動不経公儀間、曲事之由有御咎、所帯を以可被召上分、碧雲軒為御使節、佐野へ被罷越候、能々御納得専一候、余事期後音間、閣筆候、恐々謹言、

（永正四年又は五年）六月一日　源（本間）政能

謹上　長尾（景長）但馬守殿

○二五九　宇都宮成綱書状（小切紙）　○石川武美記念図書館所蔵真壁文書

（真壁尚幹）道瑚遠行、御愁傷令識察候、仍馬一疋葦毛牽進候、委細彼僧可被申述候、恐々謹言

（永正四年）八月廿五日　（宇都宮）下野守成綱（花押）

○本文書、宛所を欠く。真壁治幹宛カ。

永正五年（西紀一五〇八）

〇二六〇　重済檀那職売券　〇米良文書

本銭返売渡旦那之事

合弐拾五貫文者

右件旦那者、尊勝院雖為重代相伝、依有要用、拾年気〔季〕売渡申処実也、但、旦那之在所者、下野国小山・ゆうき（結城）・佑〔佐〕野名字其外地下一族、尊勝院持分を一円ニ半分売渡申候、辰年より来丑年迄十年気〔季〕売申候、若天下一同之徳政行候共、彼旦那ニおき候て、違乱有間敷候、又宿坊之事者尊勝院へ付可申候、若余所へ売申候ハ、等覚房へ宿申可被召候、仍為後日之状如件、

永正五年つちのへたつ三月十四日　尊勝院 重済（花押）

〇二六一　棟札銘写　〇栃木県庁採集文書六

右意趣者奉為天長地久御願円満当国当所安穏泰平殊者

大檀越藤原元綱当主

于時永正五年戊辰

（梵字）棟上奉新建立社頭　大工朝人幷朝宗小工綱兼　白敬

六月五日物部吉家

丁巳年幷堅綱弓家高運一門繁昌当社守護神祇威光城内

豊饒人快楽皆令満足如意吉

〇「河内郡宇都宮町二荒山神社棟札」の注記あり。

永正六年（西紀一五〇九）

〇二六二　足利政氏書状写　〇秋田藩家蔵文書二四

以前如被仰出、有忠無過之処、可被応御下知候之由、資房（那須）方へ被仰付候、果而可随上意事必然候、巨細被仰含性信書記候、謹言、

（永正六年カ）二月九日　政氏（足利）（花押影）

大塚山城守殿

永正七年（西紀一五一〇）

〇二六三　宇都宮成綱書状写　〇寺社古状

（封紙ウハ書カ）「拝上成高寺　衣鉢閣下　下野守成綱（宇都宮）」

永平寺江御上、千秋万歳目出度令存候、然者鳥目万疋令進献之候、誠瑣細之至候、恐敬（ママ）白、

二月廿八日　下野守成綱（宇都宮）（花押影）

拝上　成高寺衣鉢閣下

〇本文書、永正七年以前のものと思われる。

〇二六四　宇都宮成綱安堵状　〇海潮寺文書

（封紙ウハ書）「宝珠庵　下野守成綱（宇都宮）」

西方国分寺之内広済寺之事、芳賀(高勝カ)左兵衛尉令寄付候之条、於(宇都宮)成綱欣然存候、於自今以後、御成敗不可有相違候、仍状如件、

永正七年庚午
卯月八日　(宇都宮)下野守成綱（花押）

宝珠庵

○二六五　宇都宮成綱自筆額字　○海潮寺文書

(封紙ウハ書)「宝珠庵　(宇都宮)下野守成綱」

宝
珠
庵

永正七年庚午
卯月八日　(宇都宮)下野守成綱（花押）

○二六六　佐々木政清書状（切紙）　○栃木県立博物館所蔵那須文書

態被御申上候、目出存候、就　御間之儀、在所雑説等候間、近日者致在宿候、然間相頼簗田(政助)大炊頭令披露候、仍被成御書候、自私能々可申述候段　(足利政氏)上意候、次御懇切蒙仰候、誠忝畏入候、次御間之儀、既大切候、諸人迷惑此時候、定可為御同意候、珍題目候者急度可申入候、恐々謹言、

(永正七年カ)五月八日　(佐々木)近江守政清（花押）

謹上　那須(資房)越州御返報

○二六七　足利政氏書状（切紙）　○栃木県立博物館所蔵那須文書

(端裏)「(切封墨引)」

先度以代官言上、重而懇切被申候、喜入候、仍高基(足利)不孝連続候間、来十三日向関宿(千葉県野田市)可有御動座候、其口之行専一候、巨細佐々木近江守(政清)可申遣候、謹言、

(永正七年カ)五月九日　(足利)政氏（花押）

那須越後守（資房）殿

○二六八　下野国先達注文　○米良文書

下野国先達あら〳〵書立

小山かミま中門弟　　下間中門弟

いつる正祐法橋門弟　　佐野一音坊門弟

か丶ミの新光房門弟　　塩谷荻田尾　南光房門弟

河崎善蔵門弟

かつら木地蔵院門弟

一、大貫一族ゑん

永正七年庚午六月廿日　　尊勝院　重済（花押）

○二六九　宇都宮成綱書状（折紙）　○専修寺文書

尊札再三令拝読候、抑去年関東中之時宜、大概令啓候き、然処条々懇切預回報候条、快悦之至候、仍如註〔注〕文種々送給候、祝着候、他事期後音時候、恐々謹言、

九月十六日　　前下野守（宇都宮）成綱（花押）

謹上　専修寺

○本文書、永正七年以降のものと思われる。

○二七〇　足利政氏書状（切紙）　○小山文書

就御行、以文賢（頤生軒）蔵司被仰出旨、明日可然候、有遅々者、不可有曲候、巨細任彼口上候、謹言、

六月四日　　（足利）政氏（花押）

小山（成長）下野守殿

○二七一　足利政氏書状（切紙）　○山川光国氏所蔵松平基則氏所蔵文書

又いなほ（稲穂）への通路しかとせかれ候ハヽ、可然候、返々此儀専一候、就可諄（上杉顕定）討死、雪下殿（空然）重而可被招、可諄儀定候、稲穂之事、

堅固候者、凶事可為必定候、いかんと覚悟候哉、此度之忠信可為専一候、仍間之事に付而、結城(政朝)令申旨趣、誠以意外候、委細同名大膳大夫(政綱)可令対談候、かしく、

(礼紙ウハ書)「(切封墨引)　下野守殿(小山成長)　政氏(足利)」

○本文書、永正七年のものと思われる。

永正八年（西紀一五一一）

○二七二　佐竹義舜官途状写　○秋田藩家蔵文書一五

此度於那須口動、負疵候、神妙之至候、然者成管(官途)遣之者也

永正八年辛未二月十九日　義舜(佐竹)（花押影）

石井蔵人佐(景治)殿

○二七三　宇都宮成綱寄進状写　○寺社古状

東高橋郷(芳賀町)之内合拾貫文、右為蘭室令寄進状如件、

永正八年辛未

五月十三日　成綱(宇都宮)（花押影）

成高寺

○二七四　足利高基感状写　○秋田藩家蔵文書二四

於今度富田口（栃木市）励粉骨被疵候条、感悦候、謹言
（永正八年）五月廿六日　（足利高基）（花押影）
大塚弾正忠殿

「ウハツ、ミ紙」
大塚弾正忠殿　高基

○二七五　畠山内匠頭副状写　○国会本集古文書四〇

去御一戦以来、関宿御勢数被召集、結城（政朝）・小山（成長）・岩付衆馳
参候、公方様（足利政氏）御無勢至極候、然者此砌自身参陣、励忠節候
者可為御大慶之由被成御書、此等筋目能々可申届之段、上
意候、恐々謹言、
（永正八年カ）八月十三日　（畠山）内匠頭
謹上　横瀬新六（景繁）殿

○二七六　宇都宮忠綱感状写　○秋田藩家蔵文書四四

今度佐竹・岩城出張、既去十六逐一戦処、抽粉骨相動、被
疵之条、感悦候、謹言、
「永正八年寅」
八月廿二日　（宇都宮忠綱）（花押影）
瓦屋中務少輔殿

○二七七　宇都宮成綱年行事職安堵状　○外山文書

下野国年行事
右、如前々、成敗之義、不可有相違候、仍状如件、
永正八年十一月廿九日　（宇都宮）成綱（花押）
戒浄坊

〇二七八　藤寿丸《宇都宮忠綱カ》年行事職安堵状　〇外山文書

下野国之年行事

右、如前々、成敗之事、不可有相違候、仍状如件、

永正八年十一月廿九日　藤寿丸（宇都宮忠綱カ）

戒浄坊

永正九年（西紀一五一二）

〇二七九　宇都宮忠綱安堵状写　〇寺社古状

寄進

右、中里郷（宇都宮市）之事、彼地者雖為当寺領、有子細近年相違と云々、然者任先例、老父（成綱）所令寄付実也、於以後も違篇之儀不可有之、仍証状如件、

永正九年壬申三月七日　藤原（宇都宮）忠綱（花押影）

興禅寺

○二八〇　塩谷孝綱寄進状写　○寺社古状

興禅寺風呂破滅、寔嘆敷存候、然者塩谷庄内塩原湯本之土貢、任御先祖御判形、為温（脱アルカ）造営奉寄進所也、仍而執達如件、

永正九壬申年三月九日　伯耆守孝綱（塩谷）（花押影）

興禅寺常住

○二八一　足利高基書状写　○集古文書六七

今度芳賀左兵衛尉（高勝）生涯成仁付而、宇都宮錯乱候、然者、成綱（宇都宮）事無二可被加御扶助候、連々忠信之上者、此度速令出陣幷力候者、可為御悦喜候、巨細簗田八郎（高助）可申遣候、謹言、

孟夏（永正九年四月）二日　（花押影）（足利高基）

石川治部大輔（尚光）殿

○二八二　足利高基書状（切紙）　○栃木県立博物館所蔵板橋文書

（封紙ウハ書）
「板橋下野守殿　高基（足利）」

今度芳賀左兵衛尉（高勝）生涯儀仁付而、宇都宮錯乱候、然者、成綱（宇都宮）事無二可被加御扶助候、連々忠信之上者、此度速令出陣幷力候者、可為御悦喜候、巨細簗田八郎（高助）可申遣候、謹言、

孟夏（永正九年四月）二日　（花押）（足利高基）

板橋下野守殿

○本文書の封紙は、東京大学史料編纂所所蔵影写本「板橋文書」によって補った。

○二八三　簗田高助副状写　○楓軒文書纂七一所収合編白河石川文書

芳賀左兵衛尉（高勝）生涯仁付而、宇都宮錯乱、然者、無二可被加御扶助候、此度令出陣成綱（宇都宮）相談候者、併可為忠信候由上意（足利高基）候、仍被成　御書候、将又去年以参上、殊外忝々申承候、素意之外候、余者期来信之時候、恐々謹言、

卯月（永正九年）二日　平（簗田）高助（花押影）

謹上　石河左衛門佐（成次）殿

○二八四　足利高基書状写　○楓軒文書纂七一所収合編白河石川文書

今度芳賀(高勝)生涯之儀仁付而、宇都宮取紛候、然者、成綱(宇都宮)事無
二可有御扶助候、同名治部太輔連々忠信上者、此度令出陣
幷力(ママ)様加意見候者、可為神妙候、猶々可存其旨候、巨細簗
田八郎(高助)可申遣候、謹言、

(永正九年)四月二日　(足利高基)(花押影)

石河左衛門佐(成次)殿

○二八五　足利高基書状写　○小田部庄右衛門氏所蔵文書

今度宇都宮錯乱仁付而、成綱(宇都宮)事ニ無二可被加御扶助候、自
元対成綱(宇都宮)不存予儀之上、此度疾令出陣幷力候者、併可為忠
信候、猶々可存其旨候也、

(永正九年)四月五日　(足利高基)(花押影)

小野崎下野守(就通)殿

○二八六　宗斎足利義明書状(切紙)　○小山文書

(封紙ウハ書)「(成長)小山下野守殿　宗斎」

「(端裏)(切封墨引)」

雖内々、出陣目出思召候由、可被仰遣候、定而万端可為取
乱候間、御遅延之処、遮而言上候、喜入候、懇切被申候事、
簡要候、巨細逸見可申遣候、謹言、

(四月)卯月五日　(足利義明)宗斎(花押)

小山下野守(成長)殿

○本文書、永正九年～天文三年頃のものと思われる。

○二八七　足利政氏受領状(切紙)　○栃木県立博物館所蔵那須文書

「(端裏)(切封墨引)」

名国司之事、被申上候、可有御意得候、謹言、

(永正九年カ)卯月廿日　(足利)政氏(花押)

那須越後守(政資)殿

○二八八　某盛頼宛行状写　○秋田藩家蔵文書八

此度上那須之於福原（大田原市）一戦、動候て手負、同馬きらせ候、神妙候、然者恩賞久慈窪之内弐貫文之所差添遣候也、謹言、

永正九年四月吉日　盛頼（花押影）

野上次郎衛門尉殿

○二八九　宇都宮忠綱安堵状写　○中里文書

右慈心院社務職幷往生寺事

任自開山以来殊屋形様御判形之旨、可有成敗状如件、

永正九年壬申五月日　（宇都宮）藤原忠綱（花押影）

慈心院殿

○二九〇　宇都宮忠綱安堵状写　○中里文書

右神太夫社務職幷居城之事

居城以来、殊判形之旨可有成敗状如件、

永正九年壬申五月日　（宇都宮）藤原忠綱（花押影）

中里神太夫殿

○二九一　足利政氏書状写　○秋田藩家蔵文書五一

高基（足利）不孝之処、関東之諸士同心仁企不儀候条、不及是非次第候、然間、有御覚悟之旨、先当地（祇園城）へ被移御座候、急度御本意之様走廻候者、御恩賞可被宛行之由、次郎方（岩城重隆）へ被仰出候、存其旨候様加意見、自分仁も在忠信候者、可為神妙候也、

（永正九年カ）七月七日　（足利政氏）（花押影）

塩左馬助殿

○二九二　芳賀高孝寄進状写　○寺社古状

為花隠志（芳賀景高）、乙連郷（宇都宮市・真岡市）之内如意院給分之事、奉寄進候、於自今以後、違犯之儀不可有之候、若土貢以下有無沙汰之事、速告承堅可申付候、然者毎日仏餉香花等之御備奉希候、依状

如件、

永正九年壬申九月十一日　右馬充高孝(芳賀)（花押影）

拝進　成高寺

依鉢侍者禅師

○本文書、永正期のものと思われる。

○二九三　簗田政助書状　○文化庁所蔵皆川家文書

御一字・同御官御申ニ付而、令啓候処、御懇切御報忝次第候、次郎殿へも雖啓度候、御心得乍恐奉頼候、仍而　御書礼之事、被改之候、委細大膳大夫殿(小山政綱)可有伝聞候、恐々謹言、

十月十二日　大炊頭政助(簗田)（花押）

謹上　長沼入道殿
御宿所

○本文書、永正九年以降のものと思われる。

○二九四　足利政氏感状写　○新編会津風土記六

相守成長(小山)、存忠信之条、神妙候也、

十一月廿三日　(花押影)(足利政氏)

栃木大炊助とのへ

○二九五　足利高基感状（切紙）　○長沼文書

今度忠信無比類思召候、然者、向佐野(佐野市)江此砌可成其動候、西本坊(日光山)・塩谷民部少輔相談候者、尤候、少も遅々不可有曲候、於其上佐野之庄之内依望可有御恩賞候、速可存其旨候、為其被成御自筆之御書候、巨細町野蔵人佑(能悦)可申遣候、謹言、

七月十二日　(花押)(足利高基)

長沼又四郎殿

○本文書、永正初期のものと思われる。

○二九六　足利政氏安堵状　○小山文書

「(封紙ウハ書)小山下野守殿(成長)　政氏(足利)」

「(端裏)(切封墨引)」

野木郷(野木町)・瀬六郷(野木町)幷楢木郷(小山市)之事、成敗不可有相違候、謹言、

七月廿三日　政氏(足利)（花押）

小山(成長)下野前司殿

○本文書の封紙は、別文書のものか。

○二九七　宇都宮成綱感状写　○秋田藩家蔵文書四八

就其口之揺御辛労、感悦候、恐々謹言、

八月廿五日　(宇都宮)成綱（花押影）

簗右京亮殿

○二九七号と二九八号、永正十年以前のものと思われる。

○二九八　宇都宮成綱感状写　○中里文書

於茂原(宇都宮市)ニ合戦之処、其城堅固所持被申候事、感入存候、尚着陣之刻可申候、恐々謹言、

九月十八日　宇津宮下野守成綱（花押影）

中里伊与守殿　まいる

永正十年（西紀一五一三）

○二九九　足利政氏感状（切紙）　○播磨若菜文書

去年(永正九年カ)以来当城(祇園城)仁被立御旗候之処、走廻之条、神妙候、猶々感思召候也、

二月廿七日(永正十年カ)　(足利政氏)（花押）

若菜越前守とのへ

○三〇〇　芳賀高孝寄進状写　○寺社古状

為亡父忠翁(芳賀高益)之志、神主郷(上三川町)之内直心庵給分、令寄付于当寺候、雖諒乏少地候、覃後昆不可有相違歟、然則守累孫此掟可致加後鑑者也、仍寄付之状如斯、

永正拾年癸酉卯月廿六日　右馬允(芳賀)高孝（花押影）
欽上　成高寺
衣鉢侍者禅師
依彦子致代官如斯

○三〇一　足利政氏書状（切紙）　○小山文書

(端裏)「(切封墨引)」

小薬(小山市)幷瀬六(野木町)成敗不可有相違候、小薬之事者、是非共梶原相拘、八朔之役等可勤之候、果而者、立代之地、梶原名代方へ可被還付候、当時事も雖御迷惑候、忠信異于他候間、如此候、巨細同名大膳大夫(政綱)ニ被仰含候、謹言、

六月十三日(永正十年前後)　政氏(足利)（花押）

小山下野守(成長)殿

○三〇二　足利政氏宛行状　○小山文書

(端裏)「(切封墨引)」

依被存中心(忠信)、薬師寺郷(下野市)之事、被任下知之条、感荷之至候、為其改替、天明(命)(佐野市)之事、被宛行候、就之巨細被仰出旨候、政(簗田)助可令対談候、謹言、

六月十九日(永正十年頃)　政氏(足利)（花押）

小山下野前司(成長)殿

○三〇三　足利政氏書状　○文化庁所蔵皆川家文書

(端裏)「(切封墨引)」

其地仁居住、年来無御存知故、是否(非)不被仰出候、小山大膳(政綱)大夫伝語、然間、被成御書候、巨細政綱(小山)幷政助(簗田)可申遣候、謹言、

十月廿八日　政氏(足利)（花押）

長沼五郎入道殿

○本文書、永正十年前後のものと思われる。

○三〇四　宇都宮成綱官途状（折紙）　○長野文書

於今度当地神妙ニ走廻之条、感悦候、仍官途之事、成之候、
謹言、

十一月廿二日　（宇都宮成綱）（花押）

長野新左衛門尉殿

○三〇四号と三〇五号、永正十年以前のものと思われる。

○三〇五　宇都宮成綱書状　○福田文書

（端裏）「（切封墨引）」

就右京亮方帰覆、懇致走廻候条、悦入候、謹言、

十二月廿七日　（宇都宮成綱）（花押）

福田尾張守殿

○三〇六　宇都宮忠綱公事免除奉状　○一向寺文書

（宇都宮市）岡本郷之内一向寺給分田数四町諸公事・頭役銭・鏑流馬（流鏑）
銭并番料足事者、
右如先々、任先御判形、為寄進令免許也、仍執達如件、

（永正カ）□□十年　（宇都宮）忠綱（花押）

［　　　］（宛所欠）

○三〇七　足利政氏書状写　○小山氏文書

重而今日人数被立進候、誠感悦候、今度猶以心地好候、巨
細（簗田）政助可申遣候、謹言、

（四月）卯月十二日　（足利）政氏（花押影）

小山下野守（成長）殿

○本文書、永正中期のものと思われる。

○三〇八　足利政氏感状写　○栃木県庁採集文書六

以多人数其要害被取掛候処、又四郎（皆川）北殿遂防戦、敵数輩討
捕候之条、誠感思召候、猶御本意之上、可被宛行御恩賞候、
弥無二心守又四郎可抽忠誠候、謹言、

六月十日　　　政氏《足利》

長井左京亮殿

○三〇九　空然足利義明書状（切紙）　○古河歴史博物館所蔵文書

「《端裏》（切封墨引）」

今時分横合大切候、為警固可被立遣人数候、委正覚院《尊教カ》可被申候、謹言、

六月十六日　　　空然《足利義明》（花押）

小山下野《成長》守殿

○三一〇　足利政氏感状写　○栃木県庁採集文書六

相守成《皆川》勝、走廻候条、神妙之至也、

十二月三日　　　政氏《足利》

長江左京亮殿へ

永正十一年（西紀一五一四）

○三一一　宇都宮成綱消息写　○秋田藩家蔵文書四四

こんとをたくち《小田口》の一せんにつゐて、たしまのかミうちしに《但馬守討死》、まことにせひなく候、さゆわひ《幸》むすめある事に候間、によしゆ《女子》つり《譲》をもつて、ミやうたい《名代》さうそくすへく候、しからハいこにおいてよこあひしさい候ハヽ、いくたひも申あけらるへく候、あなかしこ、

正月十三日　　　しけ綱《宇都宮》（花押影）

かわら屋たしまこうしつの方へ

○本文書、永正十一年のものと思われる。

○三一二　小山成長書状写

○秋田藩家蔵文書一〇

先度令啓候処、懇切之御報忝次第候、特御旦方御忠心〔信〕至、奇〔寄〕特存候、彼等参陣一刻も可被急段、公私待入許候、旧冬以来御申之筋目、敵味方無其隔候処、于今御遅留、且者公方様（足利政氏）之御為、且者其国之御為、不可然候、有御悠々、不慮ニ御闕所有出来者、千言万句無曲候、既当国人馬之刷、可然時分候、聊御参陣候様、御意見専一候、恐々謹言、

（永正十一年）三月十三日　　下野守成長（小山）（花押影）

謹上　竹隠軒（岡本）

「（封紙ウハ書カ）謹上　竹隠軒　　下野守成長（小山）」

○三一三　足利高基書状写

○小田部庄右衛門氏所蔵文書

近日向小山（小山市）可有御調議〔儀〕候、其時分被立人数候者、可喜入候、何様重而可及一左右候、恐々敬白、

（永正十一年）三月廿八日　　高基（足利）（花押影）

宇都宮弥三郎（忠綱）殿

○三一四　佐竹義舜書状写

○秋田藩家蔵文書一〇

内々従是可令啓□□（上給）之処、□□□（信）旁御芳札誠快然候、従何事所労気付而、成湯治候処、色々御懇之儀、難謝候、特御秘蔵馬数多給候、賞翫之至、何も厩立置、致秘蔵候、帰宅已来恙本覆候、内々廿日比可有入来由承候間、待入候処、于今無其儀候、如毎事莵角候而、不可有御越候哉、遥ニ此口へ無御越候間、夏中入来可為快然候、此度取分御辛労、御懇志共無申計候、将亦小山南之上様（足利政氏）御在城候、近年宇都宮持候小山領御入部候、然間、宇都宮（忠綱）・小田（政治）・結城（晴朝）、古河様（足利高基）へ佗言被申上候由、其聞〔候脱カ〕、佐野・佐貫・皆河、南之上様無余義奉守之候、大上様（足利政氏）古河口へ重而御動候由、其聞候、如何様珍敷候子細候者、急度可令啓候、奥口之義無相違様ニ候歟、早速無為落居可為肝要候、恐々謹言、

（永正十一年）三月廿九日　　義舜（佐竹）（花押影）

竹隠軒（妙誉）江

〇三一五　足利高基書状（切紙）　〇伊達家文書

（折封ウハ書）
「伊達次郎殿（稙宗）　　（足利）高基」

（端裏）
「（切封墨引）」

其口大概属本意之由聞食候、簡要候、然者、佐竹・那須口
動之事可被仰付候、於斯上も可然様調談専一候、巨細田代
中務太輔被仰含候、謹言、

（永正十一年カ）四月廿三日　　（足利高基）（花押）

伊達次郎殿（稙宗）

〇三一六　足利政氏書状（切紙）　〇石川武美記念図書館所蔵真壁文書

（封紙ウハ書）
「真壁安芸守殿　　（足利）政氏」

（端裏）
「（切封墨引）」

高氏（足利高基）、来十三日小山（小山市）江可成行段、必然候、当日成後詰候様、
政治（小田）ニ加意見、於自分も可存其旨候、謹言、

（永正十一年カ）五月十日　　（足利政氏）（花押）

真壁右衛門佐殿（治幹）

〇本文書の封紙は、別文書のものである。

〇三一七　足利高基書状（竪切紙）　〇石川武美記念図書館所蔵真壁文書

（封紙ウハ書）
「真壁右衛門殿（佐脱カ）　　（足利）高基」

其口之様躰重申上候、既明日七被成御首途候、江戸（通泰）其外無
二相談候条、簡要候、然ニ政治（小田）為合力忠綱（宇都宮）出陣之由聞召候、
後詰動之事、小山・皆川・水谷ニ被仰付候、心安可存候、
巨細徳蔭軒（渋江景胤）可被申遣候、謹言、

（永正十一年）六月六日　　（足利高基）（花押）

真壁右衛門佐殿

〇三一八　宇都宮忠綱書状（切紙）　〇伊達家文書

（包紙ウハ書）
「藤原忠綱書簡一通」

尚宗様御代歟、稙宗様御代始之比、関東古河公方家

之執事与相見得申候、」

態令啓候、抑　御書札之事申上候処、被成之候、定可為御

大慶候、恐々謹言、

(永正十一年)六月七日　(宇都宮)藤原忠綱（花押）

謹上　(稙宗)伊達殿

○包紙は、本号文書と三二四号文書との二通を包む。

○三一九　宇都宮忠綱書状　○佐八文書

下野国拝領之内参詣之輩、一家々風、其外地下人等、何も

其方在所可致定宿者也、仍状如件、

永正十一年甲戌

六月十日　(宇都宮)藤原忠綱（花押）

伊勢内宮

佐八美濃守殿

○三二〇　永山忠好副状　○佐八文書

御札拝見、抑於御宮内御精誠御祓、次墨・料紙等正員所江

御越候条、目出由、被覃御報候、仍被渡先祖候等(宇都宮)綱被進置

候判形移(写)御越候歟、然者(宇都宮)忠綱帯其儀、認被進之候、可為御

快然候哉、兼又如佳例御祈念御秡并帯頂戴、幾久目出度畏

入令存候、是も態二緡進納仕候、於　御神前被抽懇祈候者、

弥以可為恐悦候、巨細宗次郎可令申達候、恐々謹言、

(永正十一年)六月十一日　(永山)修理亮忠好（花押）

謹上　佐八美濃守殿

御報

○三二一　足利政氏書状写　○秋田藩家蔵文書五一

凌遠境言上、喜入候、(禅長寺)顕材西堂帰路、美尽矣、美尽矣、雖

被仰出候、参陣遅々候者、当(祇園城)城之様躰不可有正躰候之間、

重而周受上座為使節被指遣候、不移時日出陣候歟、不然者、

一勢可立進之候、両篇共不可叶分候者、不残心底可申上之

段、被成御書候、存其旨之様可加意見候、巨細被仰含使節
候也、
（永正十一年）七月一日　（足利政氏）（花押影）
塩美作守殿

○三一二　足利高基書状写（竪切紙カ）　○秋田藩家蔵文書五一

（岩城）由隆父子此度馳参可走廻之由、被仰出候、速存其旨候様加
意見、於自分も不存無沙汰候者、可為神妙候、巨細長沼弾
正弼（少脱カ）可申遣候者也、
（永正十一年）七月六日　（足利高基）（花押影）
塩美作守殿

○三一三　足利高基書状（切紙）　○弘前市立図書館所蔵阿保文書

（封紙ウハ書）「宇都宮弥三郎殿（忠綱）　（足利）高基」

（端裏）「（切封墨引）」
夜前自小山（小山市）被指寄、自丑刻至于午刻、被相攻候、折節当城（古河城）
雖無人数候、手強成其拒之故、敵数多討捕、手負不知数候、
然間被引退候、今日堅固奇特候、如此義、兼日度々申遣候
処、例式油断候条、不可然候、此上急度一勢被立進候者、
可為簡要候、少も遅々不可有曲候、巨細（簗田）高助可申遣候、謹
言、
（永正十一年）七月廿八日　（足利）高基（花押）
宇都宮弥三郎殿（忠綱）

○三一四　宇都宮忠綱書状（切紙）　○伊達家文書

（折封ウハ書）「謹上　伊達殿（稙宗）　（宇都宮）藤原忠綱」
先書令啓候キ、参着候哉、如何、近日其口之時宜、是非無
其聞候、抑向白河口被進馬候哉、御行急速之儀、早速示賜、
向両那須可成動候、心底之趣、具田代中務大輔方被対語之
上、定可有伝聞候、爰元落居、具御報示給、可得其意候、

恐々謹言、

七月廿八日（永正十一年）　藤原忠綱（宇都宮）（花押）

謹上　伊達殿（稙宗）

○三二五　宇都宮成綱感状（折紙）　○戸祭文書

「（墨引）」（端裏切封）

去廿五・六両日於下那須口調儀之時相動、粉骨之条、感悦之至候、謹言、

八月七日（永正十一年）　成綱（宇都宮）（花押）

戸祭左京亮殿

○三二六　足利高基書状写　○喜連川文書御書案留書上

佐竹・岩城至于那須口出張、当城江（古河城）可取掛之由其聞候、万一至于其儀者、一勢被立候者、可喜入候、巨細高助（簗田）可申遣候、謹言、

八月十四日（永正十一年）　高基（足利）御判

千葉介殿（勝胤）

○三二七　足利高基書状（切紙）　○須田隆允氏所蔵文書

「片見伊豆守殿（封紙ウハ書）　高基（足利）」

今度於宇都宮、抽粉骨之条、神妙之至候、仍近日向小山（小山市）可有御調義候、政朝（結城）自身被馳参之様可加意見候、委細徳蔭軒（渋江景胤）可有対談候、謹言、

八月廿三日（永正十一年カ）　（花押）（足利高基）

片見伊豆守殿

○三二八　足利高基感状（小切紙）　○戸祭文書

対佐竹（義舜）・岩城、忠綱（宇都宮）被遂一戦之時、抽粉骨被疵之条、戦功之至感思召候也、

永正十一年八月廿三日　（花押）（足利高基）

「（切封墨引）（奥ウハ書）

芳賀助四郎とのへ」

○三二九　足利高基感状（小切紙）　○戸祭文書

対佐竹（義舜）・岩城、忠綱（宇都宮）被遂一戦之時、抽粉骨被疵之条、戦功之至感思召候也、

永正十一年八月廿三日　（花押）（足利高基）

「（奥ウハ書）（切封墨引）

芳賀左京亮とのへ」

○三三〇　足利高基感状（切紙）　○玉生弘昌家文書

去月十六日一戦之時、抽粉骨被疵之条、戦功之至神妙候也、

永正十一九月朔日　（花押）（足利高基）

玉生雅楽助とのへ

○三三一　足利高基感状（小切紙）　○戸祭文書

「（端裏）（切封墨引）」

去月十六日一戦之時、抽粉骨被疵之条、戦功之至、感思食候也、

永正十一九月朔日　（花押）（足利高基）

芳賀助四郎とのへ

○三三二　足利高基書状（切紙）　○石川武美記念図書館所蔵真壁文書

徳蔭軒（渋江景胤）帰参仁政治（小田）懇迫逮御請候、併令諷諌故候、感思召候、然者、近日向小山（小山市）可有御動座候、其口静謐上者、聊有参陣被走廻候様、政治（小田）仁猶以加意見候者、可然候、於向後可有御懇切候、仍被成御自筆候、謹言、

九月九日（永正十一年カ）　（花押）（足利高基）

真壁安芸守（尚幹）殿

○三三三　永山忠好書状　○佐八文書

今度不思議之題目出来、当方及□□候処、於中途遂一戦、被得大利候、偏御祈念故候、於此上も、弥々御精誠専一候、此方之事悉被属本意候者、一所寄進可被申候、於　御神前

其御祈可為簡要候、以心当迄、忠綱(宇都宮)為御初尾鳥目弐百疋被
進置候、万端令期後音候、恐々謹言、
(永正十一年)九月十六日　修理亮忠好(永山)（花押）
謹上　佐八美濃守殿
御宿所

〇三三四　塩谷孝綱寄進状　〇法雲寺文書

（封紙ウハ書）
「『(異筆)永正十二年
宇津宮殿　寄進状』
塩谷
前伯耆守藤原朝臣孝綱」
明眼寺
勝鬘寺
御同宿中

下野国大内庄高田専修寺為御住、御宮様(真智)御下向、好時分
彼庄致成敗候、仍忠綱(宇都宮)奉拝候、千秋万歳目出度奉存候、然
而若色郷(真岡市)之簗内、為亡父長潤(宇都宮正綱)焼香分、専修寺江奉寄進候、
至于子孫少も緩怠之義不可奉存候、仍執達如件、
永正十一年甲戌
十月十四日　前伯耆守藤原朝臣孝綱(塩谷)（花押）
明眼寺
勝鬘寺
御同宿中

〇三三五　塩谷孝綱書状　〇法雲寺文書

（包紙ウハ書）
「宮様御下向に付孝綱田地寄進状壱通」
御宮様(真智)為高田御住御下向、千秋万歳目出度奉存候、既忠綱(宇都宮)
奉拝被申候、定而以後迄別条不可被存申候、仍去年如申候、
亡父彼庄ぉ拙子ニ可致付属分被存候、其憤候歟、時来彼地
代官仕候、左候間、為長潤(宇都宮正綱)焼香分、若色郷(真岡市)之梁内、専修寺
へ寄進申候、此由明眼寺・勝鬘寺能々御心得可為快怡候、
恐々謹言、
(永正十一年)十月十四日　孝綱(塩谷)（花押）
秀林坊進候、

（裏紙）「（墨引有）

秀林坊進之候、

塩谷
孝綱」

○三三六　木像薬師如来立像銘　○矢板市川崎反町薬師堂

大仏開眼願主別当良重、小聖栄厳
大檀那藤原朝臣孝綱
　同藤千代丸
　清原重親、同高宗
　滋野包国、同孝時
永正十一年甲戌十一月吉

○三三七　芳賀高孝諸公事免許状写　○寺社古状

乙連（真岡市）之郷如意給分之事、為道春（芳賀景高）志令寄付之上、諸公事等停止之候、此内頭役・流鏑馬銭之事者、神慮候間、可仰付百姓等候、於後昆背此掟輩候者、尊霊之罰不可廻踵候、為後日証文如斯、

永正拾一年甲戌臘月日　　　　（芳賀）高孝（花押影）

成高寺
　衣鉢閣下

永正十二年（西紀一五一五）

○三三八　芳賀高孝寄進状　○海潮寺文書

海潮寺領之内千疋之所、先以奉寄付候、於在所両人可申披候、如件、

八月六日　（芳賀）高孝（花押）

海潮寺

侍衣閣下

○本文書、永正十二年～大永七年頃のものと思われる。

永正十三年（西紀一五一六）

○三三九　佐竹義舜書状写　○秋田藩家蔵文書一〇

今般成湯治候処、旁色々御懇之儀、快然之至、忝令存候、内々此度平へも参、年来御礼等雖申届度候、湯治迄罷越候間、無其儀候、特ニ植田へ御越、種々御取成、祝着候、将亦宇都宮口揺之事、時節承、可得其意候、夏中入来、可為快然候、恐々謹言、

四月二日　（佐竹）右京大夫義舜（花押影）

謹上　（岡本妙誉）竹隠軒へ

追而令啓候、

御越之事、再々可有之由承候間、待入候処、于今無其儀候、所

用共候、御辛労候共、御越可為尤候、重而恐々、

（封紙ウハ書カ）「謹上　竹隠軒　（佐竹）右京大夫義舜」

○本文書、永正十三年以前のものと思われる。

○三四〇　佐竹義舜官途状写　○秋田藩家蔵文書八

此度於上那須陣蒙疵候、殊月居馳籠辛労仕候、神妙候、仍成遣官途候也、追而可有恩掌〔賞〕候也、

永正十三年丙子七月四日　（佐竹）義舜

滑河兵庫助殿

○三四一　佐竹義舜受領状写　○秋田藩家蔵文書八

此度親類同心ニ無余義奉公申候、殊新六致動候、神妙候、仍受領成之候也、

永正十三年丙子七月四日　（佐竹）義舜「御居判同前」

滑川対馬守殿

○三四二　佐竹義舜官途状写　○秋田藩家蔵文書一五

此度於那須陣動申候、幷月居へ馳籠、辛労神妙候、仍官途成遣之候、追而可有御恩掌〔賞〕者也

永正十三年丙子七月四日　（佐竹）義舜（花押影）

石井縫殿助殿

○三四三　永山忠好書状写　○佐八文書

去年就物詣申入候、御懇切文共于今難忘存候、其以来度々申承候条、本望候、仍彼方難去近付ニ御入候、連々望故以隠密之儀不図参宮候、一向無用意ニて被罷立候、諸篇御指南□〔奉カ〕頼外無他候、其為善次郎方相憑可申候処、四郎弟事候て、国方為可調滞留候、将又今度岩城・佐竹之外奥口軍兵五千余騎、当国中至于上那須庄出張、去月廿六当手打向遂

一戦、彼□□□打捕、近辺在々所々要害、或者責落、或者
降参、悉属本意、被納馬候、如此当方吉事、両三ヶ年之内
相重候、偏　神明之御加護、又者貴殿御祈故候、其上別而
尚以安全御祈可被憑入由存候、巨細宗次郎方被罷帰候時分
可申展候、返々彼方鳥目風情何事候共、用所候者、可被懸
御意候、愚と知音不替□今度一戦高名定而次郎方可有伝達
候、委細重而可承申候間、令省略候、恐々謹言、

（永正十三年）□〔七〕月十三日　　（永山）修理亮忠好頭（ママ）

謹上　佐八美濃守殿
御宿所

○三四四　足利高基書状（切紙）

○栃木県立博物館所蔵那須文書

（端裏）「（切封墨引）」

就湯治、懇被申候、喜入候、仍馬到来、目出候、巨細佐々
木隠岐守可申遣候、謹言、

八月廿八日　　（足利）高基（花押）

（政資）那須修理大夫殿

○本文書、永正期後半～天文四年頃のものと思われる。

永正十四年（西紀一五一七）

○三四五　足利高基書状写　○新編会津風土記巻六

政長（小山）復先忠之上、無二相守走廻候者、可為神妙候也、

二月五日（永正十四年）　（花押影）（足利高基）

栃木雅楽助殿

○三四六　足利高基書状　○小山市立博物館所蔵石塚文書

馬之事、申遣候処、速到来、悦入候、巨細頼光寺可被申遣候、謹言、

三月十一日　高基（足利）（花押）

小山右京大夫（政長）殿

○三四七　道長足利政氏書状写　○秋田藩家蔵文書一〇

妙誉（岡本）遠行巷説之間、不実候上思惟之処、彼使僧申候、心底令察候、祇園（小山市）ニ居住之時節、別而走廻候き、忠信于今叵失候、恐々謹言、

林鐘十五（永正十四年）（六月）　道長（足利政氏）「花押同前」

禅長寺（頌材西堂）

（封紙ウハ書カ）「禅長寺　道長（足利政氏）」

永正十五年（西紀一五一八）

〇三四八　芳賀高経諸公事免許状写　〇寺社古状

乙連之郷（宇都宮市・真岡市）如意給分之事、為道春（芳賀景高）志令寄付之上、諸公事等停止之候、此内頭役・流鏑馬銭之事者、神慮候間、可仰付百性（ママ）等候、於後昆背此掟輩候者、尊霊之罰不可廻踵候、為後日之証文如斯、

永正十五年ひのとのうし　三月晦日　（芳賀）高経（花押影）

成高寺
衣鉢閣下

〇三四九　宇都宮忠綱安堵状写　〇宇都宮二荒山神社文書

右慈心院社務職并往生寺事、任開山以来旨、可有成敗状如件、

永正十五年戊寅五月廿四日　（宇都宮）忠綱（花押影）

民部卿殿

〇三五〇　宇都宮忠綱安堵状写　〇宇都宮志料拾遺二所収文書

宮方之輩へ（ママ）、以来其方可有成敗状如件、

永正十五年戊寅五月廿四日　（宇都宮）忠綱花押

中里但馬守殿

〇三五一　高清借銭状　〇米良文書

借用申候利銭之事

合壱貫文

右、件之御料足者、依有要用、借申所実也、但御質物ニハ下野国小山庄之内、金院（ママ）之権現堂門弟引、同しら（白）沢之侍従

阿闍梨門弟引地下一族一円、又宇都宮石橋之等円坊引、同
藤井之円浄坊門弟引旦那地下一族共一円ニ、何も金院（ママ）門家
知行ニ候共一円也、彼旦那尊勝院江五貫文ニ売申候処、前
之徳政ニ半分帰申候を、来年之九月廿日を約束ニ入置申候、
若無沙汰候ハヽ、彼状を売券而永代可有御知行候、仍質券
之状如件、

永正十五年八月三日　　河関清水蔵屋
　　　　　　　　　　高清（花押）

廊之房江
　　まいる

永正十六年（西紀一五一九）

○三五二　足利高基書状（切紙）　○小山文書

（封紙ウハ書）
「小山小四郎殿　　（足利）高基」
（端裏）
「（切封墨引）」

就総州動座、（結城）政朝所へ以使節被仰出候、然者、此度其方参
陣可為忠信候、猶々可被存其旨候、巨細ニ階堂肥前守可令
対談候、謹言、

（永正十六年カ）
九月十六日　　（足利）高基（花押）

結城六郎（高朝）殿

○本文書の封紙は、別文書のものである。

永正十七年（西紀一五二〇）

○三五三　室町幕府奉行人連署奉書（折紙）　○専修寺文書

下野国高田専修寺住持職事、先年対応真上人不可有相違旨、被成御下知候処、有違乱族云々、以外次第也、所詮重被成奉書訖、可被存知之由、被仰出候也、仍執達如件、

永正十七
九月十七日　（治部）貞兼（花押）
　　　　　　（清）秀秋（花押）

（忠綱）宇都宮殿

○三五四　実豊檀那職売券　○米良文書

（包紙ウハ書）
「三浦・宇都宮・城之一族三ナカレ（流）、何之国ニ有共一円新宮泰地之
宗次郎殿ヨリ本銭返ニ玉置殿ト中分ニ買申候、」

売渡申本銭返旦那之事
合代卅（衍）拾貫文

右之旦那者、依有用要、新宮泰地宗治（次）雖為重代相伝、本銭返参拾貫ニかのへたつ之年よりきのとのひつしの年まて十六年気（季）、売渡申処実正也、彼旦那者三浦・宇都之宮・城之一族三なかれ（流）、諸国一円ニ、玉置殿を宿坊共ニ中分ニ可有御知行候、何国之先達引申候共、於彼三なかれ（流）之名字ニ候てハ相違あるましく候、将又、天下一同之徳政行共、於此状者行申ましく候、乍去、年気（季）明候ハヽ、本銭参拾貫文にて請可申候、雖然我等子孫之外ハ請申間敷候、若又何方よりも違乱之儀候者、本所より沙汰可申候、仍為後日之状如件、

永正拾七年かのへたつ之年十月十八日

売主新宮泰地宗次郎
実豊（花押）

○三五五　永山忠好書状

○佐八文書

如恒例之忠綱(宇都宮)所江種々御音物、則令披露候、事之外大慶之由被申候、仍私へ御弊(ママ)・油煙・料紙・帯拝領、目出度過分候、是も以佳例御初尾百疋、又号氏家(さくら市)地仁新造お立候、其御初尾百疋、合弐百疋進之候、弥御祈念奉頼候、然而栗嶋(高根沢町・芳賀町)士貢、当年者鎮守之神役相当候間、百性等佗(ママ)言雖無余義、如毎年七貫文取納候、委曲宗次郎方可被申述候、恐々謹言、

(永正十七年)
十月廿日　　修理亮忠好(永山)（花押）

謹上　佐八美濃守殿
御報

○三五六　足利高基書状

○東北大学付属図書館所蔵秋田家史料蒐集文書

猶今度手軽参陣、真実奇特候、翌日可遣使節候哉、追而下口より押返揺候由其聞候間、于今出馬取乱候、然間令参候、

今度向関宿(千葉県野田市)、道哲(足利義明)成揺候処、則刻参陣、誠以忠信之条、感悦候、朝興(上杉)事者岩付(埼玉県さいたま市)口へ相揺少々相散候、如只今者、方々如此之上、大切迄候、無油断有同意、依一左右速参陣、尚以可喜入候、委細蓮沼対馬守可令対談候、かしく、

(裏紙奥ウハ書)
「（墨引）
小山修理大夫殿(政長)　　高基(足利)」

○本文書、永正十七年頃のものと思われる。

大永元年（永正十八・西紀一五二一）

〇三五七　芳賀高孝寄進状写　〇寺社古状

長宗為菩提、酒谷（鹿沼市）之郷之内東音寺、雖少所候、先以奉寄進候、如何様相当之地倍而可令寄付候、仍而如件、

永正十八年辛巳夷則六日　右馬允（芳賀）高孝（花押影）

成高寺

衣鉢閣下

〇三五八　小宅高信寄進状案　〇海潮寺文書

猶々、御廻向憑入候、

南原之年貢三貫文之在所、道積禅門為頓証菩提、香免与而致寄進候、無懈怠御廻向奉憑候、殊ニ妙法禅尼逆修善根、是又同憑入候、為以後一筆令進覧候、恐々敬白、

十二月晦日　小宅新次郎

高信

海潮寺

進覧

〇本文書、永正期のものと思われる。

大永二年（西紀一五二二）

○三五九　那須資房宛行状　○平沼伊兵衛氏所蔵文書

此度與岩城常隆山田村縄釣両度之合戦、貴殿軍法故、味方悉得勝利、剰甲頭五拾八、其内侍大将之首二ッ討取被申事、前代未聞之高名ニ候、後代為亀鏡大木須村（那須烏山市）永代令当〔宛〕行者也、弥子孫可被申伝候、仍如件、

大永二暦

壬午三月廿三日　　那須太郎
資房（花押）

興野式部殿　参

○本文書、なお検討を要す。

○三六〇　宇都宮忠綱寄進状写　○寺社古状

上高根沢（高根沢町）郷番料足為替地、下稲毛田（芳賀町）之郷番料足拾壱貫文令寄付候畢、状如件、

大永弐年壬午
八月十八日　　（宇都宮）忠綱（花押影）

成高寺

○三六一　佐八定栄置文　○佐八文書

下野国小山庄伊勢役之事

右、三分一分せんしゅ（先主）へ永代知行可有由申定候、三分二分ハ佐八家ニ知行可有候、其外小山・宇都宮（忠綱）より御はつお（初穂）御きしん（寄進）以下、いつれもせんしゅうにわ存知あるましく候、為後日状如件、

大永二年壬午九月吉日　　（佐八）定栄（花押）

如此小山庄を他人の方へもし渡儀候ハヽ、佐八家めつはう（滅亡）たるへく候、存子細候間、為心得かく申候、返々代々其心得をなさるへく候、

大永三年（西紀一五二三）

○三六二　宇都宮忠綱寄進状写　○寺社古状

玉生（塩谷町）郷之内玉雲寺之事、令寄付畢、御成敗不可有相違候、恐々敬白、

大永三年癸未三月廿七日　左馬権頭（宇都宮）忠綱（花押影）

成高寺

○三六三　芳賀孝高書状写　○秋田藩家蔵文書四九

去比者永々御在宮、御陣労痛敷存計候、御宿所可参之由存候之処ニ、及夜中自実城罷帰候間、乍存無其義候、政朝（結城）御在宮之間、時宜等依相急度存候、急度水戸へ罷越候、如何様帰宅之時分参入歟、不然者以代官、万々可申述候、金吾御懇偏御申故候、巨細重可申入候、令略候、恐々謹言、

（大永三年頃）八月十九日　芳賀刑部太輔
孝高（花押影）

寺崎中書
御宿所

○三六四　芳賀孝高書状写　○秋田藩家蔵文書四九

此度風与参候処、金吾御懇切、外聞見所本望此事候、併御取成故候、自何時宜等依相急候、御心静御雑談等不申承、御在所へも不参候、一向相似疎義候事、此耳迷惑候、然而此刻御当方一途落居候様ニ有御工夫、預御意見候者、弥々可為御厚意候、万々重而可申述候間、令略候、恐々謹言、

（大永三年頃）八月廿四日　芳賀刑部太輔
孝高「花押同前」

寺崎中務少輔殿
御宿所

大永四年（西紀一五二四）

◯三六五　足利高基書状

◯東京大学史料編纂所所蔵幸田成友氏旧蔵文書

就不例懇申上候、喜入候、去比十日計、以外相煩、色々療養故、則得減気候、心易可存候、一其国(上総国)之様躰、具以一書申上候、心得候、一房州(里見義豊)幷真里谷(武田信清)洞之事、可無力候事者令校量候、一小弓(道哲、足利義明)之儀、色々其聞候、如何様ニも、早々可出馬候、一諸家何も忠信候、宇都宮(宇都宮忠綱)事、名代若輩故、しか〳〵共無之様候間、遣使節候処、為始芳賀(興綱)、何も在其旨由、及御請候、定日出可存候、一氏綱(北条)可存忠信趣候歟、酒井備中守(隆敏カ)も此分申上候、但正理ハ如何候、さて又走廻様躰によるへく候、近日も度々申上候間、これにしたかいて令挨拶候、一遠山(直景)者翻宝印、不可存別条由申上候、一臼井事申旨候歟、露命之なからへ度も、彼仁滅亡を見度迄候、一自何其国之者共、為始千葉介(勝胤)父子、何も無二忠信之由申上候、簡要至極候、一於其州、道哲(足利義明)赦免之由申廻候由、酒井備中守書中にあらハし候、驚入候、争可為其分候哉、縦其義に候共、其国忠信者共の方へしら(知)せ候ハぬ事あるへく候哉、於爰元者、誰かいか(如何)様申習候共、心易可存候、
一陣所火事中々口惜候、一定可有其聞候、小田(政治)・土岐原(治頼)遂一戦、小田悉失利、為始信太、一類不残討死、殊たかや(多賀谷)人衆ニハ、たかや(多賀谷)淡路守・広瀬・青木・石島、其外おもてをいたし候もの数多討死、無是非次第候、小田事、小弓(道哲、足利義明)へ懇候処、如此候、去年以来、天道明白候、定大慶可存候、一蕨地利(埼玉県蕨市)、北新(北条新九郎氏綱)去廿日夜乗捕、門橋焼落、令破却、江城(江戸)へ納馬候、此時者朝興(上杉)も北新もいかに存候とも、道哲用ニハ立かたく候、其後ハゆかしく候、原孫二郎(基胤)にも此文みせ度候、ハや〳〵令本復候間、自筆候、心易候間、

色々かき候、他見無用候、かしく、
四朔（大永四年）
長南（武田）三河守殿　高基（足利）

尺谷弾正忠能々奉公申候、心易可存候、又妙寿ほとなく一周忌
事にて候、

大永五年（西紀一五二五）

○三六六　太刀銘　○日光二荒山神社所蔵

奉施入新宮大権現御宝前　大門河内守昌文敬白大永□（五）年乙
酉二月二十三日

○三六七　玄勝（笠間綱広）書状写　○秋田藩家蔵文書四八

江戸右衛門佐方此方ニ滞留之間、計新造屋式（敷）之事かり候、
為其分片庭（茨城県笠間市）之土貢三貫文相渡之候、彼方帰宅之後者、可為
如以前候、謹言、
太永五年
八月廿五日　玄勝（笠間綱広）（花押影）

（封墨引影）
「福田尾張守殿　自館」

〇三六八　小山高朝書下状写（折紙）　〇増田昭三氏所蔵文書

嶋田（小山市）・小宅（小山市）両郷之間開発之事、任其意今般其方郷官之主ト
成下者、（也脱カ）仍而如件、
大永五年酉ノ
十一月二日　　　　高朝（小山）（花押影）
谷田貝民部殿
同　内匠殿

〇本文書、なお検討を要す。

大永六年（西紀一五二六）

〇三六九　佐八定栄書状（切紙）　〇佐八文書

（異筆）「大永六年八月一日宇都宮殿（忠綱）
宗都宮殿
状如件、　　」
謹言上、抑如恒例於　神前令勤行、千度御祓太麻一合并
鳥子二帖・油烟二丁、雖憚厳之至候、表御祝意斗候、御頂
戴候者、弥可為御満足候、随而去年為御最花百疋到来候、
則致奉幣候、将亦御　神領栗嶋之郷（高根沢町・芳賀町）御供料、雖競望仁候、
如前々八貫文旧冬御神納候、宮中江致奉納、令祈念候由、
可預御披露候、恐惶謹言、
（大永六年）八月一日　　　　定栄（佐八）（木刻花押）

進上　御奉行所

○三七〇　足利高基書状　○小田部好伸家文書

今度一戦之様躰、誠無是非次第候、即以使節可申□〔遣〕候処、路次等不自由之間、無□□□之非別条候、□□之方無恙其地へ被納馬候条、令満足候、当地於落居上者、一途其口へ可成行候、於爰元も心易可被存候、彼僧心安人躰候、具口上之義可被申御含候、雖聊爾様候、壬生へ被移候者可然、其故者結城其外も壬生口へ揺出相拵之由其聞候、水谷事も宮領へ入手候、惣別近辺之様躰も大切候、梶原事をも在所ニ指置候、次此地事本意不可有程候、将又佐野所へ節々懇切被申越可然候、尚々此度其方用ニ不立候、誠無面目候、一度顕其意趣度まて候、彼口上自然者申落事あるへく候間、具染自筆候、謹言、

尚々高基令存命候者、さりとも其方承意之上、□□、万々野中可申候、

（大永六年）九月一日　　高基（足利）（花押）

宇都宮左馬権頭（忠綱）殿

○三七一　道損（永山忠好）書状　○佐八文書

芳冊、殊千度之御祓幷油烟・包丁・帯、何れも如佳例、目出度畏入候、態御初献百疋進之候、当方乱入無是非次第候、於様躰者、彼御方被存候者、不能具候、尚以於御神前別而御祈念奉頼候、洞静謐ニ候、一段従（宇都宮）忠綱方も可被申入候、恐々謹言、

（貼紙）「永山修理亮
道損」

（大永六年）十月十五日　　沙弥道損（永山忠孝）（花押）

謹上佐八美濃守殿
御報

〇三七二　宇都宮忠綱書状写　〇秋田藩家蔵文書四九

前日左衛門大夫方江可有意見之由、申届候処、懇御取合快然候、然者資綱(笠間)父子五三日之間為合力可被及出陣候、此刻自身歟、不然者一勢被相立候様可被走廻候、千言万句年来無二被相守首尾此時候歟、納得候者可然候、於時義者伯耆守(塩谷孝綱)可被申越候、恐々謹言、

(大永六年カ)十一月廿一日　(宇都宮)忠綱（花押影）

寺崎宮内少輔殿

〇三七三　宇都宮忠綱書状写　〇秋田藩家蔵文書四四

追而、かせ者以下うたせ候や、忠信之至候、

去一戦ニ、雖神役候、罷出走廻候、誠以無比類儀候、殊数ケ所被疵候哉、不敏候、出城無心元之由申候、有難候、何も無二候間、於本意者不可有程候、心易可存候、疵能々養生可然候、委高徳越後守可申遣候、謹言、

九月二日　(宇都宮)忠綱（花押影）

瓦屋頭殿

〇三七三号～三七五号は年未詳文書であるが、三七二号の宇都宮忠綱との関連で便宜ここに置く。

〇三七四　宇都宮忠綱書状写　〇秋田藩家蔵文書四九

前日馳一翰候処不到着候由、無曲候、然者重而左衛門大夫方へ申届候、累年被守来首尾与云、此刻速有出陣、諸毎被相談候様、御意見可為快然候、恐々謹言、

十一月十四日　(宇都宮)忠綱（花押影）

寺崎宮内少輔殿

〇三七五　宇都宮忠綱書状　〇佐八文書

任恒例、千度之大幣御祓一合贈給候、千喜万悦、仍鳥子料紙二帖、油烟一挺到来、是又祝着候、然而雖左道之至候、鵝眼百疋進之候、尚以被抽懇祈候者本望候、恐々謹言、

(十二月)臘月廿二日　(宇都宮)藤原忠綱（花押）

謹上　佐八美濃守殿

〇三七六　永山忠好書状　〇佐八文書

如御賀例千度之御はらい幷帯・油煙・料紙以下送賜候、目出度畏入奉存候、態為恒例百疋為御初尾進之候、兼又栗嶋（高根沢町・芳賀町）之郷一向致□□候、乍去七貫文定申付候、巨細宗次郎方可被申達候、恐々謹言、

九月廿三日　（永山）修理亮忠好（花押）

謹上　佐八美濃守殿　貴報

〇三七七　永山忠好書状　〇佐八文書

如恒例御祈念之御祓幷両種贈給候、千秋万歳目出度存候、仍而為御最花百疋令進納候、有存旨百疋、又百疋、合三緡進之候、委曲令期後信之時候、恐々謹言、

十月廿七日　（永山）修理亮忠好（花押）

謹上　佐八美濃守殿　御報

〇三七八　永山忠好書状　〇佐八文書

御札御懇切之至、祝着至極候、抑以御賀例、御弊（ママ）・帯・油煙、種々贈給候、目出度畏入候、任恒例鳥目百疋進之候、将又栗嶋（高根沢町・芳賀町）之年貢、依不作不及過上、如前々取納候、巨細宗次郎方可被申宣候、（宇都宮）忠綱直ニ被及御報候、不能具候、恐々謹言、

十月廿八日　（永山）修理亮忠好（花押）

謹上　佐八美濃守殿　御報

〇三七九　沙弥道損（永山忠孝）書状　〇佐八文書

如嘉例千度御祓幷帯・料紙・油烟、何も拝領、目出度畏入候、態御初献百疋進之候、御精誠所仰候、宇都宮江罷帰、如斯申承度候、別而御祈念頼入候、恐々謹言、

十一月十一日　　　　　　沙弥道損（永山忠孝）（花押）

謹上　佐八美濃守殿
御報

〇三八〇　沙弥道損永山忠孝書状　〇佐八文書

（異筆）
「敬白
関東より之状也、為後日如件、」

千度之御祓并鳥子二帖・帯二筋、何も如御書拝領、目出度畏入存候、態御初尾百疋進之候、御精誠奉憑候、恐々謹言、

十二月廿一日　　　　沙□□□（弥道損）（花押）

佐八美濃守様
御宿所

〇三八一　芳賀孝高書状　〇神宮文庫所蔵御祓大麻御祈禱文書

（高根沢町・芳賀町）
栗嶋神田御土貢、如毎年進納被申候、仍而於神前御精誠無油断趣、被露紙面候、目出度簡要候、猶以御祈願任入候、然而御祓并油煙・側理紙越給候、祝着之至候、恐々謹言、

十一月八日　　　　　　（芳賀）刑部太輔孝高（花押）

大永七年（西紀一五二七）

〇三八二　芳賀孝高書状（折紙）　〇佐八文書

（端裏書）
「芳賀殿ふミ」

珍札祝着候、抑於　御神前御精誠巻数御祓拝給、目出度本望至極候、猶以御祈願頼存候、仍料紙送給候、令賞翫候、然而栗嶋（高根沢町・芳賀町）御土貢不足候哉、御書中之趣興綱（宇都宮）所へ相意得候、定而急度可被申付候、恐々謹言、

（大永七年）（十月）小春廿六日　　（芳賀）刑部太輔孝高（花押）

謹上　佐八美濃守殿

〇三八三　棟札銘　〇益子町鹿島神社

下野宇都宮守護藤原朝臣盛綱

封　聖主天中天　大工□□□六□

迦陵頻伽声　鹿嶋大明神

参

哀愍衆生者　大永七年丁亥十一月十四日　神主

封　我等今敬礼　大旦那自紀伊守行宗十四代

益子宮内大輔家宗（花押）

〇三八四　沙弥道損（永山忠孝）書状　〇佐八文書

如御札千度御祓幷帯・油煙・料紙、何も拝領、目出度畏入候、如御存知于今致他国候、漸可及行脚覚悟候、帰宿之事御祈念奉頼候、仍而恒例御初尾百疋進之候、又栗嶋（高根沢町・芳賀町）之事、乱国故慮外出来候処、宗二郎殿以辛労無相違落着、土貢参候条、目出度簡要候、恐々謹言、

（大永七年）十一月十七日　　（永山忠孝）沙弥道損（花押）

謹上

佐八美濃守殿
貴報

享禄元年（大永八・西紀一五二八）

○三八五　小山政長願文　○佐八文書

願書敬白

今年立願之事

右、依有大厄奉捧願書也、懇祈意趣者、為天下安全、殊自身・妻子・被官事、氏武運長久、兼て無悩障災延命故也、宿願成就之上、来冬三十一之年数三百疋百文、七才・六才之女子年数可奉進納状如件、

大永八年

正月廿八日　　（小山）右京大夫政長（花押）

○三八六　宇都宮興綱寄進状　○海潮寺文書

光西寺之事、近年以不計儀相違、然者為替代、大内之庄西台(真岡市)之郷田銭七貫文・厚木(真岡市)之郷六貫文・添谷之郷壱貫五百文・横堀(真岡市)壱貫文、合十五貫五百文、御成敗不可有子細候、仍而状如件、

大永八年戊子

二月七日　　興綱(宇都宮)（花押）

○本文書は宛所を欠くが、文書の伝来より海潮寺に宛てられたものと思われる。

○三八七　芳賀高経奉書写　○下野国誌七海潮寺文書

当御寺領光西寺近年以不計儀相違、於我等口惜存候、然ハ為替代、大内之庄田銭合十五貫五百文、御成敗尤候、自然之儀候者、蒙仰可申付候、依執達如件、

大永八年戊子

二月七日　　高経(芳賀)（花押影）

宝珠庵侍司

○三八八　宇都宮興綱寄進状写　○寺社古状

就仏殿修造、中里郷(宇都宮市)田面銭七貫五百文再(幷)諸公事令免許候間、速途(知カ)行候様御拵簡安候、恐々敬白、

大永八年戊子二月十七日　　興綱(宇都宮)（花押影）

興禅寺衆中

○三八九　宇都宮興綱寄進状写　○寺社古状

玉生郷(塩谷町)之内玉雲寺之事、依一乱相違、口惜存候、然者任先判令返付候畢、御成敗不可有相違候、恐々敬白、

大永八年戊子三月十九日　　藤原興綱(宇都宮)（花押影）

成高寺

○三九〇　芳賀高経副状写　○寺社古状

玉生郷(塩谷町)之内玉雲寺之事、近年相違、於自分も迷惑至極候、

然者今般寄付被申候、目出度奉存候、仍而状如件、
大永八年戊子三月十九日　清原（芳賀）高経（花押影）
成高寺
侍者御中

○三九一　宇都宮興綱宛行状（切紙）　○太田松三郎氏所蔵文書

氏家郡之内大室（日光市）之郷事、為向田左京介跡（ママ）与宛行候、嗜以下不可有油断候、仍而状如件、
大永八年戊子
四月廿八日　興綱（宇都宮）（花押）
向田右衛門尉殿

○三九二　小山政長課役免除状（折紙）　○安房神社文書

粟宮神主た□〔る〕者、如先代諸公事不可有之候、粟宮原にて之木草も、従先々取来候者、可為其分之状如件、
三月［　　］　政長（小山）（花押）
□□（粟宮カ）神主殿

○三九三　小山政長書状　○上遠野文書

急度令啓候、仍而孝尹（小山成長）令湯治候付而、色々御懇、殊種々御奔走、鷹・馬何も当口之珍物、誠々浦山敷存候、偏其方御指南故、各々懇然之由被申候、奇特存候、殊更先規之子細共、御雑談之由其聞候、弥以睦敷存候、事々従孝尹所可被申候間、閣筆候、恐々謹言、
卯月十一日　右京大夫（小山）政長（花押）
謹上　藤井（上遠野）玄蕃頭殿
○本文書、大永期後半～享禄期のものと思われる。

○三九四　道哲足利義明書状案　○小山文書

為祝言、太刀・馬到来、目出度候、御鍬被遣之候、巨細逸

見山城入道(祥仙)可申遣候、謹言、

七月廿七日　道哲(足利義明)

小山小四郎殿

○三九五　足利高基感状（切紙）　○長泉寺文書

小薬(小山市)為御警固、安芸守(上三川)在城、令同心之条、感思召候、謹言、

八月三日　(足利高基)(花押)

落合河内守殿

○三九六　足利晴氏書状写　○小山氏文書

為継目之祝儀、太刀幷馬・鴉〔鵝〕眼到来、目出度候、仍大〔太〕刀・馬遣之候、謹言、

八月廿五日　晴氏(足利)（花押影）

小山小四郎殿

○三九七　足利高基書状（切紙）　○小山文書

(封紙ウハ書)「小山小四郎殿　高基(足利)」

(端裏)「（切封墨引）」

為祝言、太刀・馬幷鴉〔鵝〕眼到来、目出候、仍太刀・馬遣之候、巨細野田右馬助(政保カ)可申遣候、謹言、

八月廿五日　高基(足利)（版刻花押）

小山小四郎殿

○本文書の封紙は、別文書のものである。

○三九八　宇都宮興綱書状　○佐八文書

為恒例千度之御祓大麻幷鳥子・油烟如御書中給候、目出度快然候、態最花一緡進之候、雖無申迄候、於　御神前被抽精誠候者、可為祝着候、恐々謹言、

拾月廿三日　左衛門督興綱(宇都宮)（花押）

謹上　佐八美濃守殿

○本文書、大永八年以降のものと思われる。

〇三九九　宇都宮興綱書状　〇中里文書

尚々、早々被罷出待入候、

久不被罷出候、無心元候間、態使を越候、長々被引籠候而者、弥々苦労たるへく候、歳暮と云彼是早々被罷出可然候、委細籠谷たちわき(帯刀)可申候、恐々謹言、

極月十一日　　興綱(宇都宮)（花押）

中里伊与守殿

〇四〇〇　小山政長書状　〇千賀忠夫氏所蔵文書

与風遂面述之条、年来之本懐此事候、御在所へ内可企参路之由、雖申閉候、被逐公用無其儀段、意口各別之様候歟、必来十日以前、以参積鬱可散之候、只風晨月夕御床敷耳候、然者、去月自京都宗沢被下候、於彼亭連日歌之会幷連歌之沙汰、切仁依令悃望、詠歌之大略、同穐篠月清集承畢、定羨可被思食候哉、相伝之巻物奇妙不可説々々、彼発句之事書加進之候、恐々謹言、

風もさて萩月をするゑはの萩の露
あつさゆミをしなへ木のめはる日哉
殖てこゝも幾世とともの霜の松

政長(小山)

真壁右衛門佐殿

〇本文書、便宜ここに置く。

享禄二年（西紀一五二九）

○四〇一　足利高基書状写（竪切紙カ）　○小山氏文書

今日当城(古河城)へ晴氏(足利)指懸、数刻及矢師候、当地堅固候、此度一途被走廻候者、可喜入候、巨細野田右馬助(政保)可申遣候、謹言、

五月晦日　　高基(足利)（花押影）

小山小四郎殿

○四〇一号と四〇二号、享禄二年～享禄四年頃のものと思われる。

○四〇二　足利晴氏書状（切紙）　○小山文書

(封紙ウハ書)「小山六郎殿　　晴氏(足利)」

(端裏)「(切封墨引)」

御恩賞之事、相任言上候、於自今以後毛、無二可被抽忠信事簡要候、於此上者、別而可在御懇切候、巨細高助(簗田)可申遣候、謹言、

六月七日　　晴氏(足利)（花押）

小山六郎(高朝)殿

○四〇三　足利高基書状　○小山文書

(封紙ウハ書)「小山小四郎殿　　高基(足利)」

(端裏)(切封墨引)

於一睦之上、閑居堪忍之様、可被走廻之段被申定上、速申沙汰可然候、至于無其儀者、一途覚悟旨候、巨細彼口上江令付之候、謹言、

六月十九日　　高基(足利)（花押）

小山小四郎殿

○本文書の封紙は、別文書のものである。なお、本文書、享禄二年～天文三年頃のものと思われる。

〇四〇四　法華経第一巻首部及奥書

〇日光市輪王寺所蔵

奉納紺紙金泥妙典六十六部之内筑州住昌貞
日光山瀧尾御宝前　檀那壬生下総守綱房
妙法蓮華経序品第一

（中略）

紺紙金泥六十六部之内
築（ママ）前国之住本願昌貞叟
享禄二年八月日敬白　小聖昌遵源秀愛厳
奉納紺紙金泥六十六部之内筑前国住本願昌貞
日光山瀧尾　御宝前　檀那壬生下総守綱房
妙法蓮華経辟喩品第三

（中略）

妙法蓮華経巻第二
（箱表書）「紺紙金泥法華経　一部」
（箱裏書）「筑州住正真筆
延宝六戊午年正月三日
神尾若狭守珍元修覆
当上人教城院天祐代」

享禄三年（西紀一五三〇）

○四〇五　法華経第八巻首部及奥書

○日光市輪王寺所蔵

（首部）

奉納紺紙金泥妙典六十六部之内筑前住昌貞

日光山瀧尾御宝前　檀那壬生下総守綱房

（中略）

（奥書）

奉納紺紙金泥妙典六十六部之内一部

右志趣者、為現当二世、一天太平并十方貴賤上下、一部一巻百字十字乃至五字三字一字大小共、至九品蓮台証頓仏果菩提者也、仍乃至法界平等利益、

本願筑前国住昌貞　僧小仙昌遵源秀

享禄三年正月吉日　敬白

○四〇六　宗長連歌自注奥書

○宮内庁書陵部図書寮所蔵桂宮本歌書第十九号

（享禄三年頃）

此愚句一冊御懇望之由、被所躮（ママ）伝遅々間注進入候、比興々々、八旬余之愚句無是非候也、一笑々々、

宗長判

藤孝判

壬生下総守殿（綱房）

享禄四年（西紀一五三一）

○四〇七　道長（足利政氏）書状写　○豊前氏古文書抄

的便之間一筆遣候、長門守家人之帰ニも懇切被申候、先日
昼夜之劬労察存候、梵永侍者義胤方へ切紙令披見候、一芳
賀次郎（高経カ）号家中（栃木市）地仁令張陣候哉、先以簡要候、人数も無不足
候哉、目出候、乍去晴氏（足利）帰座事、興綱（宇都宮）方江自古河（茨城県古河市）申候歟、
然間芳賀揺等悉慮候哉、如斯候者帰座之義とも急候而可然
之処、しかたもなき刷何事候哉、仍慈恩寺（埼玉県さいたま市）之事、高基（足利）方へ
以下総守（成田親泰）一筆遣候、返札大概宜候、騰侍者江写遣候き、定
つかハさるへく候、一若林（野木町）之事、義胤相談したく無沙汰候、
かしく、

六朔（享禄四年）　道長（足利政氏）
基頼（足利）

○四〇八　芳賀高経書状写　○小田部庄右衛門氏所蔵文書

尚々、不始事ニ候へ共、連々奉公存つめ候ゆへに候、返々も忝
存はかりに候、
此間　御屋形（宇都宮興綱）様御例何事付而も御懇之義擢々と無之候処に、
戸祭四郎右衛門申合はしりめくり候之外、既御せいし（誓詞）を
もって被仰出又申上候、忠信之至、誠ニ忝喜悦之至候、為
其文して申進候、子細彼口上ニ可有之候、謹言、
正月廿八日　高経（芳賀）（花押影）
赤埴信濃守殿

○四〇八号と四〇九号、享禄末期〜天文初期のものと思われる。

○四〇九　宇都宮興綱書状写　○小田部庄右衛門氏所蔵文書

尚々、忠信之至憚入候、

去年以来菟角之義を以、兵衛（高経）隔心之様ニ被渡候所、懇ニ申
分候故有納得、以誓詞互申合候、しかしなから走廻候故之
条感悦候、巨細戸祭四郎右衛門尉可申遣候、謹言

正月晦日　　興綱（宇都宮）

赤埴信濃守殿

天文元年（享禄五・西紀一五三二）

○四一〇　小山高朝判物（折紙）　○石川文書

下青沼□〔之カ〕地壱間壱町分、抱申度由申上候間、被下置候也、

享禄五年

八月十日　　（花押）（小山高朝）

石川左京進殿

○本文書、なお検討を要す。

天文二年（西紀一五三三）

○四一一　熊野若王子御房御教書　○外山文書

下野国季行事職事、如元被返付訖、任先例宜被存知之由、
若王子大僧正御房所被仰下也、仍執達如件、

天文二年癸巳五月廿八日　法橋秀栄（花押）
法橋快延（花押）

戒浄坊御房

○四一二　大泉坊永勝年行事職渡状写　○外山文書

下野国年行事職之事、任由緒之旨、戒浄坊跡中納言長俊ニ被仰付候、委細存知仕候、聊も於国違乱煩之儀申間敷候、次ニ坊跡等自今已後於私競望申事不可有之候、若此旨相違仕候ハヽ、可預御成敗候、仍為後日之状如件、

天文二年
五月晦日　大泉坊 永勝（花押影）

若王子殿
御奉行所

○四一三　宇都宮興綱年行事職安堵状　○外山文書

下野国年行事

右、如前々、成敗之義、不可有相違候、仍状如件、

天文二年癸巳十月十四日　（宇都宮）興綱（花押）

戒浄坊

○四一四　天的塩谷孝綱免除状　○蓮行寺文書

右当御寺へ公事之事、天的さし置申候、少も不可申届候、

為以後自筆被申候、恐々謹言、

天文二年十一月十二日　天的（塩谷孝綱）（花押）

刑部阿闍梨御坊へ

○四一五　芳賀孝高書状（折紙）　○佐八文書

於御神前御精誠之祓幷料紙・油烟越給候、目出度歓喜至極候、仍而栗嶋（高根沢町・芳賀町）御神領之義承候、不可有別条候、如毎年進納候、尚々祈願頼入候、恐々謹言、

（天文二年カ）霜月十五日　（芳賀）刑部太輔孝高（花押）

謹上　佐八美濃守殿

天文三年（西紀一五三四）

○四一六　宇都宮二荒山神社棟札銘　○栃木県庁採集文書六

奉新造天文龍集甲午三年三月十一日

御神領物政所　壬生上総介綱房

当御留守　坐禅院昌勝〔膳〕阿闍梨

年数十七

○「河内郡宇都宮町二荒山神社棟札、鹿沼今宮社ニモ同ジモノアリ」の注記あり。

○四一七　宇都宮俊綱条目写　○宇都宮二荒山神社文書

大湯屋結番次第

一番　僧都　阿闍梨
二番　律師　公
三番　不断経所　当番一人　日光堂　同

一、不可有穢気輩入事
一、不可有五辛肉食相交僧徒事
一、不可有高声雑談事
一、不可有口論狼藉事
一、不可有立夜風呂事

右、於此旨輩者異可有御沙汰、仍執達如件、

天文三年三月十七日　（宇都宮）俊綱（花押影）

○四一八　芳賀高経副状写　○寺社古状

光明寺之事、有子細御拘之上、於自今以後莵角不可有之候、
仍状如件、

（天文三年）八月二日　（芳賀）高経（花押影）

成高寺
玉案下

○四一九　宇都宮俊綱安堵状写　○寺社古状

光明寺之事、有子細御拘之上、於向後別条之義不可有之候、
恐々敬白、

天文三年甲午八月三日　（宇都宮）藤原俊綱（花押影）

成高寺

○四二〇　宇都宮俊綱夫役免状写　○寺社古状

就造営、（宇都宮市）中里ノ郷間夫事、従午年五年指置候状如件、

天文三年甲午八月廿六日　（宇都宮）俊綱（花押影）

興禅寺衆中

○四二一　宇都宮俊綱安堵状　○佐八文書

於神前被抽精誠、大麻幷鳥子・油烟到来、目出度快悦至候、
仍栗嶋郷（高根沢町・芳賀町）事、前任寄進於後々不可有相違候、恐々謹言、
小春（天文三年）（十月）十七日　藤原（宇都宮）俊綱（花押）
謹上　佐八美濃守殿

○四二二　芳賀孝高書状（折紙）　○佐八文書

於御神前　御精誠之御祓幷油煙・料紙給候、目出度祝着之
至候、如毎事態申届候、猶々御祈願任入候、恐々謹言、
小春（天文三年）（十月）廿四日　刑部太輔（芳賀）孝高（花押）
謹上　佐八美濃守殿

○四二三　刑部阿闍梨置文　○蓮行寺文書

此坊式之事者、末代まて塩谷殿（孝綱）様之御館より被下候間、諸
同□□由あるへからす候、就之信心施盛に、当寺之庭
香花懇そなへ申候、以後はけみ可申候　朝夜之御本斎守護
可申候、仍為後日一筆置候、
霜月十一日　刑部阿闍梨（花押）
（異筆）「天文三年十二月十一日」

○四二四　鹿沼今宮神社棟札銘写　○押原推移録

天文龍集甲午三年
聖主　天中天　大行事帝釈天王
迦陵　頻迦声　全日戒師弥勒菩薩
碑文師文珠師利菩薩
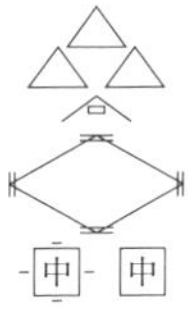

惣戒師　釈迦牟尼如来
証誠大梵天王
哀愍　衆生者　諸行事普賢菩薩
我等　今敬礼　諸行事戒師観世音菩薩
月日滅して分明ならす
奉新造御神領惣政所壬生下総守綱房
綱房第二男年数十七
当御留守坐禅院昌膳阿闍梨

惣奉行　黒川刑部烝房朝
木屋奉行染谷兵部少輔村胤
大貫内匠助昌秀
熊倉内匠助吉久
大　工　高野淡路守重吉
同　修理亮房吉
渋江縫殿助房宗
長次郎右衛門房光
枝　杢助政吉
山野山城守昌家
鍛冶奉行□□□□□宗玄
文字滅して分らす
鍛冶次□□□
文字滅して分らす
檜□□□□
同断

天文四年（西紀一五三五）

○四二五　芳賀高経自筆額字　○海潮寺文書

宝　珠　庵

天文二二年乙未
四月十日　（芳賀）右兵衛尉高経（花押）

○四二六　芳賀孝高寄進状写　○寺社古状

為香田、奉寄付慶室妙賀買得之地上桑嶋（宇都宮市）之郷之内野志賀之内土貢八貫文・三季役銭弐貫百文、於永代御成敗不可有相違之状如件、

天文四年乙未

七月三日　　　　　　刑部太輔（芳賀）孝高（花押影）

成高寺

衣鉢閣下

○四二七　芳賀高経寄進状写　○寺社古状

上桑嶋郷（宇都宮市）之内児山給分之事、為慶室妙賀香田令寄進候、於向後不可有子細之状如件、

天文四暦乙未九月廿日　　　　右兵衛尉（芳賀）高経（花押影）

成高寺

衣鉢閣下

○四二八　宇都宮俊綱書状封紙　○佐八文書

（封紙ウハ書）「内宮佐八与次殿　　　　藤原（宇都宮）俊綱　」

○四二九　宇都宮俊綱安堵状写　○内宮神官所持古文書

氏家郡之内栗嶋郷（高根沢町・芳賀町）之事、忠綱（宇都宮）任寄進旨、於向後不可有相違候、尚以被抽精誠候者、可為快悦候、仍状如件、

天文四年乙未十一月三日　　　　藤原（宇都宮）俊綱

内宮佐八与次殿

○四三〇　宇都宮俊綱書状　○佐八文書

来札具披閲、抑於　神前被抽精誠、千度御祓大麻一合被指越候、千悦万喜候、随而鳥子・油煙如紙上到来、賞翫此事候、諸毎期来信候、恐々謹言、

（天文四年）十一月三日　　　　藤原（宇都宮）俊綱（花押）

謹上　内宮佐八与次殿

○四三一　芳賀高経副状　○佐八文書

（封紙ウハ書）「　　　　　　芳賀

謹上内宮佐八与次殿　　右兵衛尉高経」

氏家郡之内栗嶋郷（高根沢町・芳賀町）之事、久寄進之間、雖不可有子細候、当代改而一筆之□□（上相）添愚札候、於末代不可有相違之状如件、

天文二暦十一月九日　　　　右兵衛尉（芳賀）高経（花押）

謹上　内宮 佐八与次殿

〇四三二　芳賀孝高書状　〇佐八文書

（端裏書）「□（天カ）文四年」
如毎年於御神前御精誠之御祓幷料紙・油烟送給候、□□（目出カ）度
祝着之至候、猶以御祈願任入候、余事期来音候、恐々謹言、
（天文四年）十一月十六日　（芳賀）刑部大輔孝高（花押）
謹上　佐八美濃守殿

〇四三三　小山高朝書状　〇佐八文書

（端裏書）「天文四年」
如佳例、御祓幷太麻・油煙一丁・鳥子二帖到来、目出度候、
抑当庄伊勢役之事相調、同御初尾（穂）百疋令進納候、猶以精誠
所仰候、当方持政（小山）以来本領以下皆以相違候、殊近年之事者
成長（小山）・政長（小山）両代ニ洞取乱故、諸篇如前々無之候、就中只今
之事者関東之将軍（足利高基・晴氏）御親子御間御各別付而、当方御近辺之上、
庄内悉成山野候、雖然役銭等相調候、以神慮当家如形も令
本意候者、猶以役以下不可有無沙汰候、恐々謹言、
（天文四年）極月八日　（小山）藤原高朝（花押）
謹上　佐八美濃守殿

天文五年（西紀一五三六）

○四三四　足利晴氏感状　○青木氏蒐集文書

（端裏ウハ書）「梅沢隼人佑とのへ」

宇都宮江往覆之事、走廻候之条、神妙思召候也、

二月廿日　（足利晴氏）（花押）

梅沢隼人佑との

○四三四号と四三五号、天文五年～天文十年頃のものと思われる。

○四三五　足利晴氏感状写　○島津孝一氏所蔵文書

宇都宮江往覆之事、走廻候之条、神妙思召候也、

二月廿日　（足利晴氏）（花押影）

小曽戸丹後守とのへ

○四三六　足利晴氏契状写　○小山氏文書

道哲（足利義明）御膝下江取懸候之間、出馬候処、聊参陣、誠以忠功之至感悦候、殊於自今以後も、無二可被存忠信之段、以誓詞言上、喜入候、自元無御別条上、弥以不可有御等閑候、若偽候者、

八幡大菩薩可有照覧候、恐々謹言、

七月五日　（足利）晴氏（花押影）

小山六郎（高朝）殿

○本文書、天文五年～天文十三年頃の文書と思われる。

○四三七　二階堂続義宛行状　○石井家文書

此度喜連川（さくら市）五月女坂合戦ニ、無比類手柄之段感入候、依之新城白子百貫文之所、為加増宛行者也、

天文五年　（二階堂）続義（花押）

十月七日

石井上総殿

○四三八　芳賀建高寄進状　○海潮寺文書

同名式部少輔（芳賀景秀）法名永存為菩提、大田和（真岡市）之郷寂主庵免、奉寄付候、於永代不可有別条候、恐々敬白、

天文五年丙申

十月廿四日　建高（芳賀）（花押）

海潮寺

侍衣閣下

○四三九　宇都宮俊綱書状　○佐八文書

（端裏書）「うつのミや殿天文五年」

如来輸、於神前精誠之御祓大麻一合幷鳥子二帖・油烟一挺送給候、目出度快然候、猶以被抽懇念候者、可為祝着候、恐々謹言、

（天文五年）閏十月廿七日　（宇都宮）藤原俊綱（花押）

謹上　佐八与次殿

○四四〇　小山高朝伊勢役銭算用状写　○佐八文書

従小山領伊勢役神納之事

上郷分

一、弐貫六百文　おやけ（小宅）　一、拾貫文　しまた（島田）

壱貫四百文

一　五貫百廿五文　くろもと（黒本）　一　三百文　しをい（渋井）

四百廿文

一　七貫弐百文　たつき（立木）　一　三貫文　あら川（荒）

壱貫文かき物

一　四貫五百文上いゝ（しカ）つか（石塚）　一　三貫八百文下いゝ（しカ）つか

六百三拾文

一　四貫弐百文　ふくとみ（卒島字福富）　一　弐貫八百七拾五文　上かうつか（国府塚）

一 三貫文 いへ《家》中　一 壱貫百文 なかや《中谷》
一 六百文 むらさき《紫》　一 三貫弐百文 こいつミ《下野市古泉》
一 五百文 しば《柴》　一 四百文 大まろ《ちカ》
一 壱貫七百文上いゝつか《飯塚》　一 三貫四百文下いゝつか《飯塚》
一 弐貫三百文 はん《半》田　一 四百八十文 おいぬま《飯塚字老沼》
一 八百五十文 きさワ《喜沢》　一 弐貫弐百文上大つゝみ《堤》
一 壱貫八百文下大つゝみ《堤》　一 百五文 なるさハ《南半田字成沢》
一 八百文 いて《出》井　一 弐貫三百五十文はちかた《鉢形》
一 壱貫四百文 かやはし《萱橋》　一 四貫五十文 おとめ《乙女》
一 弐貫五百文 ともぬま《友沼》　一 六百八拾文 せろく《瀬六》
一 六百七拾文 のき《野木》　一 一貫三百九十文のわた《野渡》
一 三貫三百廿五文あかつか《赤塚》　一 壱貫四百七拾五文 さかハの《佐川野》
一 七百七拾文 いゝた《飯田》　一 四百七拾文 ワかはやし《若林》
一 三百七拾文まろはやし《丸林》　一 九百文 うるうしま《潤島》
一 三百八拾二文かミすぎ　一 三百文 くろ《黒》田
一 壱貫三百文 かハ《川》田　一 弐百文 ふうき嶋

一 弐貫文 ハなはかうや《栃木市高谷カ》
以上合七拾七貫百八拾文
八貫八百文 たけい《武井》 三貫文 しほい《渋井》

下郷

一 六貫百文 上間中　一 三貫五百文 下間中
一 弐貫弐百五十文下こうつか　一 壱貫弐百文はきしま
一 弐貫百弐拾五文あわのミや《粟宮》　一 七貫百文しほさハ《塩沢》
一 六百五十文 はんし　一 六百文 なまゐ《生井》
一 弐貫六百五拾文まゝ田《間々田》　一 弐百文はんだうこうや《栃木市高谷カ》
一 三百文 西つかさき《塚碕》　一 壱貫九百文又東つかさき《塚崎》
一 五貫百文 よこくら《横倉》　一 三貫九百九拾五文中くき《久喜》
一 壱貫八十文 いぬつか《犬塚》　一 四百五十文しとゝのや《神鳥谷》
一 弐貫文 おうや《大谷》　一 弐貫八百文 あまかや《雨ケ谷》
一 三貫八百文 たけい《武井》　一 弐貫弐百文 たんま《田間》
書物六百文
以上合七拾三貫八百弐拾五文
一 八貫八百文 野田

都合百五拾弐貫文
天正（文カ）五年十一月廿七日　　　高朝判（小山下野守）
内宮佐八掃部大夫殿

○東京大学史料編纂所謄写本「佐八神主下野檀中書翰」で読みを改めた。

○四四一　小山高朝書状　○佐八文書

（端裏書）
「小山　天文五年」

如嘉例、於神前被抽懇祈千度之御祓・太麻幷料紙・油煙目出度候、毎年御初穂百疋進納、当庄神役銭之事も無相違相調候、本願□到取集者、弥以神慮之儀不可有無沙汰候、猶々子孫繁昌之事祈念頼入候、諸余期後音候、恐々謹言、
（天文五年）十一月廿七日　　　（小山）藤原高朝（花押）
謹上　内宮佐八与次殿

○四四二　道的芳賀高経寄進状写　○寺社古状

氏家郡之内円勝寺之事、為雪窓妙好志奉寄付候、於後昆不可有相違候、依状如件、
天文五年丙申十二月五日　　　（芳賀高経）沙弥道的（花押影）
拜進　成高寺
衣鉢閣下

天文六年（西紀一五三七）

○四四三　足利晴氏書状写　○小山氏文書

佐野修理亮御赦免之儀、申上候、因茲以町野備中守申遣候、
於子細者、簗田中務太輔（高助）可申遣候、謹言、

正月廿九日　　晴氏（足利）（花押影）

小山六郎（高朝）殿

○本文書、天文六年前後〜天文十三年頃のものと思われる。

○四四四　宇都宮俊綱官途状写　○秋田藩家蔵文書四四

今度於上河井（那須烏山市）堀際相動、抽粉骨之段、尤神妙也、仍官途之
事、依望成候条如件、

卯月廿八日　　俊綱（宇都宮）（花押影）

瓦屋中務少輔殿

○本文書、天文六年〜天文八年頃のものと思われる。

○四四五　古面裏墨書銘　○日光二荒山神社宝物館所蔵

敬白
奉上是
塩谷中務
天文六年丁酉六月十八日

○四四六　宇都宮俊綱書状写　○新編会津風土記五三

尚々□躰歎敷儀ニも、畢竟向後之事ニ候、見所外聞可然□願敷
候、

伯州（塩谷）御存分委細張音長山入道理候、重而之儀、能々事澄候
者、□相調可然候、出定之砌、可及閑語候、殊聚星庵辛労
儀申度候、恐々謹言、

八月九日　　俊綱(宇都宮)（花押影）

○本文書、天文六年～天文八年頃のものと思われる。

○四四七　宇都宮俊綱書状　○佐八文書

(端裏書)「天文六年」

如毎年、御祓目出令頂戴候、幷鳥子・油煙如書中被越候、
祝着至候、猶以於　御神前祈念任入候、余事期来信候、
恐々謹言、

(天文六年)応鐘(十月)廿八日　　藤原俊綱(宇都宮)（花押）

謹上　内宮佐八与次殿

天文七年（西紀一五三八）

○四四八　露盤外面陽刻墨書銘　○益子西明寺所蔵

(北面)天文七歳二月吉日
(西面)桝形幷鉢八□(葉)本願
益子宮内大輔
紀家宗生年五十一

天文八年（西紀一五三九）

〇四四九　佐竹義篤書状　〇松野文書

俊綱（宇都宮）出陣之由其聞候歟、注進為悦候、去九日塩谷迄被打越、同十一帰宮之由申来候、何実事ニ候哉、巨細重而可承候、恐々謹言、

二月十四日　義篤（佐竹）（花押）

松野民部少輔殿

〇本文書、天文八年～天文十四年頃のものと思われる。

〇四五〇　足利晴氏書状写　〇喜連川文書御書案留書上

宇都宮家中之様躰、無是非次第候、此上之儀如何可令落着候哉、無心元候、巨細高助（簗田）可申遣候、謹言、

三月三日（天文八年カ）　晴氏（足利）判

小田左京太夫殿（政治）

〇四五一　足利晴氏書状（切紙）　〇小山文書

「（封紙ウハ書）小山六郎殿（高朝）　晴氏（足利）」

「（端裏）（切封墨引）」

就被逐（遂カ）淡志川之地本意、以代官言上候、度々如申遣、諸家中間之事者、無事御念願候、巨細高助（簗田）可申遣候、謹言、

三月廿二日（天文八年カ）　晴氏（足利）（花押）

小山六郎殿（高朝）

〇四五二　佐竹義篤書状　〇大縄久照文書

幸便之間、用一翰候、仍番かハり明後日廿日さしこすへく候、然者向田口（那須烏山市）へ一調義有之度よし、政資（那須）より度々承候間、この度出番・いり番の人しゆを以可成動候、茂木之人数も

其口より同前ニ可動分ニ候、猶以此間指をき候番衆、定いつれも可罷帰よし可申候、きつく申付られ、一動之間者とめられへく候、留すへさいそくをなし、小荷駄をハつかハすへく候、雖無申迄候、動之義をんミつ専一候、自此方者太山大せんのすけさしこすへく候、一談合尤候、自何此間のしんらうさつし候、恐々謹言、

五月十八日　義篤（佐竹）（花押）

大縄左京亮殿

○本文書、天文八年～天文十四年頃のものと思われる。

○四五三　佐竹義篤書状（折紙）　○大縄久照文書

烏山（那須烏山市）へ□□（以切）紙申届候、其口之者被申付、為飛脚彼一書今晩烏山へ可被相届候、然者廿九日ニ番衆可指越候、先初番ニハ野口・東野・高部・小舟之者共可遣候、催作（促カ）可然候、出入十一日□□（之支）度尤候、野口・東野□□（へも）自是可申付候、又次番者小瀬・桧沢の可為衆候、自只今催作（促カ）尤候、何も悉可遣候、高部・小舟之者一向ふせうの者とも迄、不残可被申付候、御□ニ候者、番頭と□其方被越候者□可申候、明日・明後日之間被打帰談合可然候、恐々謹言

四月廿五日　義篤（佐竹）（花押）

大縄左京介殿

○四五三号と四五四号、便宜ここに置く。

○四五四　佐竹義篤判物　○大縄久照文書

烏□□（山之）（那須烏山市）儀□歟、此般高部□無二仁相守候、此筋目□後迄も不相替候□上静謐之上、別可加懇□可被申付候、恐々謹言

霜月廿二日　義篤（佐竹）（花押）

大縄左京亮殿

○四五五　宇都宮俊綱安堵状写　○寺社古状

西方三沢郷（栃木市）之内福恩寺并慶蔵院、任先寄進之旨、不可有相

違候、仍状如件、
天文八年六月十日　藤原（宇都宮）俊綱（花押影）
成高寺
侍者御中

〇四五六　足利晴氏書状　〇阿保文書

厥以来可申遣候処、宇都宮俊綱家中取乱付而、至于近日加下知候之条、遅延、然者、凌遠路険難被越候、辛労識察候、蘆名煩得減気候者、早速帰参可為肝要候、巨細三喜斎（田代）可被申越候、恐々謹言、
（天文八年カ）夷則（七月）廿日　晴氏（足利）（花押）
文松蔵主

〇四五七　足利晴氏感状写　〇秋田藩家蔵文書二四

以俊綱（宇都宮尚綱）悃切、進退無相違条、簡要思召候、謹言、
（天文八年カ）七月廿日　（足利晴氏）（花押影）

昌菊蔵主
（封紙ウハ書カ）「昌菊蔵主　晴氏（足利）」

〇四五八　足利晴氏書状写　〇秋田藩家蔵文書九

為年頭之祝儀、榧廾白鳥進上目出度候、謹言、
正月十七日　晴氏（足利）（花押影）
武茂修理大夫殿

〇四五六号・四五七号の足利晴氏にかけて便宜ここに置く。

〇四五九　小山高朝書状　〇東京大学白川文書

雖未申通候、令啓候、抑当国之様躰、定而可有其聞候歟、壬生中務太輔（綱雄）、累年慮外之義増進之上、向彼在所、両三ヶ年成動候砌、宇都宮家中相分、芳賀右兵衛尉（高経）申寄候間、相談候処、俊綱（宇都宮）須臾之間ニ替覚悟、右兵衛尉（高経）生涯之義、逼塞顕形ニ付而退散、号児山地（下野市）ニ楯籠、令防戦候刻、皆川弾正少弼（成勝）合力之事、依相歎候、雖及引汲候、散々地利、就中従

当地打越之事候間、樫々与不加力候条、覚外此事候、然者小田政治以意見出城以来も、那須高資・塩谷伯嗜（ママ）守（由綱）方父子弓箭之筋目、同前至于今申合候、結城政勝、去春正月以往、宇都宮へ不軽以題目被及事切候、然者令調談、宮中甚近辺へ数ヶ度成動、不残一宇も打散候、壬生口之事者、去三月十八、淡志河（栃木市）之地へ取懸、終日相責、及極晩落居、為始城主、五百余人討捕候き、近日猶以動無油断候、彼口本意不可有程候、仍自俊綱結城・当方（小山）へ無為之義、可被加御下知之由、様々被奉詫言候故、一両篇被成御使節候っ、不安以遺恨互鉾楯之上、速不被応　上意之段、一旦有御納得、以御寛宥之義、漸被仰出候者、強而自由之義、不可有之候処、去五月不日仁当口へ御進発、被転先当忠、如此之御刷、歎而も有余計候、結句北条左京大夫（氏綱）足軽以下可被召出御結構、前代未聞、都鄙之褒貶浅間敷迄候、仮令豆・相州之人数乱入之義、山内・扇谷依無庶幾、氏綱思惟之上、此口何事も無之分候、此等之義も、宇都宮方所行故候、誠言宣不及之次第候、雖然御帰座已後、御免許之事、頻与申上候ニ付而、御内義被聞召分候、御様躰承及候、然間境之地取静候、兼又其口珍義候者、回章可為欣然候、毎事期来信之時候、

恐々謹言、

（天文八年）七月廿八日　高朝（小山）（花押）

白川殿（義綱）

○四六〇　鰐口銘　○埼玉県東秩父村浄蓮寺所蔵

奉寄進太平山御宝前　長沼弾正中弼成勝

天文八年己亥九月吉日　当別当代永顕房昌春敬白

○四六一　小山高朝書状（竪切紙）　○早稲田大学白川文書

其以往通途不自由仁附而、不能音問候、素意之外候、抑佐竹・小田・宇都宮被談政資（那須）、為引汲去月廿一出陣、至于近日者烏山甚近辺へ被押詰候、雖然那須屋裏過半高資（那須）相守候故、追日堅固之由其聞候、然者別而被相談候条、遠近無其隠候、此砌岩城有調談、被抜本意候様、被取成候者可然候、

高資へ一旦申合候上、吉凶共彼進退可為同前候、(結城)政勝へも始終之義、手堅申閉目候、皆川両人事者不申及候、然而去十八自結城為後詰、宮領蓼沼小屋其外在々所々被打散候、其已後上三川江数ヶ度被及行候、自当口も去十四宮中宿際熱木尽打散候、宇都宮成生城計候上、従其口之御行半延候者、千言万句も不可有其曲候、毎事期後音候、恐々謹言、

(天文八年)十月十八日　(小山)高朝（花押）

(義綱)白川殿

○四六二　宇都宮俊綱書状写　○新編会津風土記五三

此度其方在城之地、(那須)高資被取詰之所ニ、乍若輩城中堅固被相抱候、寄特存候、然間(宇都宮)俊綱東西不見合自身懸着候処、開戸張切合於追崩与(者)、宗者数十人討捕、其儘根小屋ニ備ヲ置、遂一戦、敵数多刎首遂本望之条、畢竟稼故候、殊ニ於境之地、昼夜之御辛労、痛敷次第候、因茲当家十九代迄打来候幕、無替所仕立進之候、後代も有之間敷事ニ候、一筋ニ忠信一三昧之儀、憾之候、恐々謹言、

(天文八年カ)十一月十三日　(宇都宮)俊綱（花押影）

塩谷兵部太輔殿

○四六三　足利晴氏受領状写　○小山氏文書

名国司之事、被申候、可有御意得候、謹言、

十一月十五日　(足利)晴氏（花押影）

小山下野守(高朝)殿

○本文書、天文八年前後～天文十三年頃のものと思われる。

○四六四　足利晴氏感状写　○秋田藩家蔵文書二四

(宇都宮尚綱)俊綱忠信之様躰、度々被申上候、為可被感以使節被仰出候、能々可被走廻候、巨細豊前山城守仁被仰含候、恐々謹言、

(天文八年カ)十二月廿一日　(足利)晴氏（花押影）

昌菊蔵司

(封紙ウハ書カ)「昌菊蔵司　(足利)晴氏」

○四六五　結城氏手日記　○東京大学白川文書

従結城之手日記

一宇都宮之事　付、依此義条々事
一両那須之事　付、可申分事
一此口様躰之事
一小田洞之様躰之事
一塩谷伯耆守等閑之事
一児山之事
一宍戸・真壁・江戸申越一義之事
一時宜御納得之上一日も可被立事
一始末無二可申談事
一心安人躰此方へ可被越事

以上

○本文書は、四五九号文書に見える「児山」の文言より、天文八年に比定できる。

天文九年（西紀一五四〇）

○四六六　宇都宮俊綱書状写　○秋田藩家蔵文書四九

今度其地ニ数日在城、痛敷次第候、殊ニ昨日敵取懸候処ニ、各辛労候故堅固候、剰敵打死手負候哉、簡要之至候、尚以被抽粉骨候者、可喜入候、巨細（笠間）孫三郎方可被相届候、恐々謹言、

（天文九年）二月十一日　（宇都宮）俊綱（花押影）

寺崎中務少輔殿

○四六七　程緻宛行状写　○小田部庄右衛門氏所蔵文書

かりぬまの内山ひとつきさしそへ申候、

長沼大田郷(真岡市)之内年貢弐拾貫文幷西原ニ菊地分拾貫文之所進
之候、彼地壱人不足之様候者、千疋之首尾重而可申合候、
以上合三拾貫文之分渡進之候、恐々謹言、
庚子年(天文九年)
二月廿七日　　下総入道 程緻（花押影）
赤埴信濃守殿

○四六八　小山高朝寄進状　○安房神社文書

立願成就之上、当国々府郡惣社郷(栃木市)之内二貫之所、令寄進候、
一類尚々繁昌可致祈念候、修造之事、厳密ニ可走廻候、如
件、
天文九年庚子四月廿七日　高朝(小山)（花押）
粟宮神主

○四六九　宇都宮俊綱書状写　○静嘉堂文庫所蔵豊前氏古文書抄

先日以来絶音問候、意外之至候、仍而為御内儀従簗田中務(高助)
太輔方承候上、鮎沢筑後守進候、随而伊達口無珍義候、但
勝宗(益子)息在城之地西山落居不可有程由申来候、余事期来信候、
恐々謹言、
追而蒲黄幷珍物越給候、
賞翫無極候、其時分如此之義、則
可及返報候処ニ、取紛義候上、
不能其儀候、
六月十三日　俊綱(宇都宮)（花押影）
豊前山城守殿

○本文書、天文九年～天文十四年頃のものと思われる。

○四七〇　那須政資書状写　○秋田藩家蔵文書一〇

依無題目遥々不申承候、又不懸御目候、於心底者、毛髪不
令存違心候、仍向黒沢之地、義篤(佐竹)与風御出陣、数年深谷取
刷之事、御存知之前ニ候、於政資(那須)も好々致存知候、彼之地
落居之事者、不可経時日様躰ニ候間、可御心安候、尚以先

年御懇切之儀、於今も難忘計候、恐々謹言、

八月六日　（那須）政資（花押影）

（岡本曽端）松庵江

○本文書、天文九年～天文十三年頃のものと思われる。

○四七一　宇都宮俊綱書状（竪切紙）

○栃木県立文書館寄託小宅定一郎家文書

一書之事申候間、遣之候、忠信無二申候者、小宅名代之事、
速被下候べく候、謹言、

（天文九年）十一月十五日　（宇都宮俊綱）（花押）

小宅弥十郎殿

○四七二　宇都宮俊綱官途状写

○秋田藩家蔵文書四八

去年以来多功（上三川町）之地樫与在城、日夜之御辛労誠以難謝次第候、
仍官途之事、雖斟酌候、可有御心得候、恐々謹言、

天文九年庚子

十二月廿八日　（宇都宮）俊綱（花押影）

簗右京亮殿

（封紙ウハ書カ）「（切封墨引）

簗右京亮殿　（宇都宮）俊綱」

天文十年（西紀一五四一）

○四七三　某政幹書状（折紙）　○青木文書

惣大権現造栄（宮）料、於庄内、為田丁役、可有勧進事、任往古例、不可有違論候、恐々敬白、

天文拾年辛丑

九月五日　　政幹（花押）

惣大別当御房

○四七四　某義護書状（竪切紙）　○遠藤白川文書

那須口通路不自用（由）故、良久不申承候、意外此事候、余ニ御等閑之躰候間、令啓候、重隆（岩城）仰談、義護身躰御引取、偏頼入置候、其已往者、如何様御兵義候哉、時々刻々御床敷候、重隆（岩城）・義篤（佐竹）之間、無為之義、江戸彦五郎走廻候由、其聞候、不可有御油断候、節々岩城江、御諷諌専一候、諸余重而可申述候間、令略候、恐々謹言、

（天文十年カ）八月廿二日　　義護（花押）

白川七郎殿

○四七五　宇都宮俊綱書状　○佐八文書

如嘉例於神前被抽勤行、御祓一合令頂戴候、并杉原・集雲如書中当着（到）、大慶至候、猶以祈念任入候、仍栗嶋（高根沢町・芳賀町）土貢如前年令進納候、恐々謹言、

十月三日　　（宇都宮）三郎左衛門尉俊綱（花押）

謹上　佐八与次殿

○四七五号〜四七七号、天文十年〜天文十四年頃のものと思われる。

○四七六　宇都宮俊綱書状　○佐八文書

於神前有精誠、千度御祓目出令頂戴候、幷油煙・白麻賞翫候、然者如毎年栗嶋（高根沢町・芳賀町）土貢令進納候、尚以被抽懇祈可為祝着候、恐々謹言、

霜月廿七日　（宇都宮）三郎左衛門尉俊綱（花押）

謹上　内宮佐八与次郎殿

○四七七　宇都宮俊綱書状　○佐八文書

如恒例、於　御神前抽懇祈精誠之御祓一合・杉原・油煙当〔到〕着、千秋万歳目出度満足至候、仍栗嶋（高根沢町・芳賀町）土貢如毎年千疋令進納候、猶以祈念可為大慶候、恐々謹言、

十一月廿八日　（宇都宮）三郎左衛門尉俊綱（花押）

謹上佐八与次殿

○四七八　塔寺八幡宮長帳裏書　○福島県会津坂下町心清水八幡神社所蔵

此年（天文十年）宇都宮（俊綱）、はか殿（芳賀高経）御生涯なされ候

○四七九　昌歆書状　○佐八文書

如賀例御祓大麻一合頂戴、目出度令存候、仍奈良油煙并杉原贈給候、是又祝着之至候、態従是も如毎年御初尾進之候、弥御祈念任入候、恐々謹言、

十一月廿日　昌歆（花押）

謹上　佐八掃部丞殿
御報

○本文書、天文十一年～永禄二年頃のものと思われる。

○四八〇　小山高朝宛行状写（折紙）　○彦根城博物館所蔵彦根藩井伊家文書

中泉之庄小《（北）》高嶋《（栃木市）》郷之内、千疋之所別置候、此上依走廻、恩賞可相進候状如件、

天文十一年壬寅
十二月廿四日　高朝《（小山）》（花押影）

佐乙女大和守殿

○四八一　氏家今宮明神棟札写　○さくら市今宮神社所蔵

氏家郷《（さくら市）》今宮大明神御社壇御神主藤原《（宇都宮）》朝臣俊綱
天文十一年極月廿八日　芳賀駿河守高秀

○四八二　那須高資書状（切紙）　○東京大学白川文書

改年吉慶多幸々々、猶以不可有尽期候、抑扇子一本、雁二、猪肢二、進之候、誠表祝詞迄候、然而旧冬種々送給候、無

余日候条、不能御報候、努々非存疎意候、余賀永日可申承候、恐々謹言、

正月廿六日　　　（那須）藤原高資（花押）

謹上（晴綱）白河殿

天文十四年（西紀一五四五）

○四八三　詠存（大田原資清）書状　○大関家文書

（包紙ウハ書）「（大関高増）安碩様江大田原（資清）備前守様ゟ之御書」

猶々めてたさかす〳〵申納候、

如仰たんこのめて度いつにもすくれ申候、御たるまき・御さかなにて、めて度存候、これよりもわさと進候、烏山へ御参、目出度存候、なにさま参候てめてたさ重々可申候、上さまへもこのよし申上度候、万吉重々可申述候、恐々謹言、

端午　　　（大田原資清）詠存（花押）

（奥ウハ書）「（切封墨引）」

白幡〔旗〕へ御返事　備〔大田原〕せん」

○大関高増が白旗城主となったとされる天文十四年にかけ、本文書、便宜ここに置く。

○四八四　上杉憲政書状　○小山文書

去春以使申候処、具御回章委細披閲、其以来者、無程北条新九郎(氏康)出張、打続取乱候間、不能音問候、意外候、仍向成田左衛門次郎在所令出陣之上、御動座之義申上候処、近日可有　御発向段、御儀定候、定而可有供奉事、別而於憲政(上杉)可為本懐候、巨細夏正口上ニ申含候、恐々謹言、

五月廿七日(天文十四年)　藤原(上杉)憲政（花押）

謹上　小山下野守(高朝)殿

○四八五　足利晴氏書状写　○小山氏文書

厥已往不申遣候間、雖無差儀候、遣町野備中守候、然者、追日忠信之様躰、孚以感悦之至候、巨砕被仰含口上候、謹言、

六月廿八日　晴氏(足利)（花押影）

小山小四郎(秀綱)殿

○本文書、天文十四年～天文二十三年頃のものと思われる。

○四八六　足利晴氏書状写　○小山氏文書

今度為使節一両輩指遣候処、条々悃切言上、就中以代官鳥屋おほたか(大鷹)到来、忻入候、特鶴逸物云、地相勝云、秘蔵此事候、謹言、

夷則(七月)朔日　晴氏(足利)（花押影）

小山下野守(高朝)殿

○本文書、天文十四年～天文二十三年頃のものと思われる。

○四八七　宇都宮俊綱官途状写　○茨城県立歴史館寄託関沢賢家文書

此度於小幡(矢板市)之地、抽粉骨蒙疵之条、感心候、官途之事、心

得候、謹言、

天文十四年乙巳七月七日　俊綱(宇都宮)（花押影）

関沢弥五郎殿

○四八八　宇都宮俊綱官途状写　○小田部庄右衛門氏所蔵文書

此度小幡(矢板市)之地致在城、抽粉骨蒙疵之条、感心候、仍官途之事、相心得候、謹言、

天文十四年乙巳

七月七日　俊綱(宇都宮)（花押影）

小宅刑部丞殿

○四八九　足利晴氏書状写　○小山氏文書

為八朔之祝儀、太刀到来、目出度候、仍太刀遣之候、謹言、

八月一日　晴氏(足利)（花押影）

小山(秀綱)弾正大弼殿

○四八九号～四九一号、天文十四年～天文二十三年頃のものと思われる。

○四九〇　足利晴氏書状（切紙）　○小山文書

(封紙ウハ書)「小山下野守(高朝)殿　晴氏(足利)」

今度氏朝(小山)被相談、忠信無二逼塞之段、度々言上、感悦之至候、然者此度以走廻、至于被属御本意者、鏡之郷(小山市)・寒川之郷(小山市)・飯岡(小山市)之郷、成敗不可有相違候、謹言、

八月三日　晴氏(足利)（花押）

小山下野守(高朝)殿

○四九一　足利晴氏書状写　○小山氏文書

為今度使節、遣木戸左近大夫将監(氏胤)候之処、則直談、猶以忠信之様躰条々言上、誠以感悦至候、此上弥無油断高朝(小山)相談、万方之儀可被相稼条、簡要候、謹言、

九月六日　晴氏(足利)（花押影）

小山小四郎(秀綱)殿

○四九二　足利晴氏書状写　○小山氏文書

厥已来不申遣候、追日忠信之様躰、孚以感悦之至候、巨砕両人仁被仰含候、謹言、

九月廿二日　晴氏（足利）（花押影）

小山小四郎（秀綱）殿

○四九三　宇都宮俊綱感状（切紙）　○栃木県立文書館寄託小宅定一郎家文書

去四日、於喜烈川（さくら市）遂一戦候之処、抽粉骨相動被疵之条、誠感悦之至候、謹言、

（天文十四年）十月十日　俊綱（宇都宮）（花押）

小宅刑部（高尚）少輔殿

○四九四　足利晴氏書状写　○小山氏文書

就今度西口之儀、条々懇切言上、喜入候、佐野（佐野市）在所堅固相拘儀者、雖勿論候、畢竟御馳労迄候、如此之刻、尚以高朝（小山）被相談、無二忠信之様躰、孚以感悦之至候、近日以使節委旨可申遣候、謹言、

十月十一日　晴氏（足利）（花押影）

小山小四郎（秀綱）殿

○本文書、天文十四年～天文二十三年頃のものと思われる。

○四九五　多宝塔露盤銘　○千葉県南房総市石堂寺

（露盤北側面）当寺小児千寿丸名有心為□□□生年十四才名守丸
同那須清三郎茂景生年十五才
（露盤南側面）妙心　茂林
切符　宗聚　作間　弁誓也
妙久
妙栄
道仲　妙性
磯辺彦左衛門　祥憲

道珍　妙珍
(露盤西側面)
道繕
安
丸　前田　平常家内　宮松子
父母　智円　妙蓮
(露盤上面)
大日本国安房州丸郡石堂寺多宝塔之
益形供養畢
天文十四年乙巳十一月廿八日
百文妙祐
国主源朝臣里見
義堯
其子義舜(里見義弘)
当地頭里見源迎
其子堯俊(里見)
軍代平朝臣
正木大膳亮時茂

大本願宗海法印
大本願聖生国山城一重住侶
真鏡・小仙・宗感
小仙・行覚
妙観・妙蓮
妙照
当別当権大僧都法印宗繁
妙慶
宗聚・道香・妙鏡
宗位・妙盛・妙感
大旦那丸咒師谷殿
平朝臣常綱内妙隆尼
其子豊綱・弟常種内
逆修妙芳
道光　妙光
柱三本・妙光
丸殿平成常内　妙春尼

其子蔵人佑高常
先代国主源朝臣里見
義通
其子義豊(里見)
沙弥正器慶円
平(正木)通綱　弟(正木)実茂　妙安尼
馬一疋　宥泰
太刀一正秀・平通次　慶祐
澄俊・妙俊
馬一疋原修理亮　同氏女
太刀一原左京亮　玄説
丸永興寺　道林
馬一疋光明寺　十疋海蔵　道盛・妙光
妙順
百疋　上総泉水寺直申法印
丸道綱
百疋行元寺豪覚法印

千疋東長寺大巌和尚
十疋周真・性善・楽臣
丸宮下殿平常家・其子常近
千疋四郎左衛門
俊慶
宗範・道円・妙松
千人夫食　仁ケ浦右馬四郎
百人夫食山田五郎衛門
丸石堂殿平常茂内妙源
妙義・妙金
慶順・慶胤　道心・妙円
妙順・宗儀
太刀一振
丸岩糸殿平朝臣豊常・其子
時綱　妙清
宗清

宗珠・宗祐・宗弁・道蓮・妙栖
道永・道珍・妙鏡
妙性・道覚・藤兵衛・大子・妙海
妙香・正本・妙心・妙弘・宝桂庵・妙性・常胤
宗義・妙弥・道心・妙心・道秀・妙心・善恵・妙法
宗祐・宗全・宗賢　弁誉・覚林
鍛冶通田新衛門　宗都・妙聖・宗伝
宗闇
道海・妙海
正栄・妙栄・（同内）田六・孫兵衛　道栄
正仙・妙西・宝西・妙厳（ママ）・妙源　妙栄
妙高　妙信
青木藤左衛門
大工小定源左衛門
大工生国遠江住人道祐
大工生国丹後国住人安田
智覚　孫衛門子孫二良

道安　妙性
宗高・妙源・道讃・朱米・道久・妙林・道宥
弁誉・道讃・妙秀・妙照・妙了・平子大良
仲□・妙慶・松山弥五郎・宗珍・道泉　妙祐
妙円
門伝　原図書助尭頼
（擦管最下段）道本・妙秀
妙牲・高橋・渡辺
妙元・八郎衛門・正音・妙珍・道讃・道讃
道金・妙泉・正善・妙善・妙性
善高・妙春・道信
小仙道泉
宗円・道円・妙観・宗珍
道仙
祐威
宗信
勝福寺・柱一本・神余お加十疋俗一、二百文座頭衆
松寿

（擦管　上より八段目）
竹宗
祐清
宗栄律師
罡
河田道順・五郎子・菊房子・逆修松子・道永・常蓮
小田道華・妙椿・宗儒成仏・妙香
宗弁・道光・妙善・道林・善仲・三良衛門・五良四
良
大神宮厳兀脇藤衛門・根本木工助・五良左衛門・大良
左衛門
処兵松子美房大子河先道八
長□妙□□□千世代・道信・神衛門
久長吉井光阿弥寺処大良大良衛門・弥兵衛
西蓮坊道観・道明・妙清
道本・利慶・善長
円通寺道永・妙真・道徳
徳用

興珊・妙秀・小三良処一視手子為二親妙林
霞右・妙芋・道信・道仲・妙泉・妙性・明源
妙春・妙源・宗印・妙鏡・正金・隼人道員
処子小擇左衛門二郎・村田四良三郎
村田左衛門・向仏・道善・妙心・珍衛・孫三郎
妙泉・妙説・妙春・三次郎・道栄
（九輪　上より六段目）
百
宗賢
道仙・道仲
部屋道薫
鶴子・妙香
彦五郎
青木源左衛門
請寿妙真
妙印・妙海
道珍・妙金・道連
道林・亀大郎

仁公・亀牛子
妙善・正清
宮子・道光
慶光処子
妙心・道珍
妙春・正仙
祐慶弟子
大郎子・二郎
妙音・正玄
徳書記為二親
性春・妙花
妙秀・道順
道仙・賢順
永西・六了
妙泉・菊子
円春・行人
松子・宗円

妙祐・善阿弥・妙順
妙順・妙慶
妙元・妙印
道印・妙心
妙順・若房
妙性・道性
妙仙・道仲
為二親道林
（擦管　上より四段目）
妙蓮・道玄・周一・妙仙・妙金処子・彦六・道範
妙範・道音・常林・妙隆・妙薬・道泉・妙栄・宗泉
妙芳・鶴子・大郎・道正・道牲嫁・二郎・太郎
妙仙小二郎　妙春・朔子・五郎・二郎・五郎・塙子
二郎・妙仙・鶴房・ハセカハ　母道勝・妙清道女
妙林・道善・妙心・道順・市松・常珍赤子
道印・妙祐・小仙林香・道仙赤子・妙栄
妙印・道林・須賀茂你□妙印・正源・妙順
善鏡・宗吽・道了・妙了・妙祐・胤秀

勧進大鼓打宗順・大郎・妙正
郷庄天徳院宗富
（九輪上より四段目）宗賢・祐珍
常柱
妙芳・菊寿
道玄
妙仲・道円
妙鏡・妙永
道善・妙観
道善・宗方
念阿弥・道永
妙挂・明了
正善・妙善
道牲・妙□
妙林・妙牲
道善・善春
能阿弥

道印・善高
道永・妙久
妙正・妙印
了仙・妙照
正金・妙円
妙仲・妙金
道蓮・妙蓮
光伝・妙讃
美濃・道椿
妙泉
輪一勧進
礒辺彦左衛門
松子・五郎
妙元・新衛門
粠子
正林
妙仙・道仙

正挂・道永
妙隆・道讃
無産牛
玄清・妙光
妙心・大□
正祐・道順
太郎・美濃
妙胤・真宗
妙連・妙秀
昌寿・三位
（擦管　上より三段目）
妙全
松子・吉秀・菊子・鶴子
妙印
妙芳
土道安　妙鶴
妙仲
宗感

（擦管　上より二段目）
益子
分造次良　六良子
千代
妙泉
円徳・妙讃・妙薫・性春・妙音・道仙・妙金
妙香・道徳善弥宗□手手、房道随
（宝珠芯部）
宗円・妙印処子
重常
正秀　妙仲
塔　百性〔姓〕　馬一疋　二郎兵衛
妙祐
道幸
妙香
宗連
（宝珠頭部）
（南房総市）
三原郷大工常久戒名宗当
成就于時天文十七年戊申十一月廿弐日

天文十五年（西紀一五四六）

○四九六　宇都宮尚綱書状　○栃木県立文書館寄託小宅定一郎家文書

市塙越前守地利儀申上候、可然候由被仰出候、別而走廻候者、可為感悦候、巨細君嶋石見守申遣候、謹言、

正月十三日　　尚綱（宇都宮）（花押）

小宅刑部少輔殿（高尚）

○本文書、天文十五年～天文十八年頃のものと思われる。

○四九七　那須政資法要香銭注文写　○大田原市那須与一伝承館寄託那須文書

下庄面付之覚

五貫	千本殿
一貫五百	同讃岐殿
九百文	杉山殿
五百	おくそう殿
三百文	田辺殿
三百	つゞきや殿（続谷）
五百	千本下総殿
三百	かりうた殿（刈生田）
百五拾文	田辺源右術門
一貫五百	熊田殿
六百文	大わく殿（大和久）
六百文	熊田将監殿
二百文	井上
四百文	熊田但馬
弐百文	いわさき（岩崎）
仁貫文	下川井殿
百文	上川井殿

百文　金枝殿
かうの（鴻野）山ふさくニよりて此分ニ候、
四百文　入江野殿
一貫文　興野殿
百文　同伊勢守
五十文　同美濃守
五拾文　同蔵人正
一貫五百　稲沢殿
百文　戸田殿
三百文　まきのとの（牧野殿）
一貫　高瀬
一貫　大田原三川
五百文　角田
仁百文　大嶋
三百文　鹿子畑
三百文　瀧田殿
七百文　同彦十郎

弐百文　小河原
三百文　岡下総守
弐百文　同豊前守
弐百文　鈴木若狭
百文　高瀬左京
百文　志鳥右衛門

酒主之衆

弐百五拾文　黒羽様
百文　秋元越前
百文　大窪九兵衛
百五拾文　秋元下総
百八拾文　熊田右京
九拾文　中沢
百弐拾　森監物
百七拾文　秋元左京
弐百文　五月女左京
百文　佐藤新右衛門

弐百文　御堂内
弐百文　金枝新九郎
上さかい（境）
弐百五拾文　大谷兵部少
弐百五拾文　角羽伊豆守
弐百文　瀬野尾雅楽
百弐拾文　大嶋伊勢守
百五拾文　池沢尾張
五拾文　かくハ（角羽）新左衛門
七拾文　大町助左衛門
弐百五拾文　阿久津備中
弐百文　さわむら（沢村）
百弐拾文　わく（和久）二郎へもん
百文　高瀬勘さへもん
五拾文　秋元助右衛門
下さかい（境）
百文　大町民部少

七拾文　須藤若狭
七拾五文　同加賀守
七拾文　小森豊前守
弐百文　ゆの木右京
弐百五拾文　小林左京
七拾文　国井修理
百五拾文　関根但馬
木須
弐百五拾文　大関左京
三百五拾文　川俣
百五拾文　荻目
百五拾文　黒羽帯刀
七拾五文　長山大学
百弐拾文　板橋かたふん
百弐拾文　片分
六百文　上白久
百五拾文　下白久

百文　鈴木孫七
三百文　うしすむぎ
五拾文　須藤孫左衛門
七拾五文　長山和泉
百文　沼井右衛門佐
百五拾文　大久保惣兵衛
五百文　阿久津弥五郎殿
百文　大窪左京
右何茂雄山(那須政資)様御遠行御香銭
五貫文　結城殿(政勝)より
五貫文　佐竹殿(義昭)より
三貫　白川殿(晴綱)より
三貫　茂木殿(治清)より
二貫　茂木長沢
弐貫　武茂殿(堅綱)より
五百　松野殿(篤通)より
五百　ふかや(深谷)

仁貫　あしの(蘆野)おかた(御方)より
二貫　伊王野上より
三貫文　せんしやうこや御隠居様より
三貫　御ねこや様より
三貫　もて木おかた様より
弐貫　佐竹次郎(佐竹南義里)右衛門殿より
五貫　岩城殿(重隆)より
于時元亀三年七月日
大窪民部少輔
うつし置候、

○四九八　那須高資寄進状　○天性寺文書

就雄山(那須政資)遠行、種々御辛労之儀、過当之至候、猶以御懇御焼香可畏入候、然者為雄山、森田(那須烏山市)之内浄光寺、永代天性寺江奉寄進候、仍状如件、

天文拾伍年甲午八月廿三日　藤原(那須)高資（花押）

拝進　天性寺
衣鉢閣下

○四九九　宇都宮尚綱書状　○栃木県立文書館寄託小宅定一郎家文書

於七井口（益子町）各々辛労、大悦候、尚以彼地へ那須往復可留事、
肝要候、謹言、

八月廿六日　尚綱（宇都宮）（花押）

小宅（高尚）刑部少輔殿

○本文書、天文十五年～天文十八年頃のものと思われる。

○五〇〇　宇都宮尚綱書状　○佐八文書

如嘉例於　御神前有精誠、千度之御祓太麻一合幷鳥子・油
煙如書中給候、目出度大慶之至候、猶以可被抽懇祈事任入
候、然者如毎年栗嶋（高根沢町・芳賀町）土貢令進納候、恐々謹言、

十二月朔日　下野守尚綱（宇都宮）（花押）

謹上　内宮佐八与次殿

○本文書、天文十五年～天文十八年頃のものと思われる。

○五〇一　大門資長書状　○佐八文書

如仰雖未申通候預書状、□（過カ）当之至候、依御祓大麻一合幷杉
原送給候、忝次第候、猶以御祈念奉頼之外無他候、殊更彼
方初御下候処、爰元乱入故如何様馳走不申候、無御心元計
候、委細猶屋（弥）四郎殿申合間、不能具候、恐々謹言、

追而来年彼方
御下向候ハヽ、御
茶申承度候、諸事
口上可有之条、
令略候、以上、

極月二日　大門□（左）衛門尉
資長（花押）

佐八与次殿
御報

○本文書、天文十五年～天文十八年頃のものと思われる。なお、本文書の写が、東京大学史料編纂所所蔵「佐八神主下野檀中書翰」にあり、差出者は「大門左衛門尉資長」となっている。

天文十六年（西紀一五四七）

○五〇二　那須高資名字状（折紙）　○松野文書

資通

天文拾六年丁未五月廿七日　高資（那須）（花押）

松野弥十郎殿

○五〇三　「下野国供養帳」第一・二　○高野山清浄心院所蔵

日牌　下野皆川心徹斎立之

建幢成勝禅定門　霊位

天文十六年丁未十二月廿六日

○五〇四　幸千代王丸足利藤氏書状（切紙）　○小山文書

（封紙ウハ書）「小山小四郎殿　幸千代王丸（足利藤氏）」

（端裏）「（切封墨引）」

しろのはいたか（鷂）遣候、秘蔵尤候、謹言、

卯月六日　幸千代王丸（足利藤氏）

小山小四郎殿（秀綱）

○本文書、天文期後半、天文十六年以前のものと思われる。

天文十七年（西紀一五四八）

○五〇五　宇都宮尚綱官途状写　○某氏所蔵文書

雖数度儀、去十七日ニ、於喜烈川（さくら市）五月女坂ニ、遂一戦候、境（ママ）節敵数多乗籠候処ニ、抽粉骨無比類相動、被疵候義、寔以神妙之至ニ候、就其官途成之候状如件、

天文十七年戊申

三月廿一日　（宇都宮尚綱）（花押影）

印南縫殿丞殿

○本文書、なお検討を要す。

○五〇六　幸千代王丸足利藤氏書状（切紙）　○小山文書

（封紙ウハ書）「小山小四郎（秀綱）殿　幸千代王丸（足利藤氏）」

（端裏）「（切封墨引）」

巣子のはいたか（鷂）到来、喜入候、巨細町野備中守可申遣候、謹言、

五月十九日　幸千代王丸（足利藤氏）

小山小四郎（秀綱）殿

○五〇六号と五〇七号、天文期後半、天文十七年以前のものと思われる。

○五〇七　幸千代王丸足利藤氏書状（切紙）　○小山文書

（封紙ウハ書）「小山小四郎（秀綱）殿　幸千代王丸（足利藤氏）」

（端裏）「（切封墨引）」

しろのはいたか（鷂）被遣之候処、以代官懇言上、喜入候、然者、黒馬到来、乗云、心云、喜悦候、謹言、

五月廿九日　幸千代王丸（足利藤氏）

小山小四郎（秀綱）殿

○五〇八　角田辰房丸寄進状写　○天性寺文書

御寺地幷山四、沢四、奇〔寄〕進申候、猶已後自然者横合之御事可有之候間、如此申候、猶先祖も御茶湯をも被成頼入許候、仍状如件、

天文十七年戊申夷則（七月）廿一日　角田辰房丸

天性寺
寄進状

○五〇九　宇都宮尚綱書状写　○秋田藩家蔵文書二四

急度啓候、仍昨廿九壬生一類之者共、宮領へ手切之動成之候上、則（ママ）刻乗向可遂一戦之処、不及備引除候間、戦取懸先衆馬入鹿沼川へ追入、手負・死人数多仕出候、定而可為御大慶候、為後詰向壬生中務太輔（綱雄）在所、皆川弾正少弼方・同左衛門大夫・西方又三郎方打出、壬生成敗、悉打散候、是又可為御満足候、当口之事如何ニも可御心易候、巨細岡本美濃守可申届候間、不能具候、恐々謹言、

追而、塩谷一郎、那須方引立、雖相操候、無指義候、

（天文十七年カ）八朔　（宇都宮）尚綱（花押影）

左月庵

天文十八年（西紀一五四九）

○五一〇　足利藤氏書状写　○小山氏文書

今度片鳥屋のおほたか（大鷹）遣焉候処、急度以代官懇切言上、目出度候、然者、具足并甲到来、喜悦候、巨砕簗田中務太輔（晴助）申遣候、謹言、

二月九日　藤氏（足利）（花押影）

小山小四郎（秀綱）殿

○五一〇号と五一一号、天文十八年～永禄五年頃のものと思われる。

○五一一　足利藤氏安堵状（切紙）　○小山文書

（封紙ウハ書）「小山下野守（高朝）殿　藤氏（足利）」

連々被申候太田庄内十七郷方事、今度忠信感悦之間、知行於御本意之上、少も不可有御違篇候、謹言、

二月廿三日　藤氏（足利）（花押）

小山下野守（高朝）殿

○五一二　石造地蔵菩薩像後背銘　○下野国誌八

為孝綱（塩谷）　十月十九日也

当去四年

天文十八己酉六月

六日　建之

長子由綱（塩谷）（花押）

大工□行

○下野国誌八には「塩谷郡中村」（矢板市）所在とあり。

○五一三　足利藤氏書状写　○小山氏文書

以代官条々懇言上、喜入候、然者、天神講式到来、喜悦候、兼而従言上毛尚以無双候、就中青蓮院筆跡ニも一段勝逸之間、秘蔵此事候、謹言、

夷則(七月)一日　藤氏(足利)（花押影）

小山下野守(高朝)殿

○五一三号～五一五号、天文十八年～永禄五年頃のものと思われる。

○五一四　足利藤氏書状写　○小山氏文書

為八朔之祝儀、太刀并扇到来、目出度候、仍太刀・松葉遣之候、謹言、

八朔　藤氏(足利)

小山弾正大弼(秀綱)殿

○五一五　足利藤氏書状写（竪切紙カ）　○小山氏文書

為使節、遣木戸左近大夫将監(氏胤)候之処、則直談、条々忠信之様躰、誠以感悦之至候、然間染自筆候、此上猶以高朝(小山)相談、可被稼候、かしく、

菊月(九月)六日　藤氏(足利)

小四郎(小山秀綱)殿

○五一六　那須高資書状写　○秋田藩家蔵文書五

此度当口取乱付而両度着陣、真実以忝大慶至候、取紛候間疎略之義、意外候、仍金吾其地へ御越候哉、遂会面計(度脱カ)候、謹言、

九月八日(天文十八年カ)　高資(那須)（花押影）

荒巻掃部助(秀道)殿

「上包ニ」

「　荒巻掃部助殿へ

なすより　」

○五一七　那須高資預ケ状（折紙）　○平沼伊兵衛氏所蔵文書

内々申合候通、我等娘、吉日之間当十八日其元へ可遣候間、兼而心得可被致候、殊更おとよ一代貴殿知行遣之間、小木須村《（那須烏山市）》預ケ置候、此段資胤《（那須）》方へも申渡候、為其如斯ニ候、已上、

酉《（天文十八年）》ノ
九月十一日　　　那須太郎
　　　　　　　　高資（花押）

興野式部殿
　参

○本文書、なお検討を要す。

○五一八　那須高資宛行状写　○益子文書

此度喜連川《（さくら市）》於五月女坂、与宇都宮合戦之砌、貴殿依武略味方悉得勝利、剰討取大将俊綱《（宇都宮）》、目出度令帰城候、為亀鏡横枕村《（那須烏山市）》令宛行者也、弥子孫可被申伝候、仍如件、

天文十八年九月廿八日　　高資《（那須）》（花押影）

興野尾張殿

○本文書、なお検討を要す。

○五一九　足利藤氏書状写　○小山氏文書

就以前栗毛馬被遣、急度懇切言上喜入候、然者、西口之儀菟角、就中佐野進退劬労迄候、如此之刻、追日忠信之様躰、寔以感悦之至候、仍為祝儀、提到来、目出度候、近日以使節可申遣候、謹言、

十月十一日　　藤氏《（足利）》（花押影）

小山小四郎《（秀綱）》殿

○本文書、天文十八年～永禄五年頃のものと思われる。

○五二〇　小宅高良寄進状　○海潮寺文書

源信毎日為霊供、雖細少候、田畠百疋之所奉寄進候、永代可預御弔候、恐々敬白、

天文十八年己酉

霜月廿八日　　　　　　　　　小宅三河守
　　　　　　　　　　　　　　　　高良（花押）

謹上　海潮寺
　　　　衣鉢侍者禅師

天文十九年（西紀一五五〇）

○五二一　芳賀高定書状　○栃木県立文書館寄託小宅定一郎家文書

返々、能々養生之儀可然候、

手いまにしか〳〵共無之候よし承候、誠ニ口をしく存候、すこしも無油断養生可然存候、仍而存分之透、具ニ承候、いかて別条ヲ可存候哉、真岡へ屋形さま（宇都宮広綱）御移已来、無二忠信被存候義と云、又自以前も懇向之筋目と云、毛頭別義ヲ不可存候、可御心安候、連々之事候、いかさま進退之儀をも一途可有之候、子細者口門ニ申含候、恐々謹言、

（天文十九年カ）
正月十二日　　　　　　　　　（芳賀）高定（花押）

（礼紙ウハ書）
「（切封墨引）

小宅（高尚）刑部丞殿　左衛門大夫（芳賀高定）

」

○五二二　某辰真書状　○佐八文書

尚々、今度者重宝之御茶被懸御意候、一段祝着難申尽候、又申候、粟野儀ニ付、重而之菟角之儀者、乍恐御無用と存候、猶此者ニ申含候間、可申入候、

不寄存知預芳札候、本望之至候、仍祭主殿長々御在国候、殊我等御宿を仕、何事無御座候間、可御心易候、就其粟野弥四郎殿へ、去年御鼻〔突脱カ〕にて候つる処ニ、色々拙者申調、知行共無相違如前々渡被進候、然処従真岡虚説□被申、祭主へ書状候つる、左様之儀ニ御腹立候て、重而御知行共ニ被召上候、加様之折節も涯分申調、今一度御免之様ニ□存候覚悟候処ニ、不慮儀候而言語道断之儀候、雖然栗嶋（高根沢町・芳賀町）之儀重而源五郎□蒙仰候間、切々祭主殿へ申入候処、俄ニ真岡へ御越候間、源五郎を被召具候、奥ら可有御返事由候条、源五郎御供ニ申付、下申候、然者栗嶋返進被成御返事候間、御心安存候、於様躰者、此者可申候間、不能詳候、恐々謹言、

五月廿五日　辰真（花押）

佐八掃部助殿
御返報

○本文書、天文十九年～弘治三年頃のものと思われる。

天文二十年（西紀一五五一）

〇五二三　沙弥可雪壬生綱雄書状案　〇佐八文書

塩谷伯耆守（由綱）・同兵部太輔・西方河内守・上三川次郎・徳雪斎・那須資胤、上下庄引率、都合其勢三千余騎、彼城へ被進寄、宮衆軾・壁・尺木取破、外城・中城へ攻入、従城中石弓・鉄鋒〔炮〕如雨、不能拘之、実城一重ニ擽詰候処、城主祖母井清三郎令折角、脱甲、出証人、束手、乞降参候間、大将（壬生綱雄）以慈憐儀令降免畢、幷八木（芳賀町）要害同日ニ自落、則城主令出宮候、同十祖母井城（芳賀町）へ押寄、延生（芳賀町）宿踢散、城中へ矢入、郷村無残所打散、被入馬候、祇ニ今度仕合共、偏御神慮、真読般若威力、殊八幡宮香水頂戴、被勤元三講故歟、響誉八州、世間無双冥加、綱雄（壬生）満一身候、猶以可被執弓失事、御意見雖遠路候、可被仰越義、可為御肝要候、委曲奉期来信時候之間、不能詳候、恐惶謹言、

（天文二十年又は天文二十一年）
黄梅（六月）六日　　沙弥可雪（壬生綱雄）

相馬殿
貴報窓下

〇五二四　宗梦書状　〇天翁院文書

海庵・良慶不和ニ付而、愚僧へ調之儀被成御頼候、尤之由申、大中寺へ罷越、東昌寺・皆川弾正忠（広勝）以両所、数ヶ度雖申届、海庵堅固ニ被申払候、強而至于佗言者、可被致出寺支度候、然間弾正忠も重而申届儀叶間敷由申、被罷帰候、其上愚僧へ看子之儀被申付候、爰元深至于思慮は、代々相承之法衣等致焼却、一代而可被断絶申之段、手堅被申詰候、無拠被任其意候、此段重而　屋形へ不申理事、先段一筆之首尾不合之躰、愚僧之誤ニ候、可被聞召分事専一ニ候、以此趣得貴意候、恐々謹言、

林鐘（六月）十三日　宗棼（無学）（花押）

祇園江

人々御中

○本文書、天文二十年～弘治四年頃のものと思われる。

○五二五　芳賀高定寄進状　○海潮寺文書

（端裏ウハ書）「（切封墨引）

沼和久郷之内（真岡市）

左衛門大夫（芳賀）

高定」

海潮寺

衣鉢閣下

雖少所候、沼和久郷之内三宮之事、奉寄進候、御成敗不可
有相違候、恐々敬白、

天文廿年辛亥

七月十二日　高定（芳賀）（花押）

海潮寺

衣鉢閣下

○五二六　玄藤寄進状　○天性寺文書

てんしやう（天性、那須高資）ため（為）に、□くいと三貫地、ゑいたひ（永代）つけ（付）進候、

天文二拾年辛亥八月一日　玄藤（花押）

天性寺

○五二七　妙香寄進状　○天性寺文書

天性日（那須高資）はいてん（牌田）に、いつミ十ゆいの所、なかく天性寺へ
きしん（寄進）申候、

天文廿年辛亥八月吉日　妙香

（端裏）「（墨引）」

（奥封ウハ書）「天性寺へ

まいる　妙香」

○五二八　口宣案写　○大関家文書

（端銘）「上卿持明院中納言（基規）」

天文廿年九月二日　宣旨

大関丹治高増

宜叙従五位下

蔵人左少弁藤原基俊　奉

○職事（蔵人頭）である藤原基俊については未詳であり、「口　宣案」という端裏銘を欠き、料紙も宿紙ではない。次号文書も同じ。

○五二九　口宣案写　○大関家文書

（端銘）「上卿持明院中納言（基規）」

天文廿年九月二日　宣旨

従五位下丹治高増

宜任右衛門佐

蔵人左少弁藤原基俊　奉

○五三〇　芳賀高定官途状写　○大島文書

此度、於岡本（宇都宮市）手負動無比類之条、感悦候、仍官途之事、相心得候、謹言

天文廿年辛亥

十月十九日　（芳賀）高定（花押影）

大嶋大炊助殿

○五三一　徳雪斎周長寄進状　○佐八文書

岡本（宇都宮市）郷内石関参貫文之所、永代為　伊勢大神宮御領奉寄進、御祈念頼入候、仍状如件、

天文廿辛亥年十一月吉日　徳雪斎周長（花押）

粟野弥四郎大夫殿

天文二十一年（西紀一五五二）

○五三二　明徹岩城重隆書状写　○秋田藩家蔵文書五

此度那須洞谷劇付而、自此方上下之者於于其口悃切之段、
寔快然之到ニ候、彼口筋目ニ合力候上、一途及其意度候条、
爰元太田（佐竹）へ及相談候、此上も庄内往覆之仁無相違之様、可
悦入候、謹言、

（天文二十一年カ）九月十一日　明徹（岩城重隆）（花押影）

荒巻豊後守とのへ

「上包ニ」

荒巻豊後守とのへ　岩城より

天文二十二年（西紀一五五三）

○五三三　梅千代王丸足利義氏書状写　○小山氏文書

為改年之祝儀、太刀・馬到来、目出度候、仍太刀遣之候、
謹言、

二月朔日　梅千代王丸（足利義氏）

小山弾正大弼（秀綱）殿

○五三三号と五三四号、天文二十二年〜天文二十四年頃のものと思われる。

○五三四　梅千代王丸足利義氏書状写　○小山氏文書

急度以代官懇言上、喜入候、然者、就去比造意之儀、不被
相存旨趣、以誓詞被申候、被聞召届候、巨砕被仰含口上候、

謹言、

三月二日　　　梅千代王丸（足利義氏）

小山弾正大弼（秀綱）殿

〇五三五　梅千代王丸義氏足利安堵状　〇大中寺文書

（端裏）「（切封墨引）」

当寺領下野国中泉庄内西水代郷（小山市・栃木市）事、被任甘棠院殿（足利政氏）御証判、於以後も不可有相違候、就中可為不入者也、恐々敬白、

（後筆）「天文廿二歳」

三月廿二日　　　梅千代王丸（足利義氏）

大中寺当住智公（海庵泉智）禅師

〇五三六　梅千代王丸義氏足利宛行状　〇渋江文書

為御恩賞、在家郷（茨城県境町）被下候、成敗不可有相違之状如件、

天文廿二年四月十四日（朱印、印文「大和」）

渋江弥二郎殿

（異筆）「カサイヨリ被下候」

〇五三七　梅千代王丸義氏足利宛行状　〇簗田家文書

名間井郷（小山市）・川藤郷（埼玉県吉川市）成敗、不可有相違之状如件、

天文廿二年七月廿四日（朱印、印文「大和」）

簗田中務太輔（晴助）殿

〇五三八　梅千代王丸義氏足利書状写　〇小山氏文書

為八朔之祝儀、太刀幷馬到来、目出度候、仍太刀・馬遣之候、謹言、

八朔　　　梅千代王丸（足利義氏）

小山弾正大弼（秀綱）殿

○五三九　小山氏朝受領状（折紙）　○小川仁氏所蔵文書

受領之事、意得候、謹言、

　天文廿二年子丑

八月十六日　　　　　（小山）氏朝（花押）

　　　小川豊後守殿

○天文二十二年の干支は癸丑である。本文書、なお検討を要す。小山氏朝は小山秀綱の前名である。

○五四〇　小山氏朝書状　○佐八文書

（封紙ウハ書）「謹上　内宮佐八与次殿　（小山）弾正大弼氏朝」

有精誠千度御祓大麼（ママ）一合幷杉原料紙・油煙贈賜候、目出度祝着候、仍爰元取乱之様躰、淵底彼口上ニ可有之候、猶々以御祈念任入迄候、恐々謹言、

　十月廿六日　　　（貼紙）「小山」弾正大弼氏朝（花押）

謹上　内宮佐八与次殿

○本文書、天文二十二年～永禄元年頃のものと思われる。

○五四一　小山高朝安堵状（折紙）　○岩上文書

上石塚郷（小山市）之内廿貫之所、先々成敗不可有相違之状如件、

　天文廿二年癸丑

十二月廿八日　　　　（小山）高朝（花押）

　　　岩上九郎三郎殿

天文二十三年（西紀一五五四）

○五四二　芳賀高定名字状写　○秋田藩家蔵文書四三

高規

天文廿三年甲刁

六月十六日　高定（芳賀）（花押影）

小宅孫九郎殿

○五四三　足利晴氏安堵状写　○小山氏文書

今度之世上、其方（高朝・秀綱）父子以走廻、早速至于被属御本意者、本領望如被申候、成敗不可有相違候、此上忠信尚以無二被存詰候者、以誓詞血判言上、可為感悦候、巨細氏胤（木戸）可申遣候、謹言、

（天文二十三年カ）六月十五日　晴氏（足利）（花押影）

小山下野守（高朝）殿

○五四四　田代昌純書状写　○谷田部家譜辨疑録下

去四日之芳墨□（今）日七日午刻到着、如仰此度　葛西（足利義氏）へ被御申上候、公私御懇切御仕合等、万端如思召ニ候、真実御目出度不思議奉存候、貴意之趣　葛西へいかにも委可申上候、定可為御悦喜候、其以来も両度被仰出候キ、小田原迄被仰届候、一入御悦喜之段、仰事候ツ、瑞雲院（周興）・簗田殿（晴助）へも懇ニ可申届候、将又先日如申達候、大上様（足利晴氏）去月廿日古河へ被移　御座候、無是非御事ニ候、于今小山之高朝様・相馬（整胤）殿無二ニ御走廻候、日々御普請等被仰付之由申候、某者有子細一向不申上候、南方ニハ能々有支度、葛西之　上様（足利義氏）御動座可被申立由申候、武・上之面々何も無二ニ被申上候、簗田殿も自葛西証人之義頻ニ被仰出候之際、四五日以前御

舎弟を上被申候、一色（直朝）殿も御同前ニ候、此上珍御様躰候者、
可申達候、又小田（氏治）・府中（大掾慶幹）御間之義ニ付而、太田（佐竹義昭）・岩城（重隆）より
去月初以御代官被仰届候也、可然奉存候、先々皆々御帰路
候哉、長々御滞留御造作御劬労奉察候、返々　葛西へ好ケ
之時分被御申上、御仕合不思議寄〔奇〕特ニ奉存候、吾々迄も満
足仕候、申度事雖数多候、御飛脚急返申候之間、万々申残
候、恐々謹言、

（天文二十三年カ）八月七日　　三喜斎（田代）
昌純（花押影）

水戸（江戸忠通）へ
参

猶々路次一向不自由之間、
小（小田）・府（大掾）之御様躰不承候
処、委細被仰越候、
くれ〳〵畏入
存計ニ候、

○五四五　小山高朝安堵状写　○秋田藩家蔵文書四三

寒川（小山市）郷定使面〔免〕之内廿五貫文之所、成敗不可有相違候、此上
依走廻可相重候状如件、

天文廿三年甲刁
九月廿日　　高朝（小山）（花押影）
太田満鳥丸殿

○五四六　小山高朝安堵状（折紙）　○岩上文書

寒川（小山市）郷塚田和泉守田地之内四十貫文之所、成敗不可有相違
候、同名石見守刷同前候、此上依走廻可相重候、謹言、
天文廿三年甲刁
九月廿日　　高朝（小山）（花押）
岩上伊勢守殿

○五四七　梅千代王丸（足利義氏）宛行状　○野田千弘家文書

先御落居之地廿五郷
向五郷　　栗橋
小手指　　上伊坂
下伊坂　　上中田

下中田　牛谷
小堤　大野
下井　網代
中里　大輪
飯田　若林
乙女　儘田（間々田）
早河野（佐川野）　志鳥
稲穂（稲生）
以上廿五郷
重而御落居之地
栗山　菅谷
久野生（久能）
以上
小山領十一郷
栗宮　塩沢
野田　尼賀谷
横倉自結城被申上候義候者、御替地可被下候也、

犬塚自結城被申上候者、御替地可被下候也、
中久木　川田
多摩　塚崎
武井
右之地被宛行者也、尚以小山領之儀者、永代不可有御相違
候、仍如件、
天文（朱印、印文「大和」）廿三年甲寅十二月廿四日
野田左衛門大夫（弘朝）殿

弘治元年（天文二十四・西紀一五五五）

○五四八　結城政勝寄進状（折紙）　○高椅神社文書

高椅之　大明神之るうもん（楼門）うハふきめん（上葺免）として、さん川郷（小山市）之年具（貢、以下同ジ）壱貫文、網戸郷（小山市）之年具壱貫文、合二貫文之所奉進納候、少も無沙汰なく可走廻者也、

天文廿四年乙卯

正月十五日　（結城政勝）（花押）

持田若狭守殿

○五四九　小山高朝安堵状（折紙）　○岩上文書

上石塚郷（小山市）常案寺分披之上、廿三貫文之所、先々可被致成敗候、謹言、

天文廿四年きのとう

三月二日　高朝（小山）（花押）

岩上伊勢守殿

○五五〇　北条綱成書状写　○東京大学白川文書

如蒙仰候、年頭以来者、不申通候処ニ、御懇書令拝見候、仍而従白川晴綱以脚力小田原（北条氏康）へ被仰届候付而、愚所へ御懇切ニ蒙仰候、先以快然之至候、然ハ従前々無御余義候筋目、今度委細被仰越候、氏康（北条）も別而可被申通存分ニ候間、可御心安候、就中、佐竹方（義昭）小田原へ別而被申合之様躰、其聞得候哉、努々左様之義無之候間、此段令伝達簡要候、拙者も具ニ申入候、爰元御取合之儀、被任候旨、被仰越候条、尤不可存無沙汰候、将亦小栗（茨城県筑西市）之地有御再興、御番手被為入之由、是又可然御手刷ニ候、雖不及申候、其口無御油断御備専要ニ存候、兼又小山（高朝）之義、葛西様（足利義氏）へ被仰上、氏康（北条）かた

へ被仰達候歟、然処ニ堅被申払之由、被露紙面候、寄々可
被仰調候、於拙者、彼一義不可有無沙汰候、猶以従白川、
於向後節々被仰通候者、涯分可然様ニ、可走廻候、此間者、
御不例之由候、無御心元存候、能々可有御養性（マヽ）候事尤ニ奉
存候、万端令期来信之時候、恐惶謹言、

北条左衛門大夫

（天文二十四年）三月廿日　綱成

謹上　結城（政勝）江　参　貴報

〇五五一　北条家朱印状（切紙）

〇京都大学文学部所蔵渡辺氏蒐集文書

蠟燭荷之馬、春一順三疋、冬一順三疋、以上一年中六疋之
分両度定之畢、分国中関渡当麻役所□不可有相違候、此定
之外、少にても致非分之儀付者、可為曲事者也、仍如件、

天文廿四年（虎朱印）
六月二日

宇都宮
庭林新二郎とのへ

〇五五二　芳賀高定寄進状

〇海潮寺文書

寄進状之事
右芳宮（芳賀高照）為焼香、乙連郷（宇都宮市・真岡市）篭谷之内御帳免五貫文之所、永代御
知行不可有相違之状如件、

天文廿四年乙卯七月十三日　高定（芳賀）（花押）

海潮寺
衣鉢閣下

〇五五三　芳賀高定宛行状写

〇小田部庄右衛門氏所蔵文書

此度八木（芳賀町）之地ニ在城感悦之至候、仍而西宿（芳賀町）端方内宛行候、
於彼地ニ普請・用心・陣参以下可相嗜候也、

天文廿四年乙卯

拾月廿三日
加藤大学助殿
（芳賀高定）
（花押影）

○五五四　芳賀高定感状写　○秋田藩家蔵文書五二

此度向礎（高根沢町）之地ニ及調義候処、其方動無比類候、於向後も猶以相嗜専要候、恐々謹言、

（弘治元年）
壬月（閏十月）廿七日　左衛門太夫（芳賀）
高定（花押影）
平野大膳亮殿

○五五五　伊勢寿丸（宇都宮広綱）感状写　○秋田藩家蔵文書五二

此度於石居（高根沢町）之地抽粉骨相動、被疵候条、寔以神妙之至感思召候、仍状如件、

（弘治元年）
霜月二日
平野大膳亮殿
（封紙ウハ書カ）
「平野太膳亮殿　伊勢寿（宇都宮広綱）」

○五五六　結城政勝宛行状（折紙）　○今井文書

さん（寒）川（小山市）之内、筆立銭十貫文之所被下之候、仍如件、

（弘治元年）
卯年
霜月廿日　政勝（結城）（花押）
丹下小二郎殿

○五五七　小宅高良判物（竪切紙）　○海潮寺文書

御寺領大喜庵内返申候、速ニ作人等可被仰付候、如件、

二月十六日　小宅蔵人
高良（花押）
海潮寺
侍者御中

○五五七号と五五八号、天文期のものと思われる。

○五五八　芳賀高定宛行状写　○秋田藩家蔵文書四三

雖少所候、東木代郷（宇都宮市）之事、成敗不可相違候、陳参之嗜以下、可為喜悦候、謹言、

三月五日　高定《芳賀》（花押影）

小宅孫九郎《高規》殿

○五五九　小宅高良官途状（元折紙）　○栃木県立文書館寄託高橋省吾家文書

此度高小屋就再興、神妙被走廻候際《ママ》、官途之事進之候、仍如件、

卯月吉日　高良《小宅》（花押）

高橋勘解由殿

○本文書、天文末期のものと思われる。

弘治二年（西紀一五五六）

○五六〇　足利義氏官途状（切紙）　○文殊川家文書

「《封紙ウハ書》小山修理亮殿　義氏《足利》」

「《端裏》（切封墨引）」

官途之事、申上候、御意得候、謹言、

正月七日　（花押）《足利義氏》

小山修理亮殿

○本文書、弘治二年～永禄七年頃のものと思われる。

○五六一　足利義氏書状（切紙）　○栃木県立博物館所蔵那須文書

「《端裏》（切封墨引）」

為赦免之祝儀、太刀・馬幷青蚨到来、目出度候、仍太刀遣之候、謹言、

（弘治二年カ）正月十三日　義氏（足利）（花押）

那須弥太郎殿（資胤）

○五六二　足利義氏書状（切紙）　○栃木県立博物館所蔵那須文書

（端裏）「（切封墨引）」

為赦免之儀、旧冬以誓詞血判、尽未来忠信之儀言上、誠以感悦之至極、然者、千本十郎進退之儀、被听召分、已御赦免之上者、如前々可属其方事、不可有相違候、此上無二忠信逼塞簡要候、謹言、

（弘治二年カ）正月十三日　義氏（足利）（花押）

那須修理大夫殿（資胤）

○五六三　足利義氏官途状（切紙）　○栃木県立博物館所蔵那須文書

（端裏）「（切封墨引）」

官途之事言上、可有御意得候、謹言、

（弘治二年カ）正月十三日　義氏（足利）（花押）

那須修理大夫殿（資胤）

○五六四　足利義氏官途状（切紙）　○戸村文書

（封紙ウハ書）「蘆野弾正少弼殿（資豊）　義氏（足利）」

官途之事申上候、御意得候、謹言、

（弘治二年カ）正月十三日　（花押）（足利義氏）

蘆野弾正少弼殿（資豊）

○五六五　瑞雲胤周興副状（切紙）

○栃木県立博物館所蔵那須文書

如貴札、至于二三ヶ年、御赦免之義、被属太田美濃守（資正）方、
御侘言之段、毎度某被申越候、然間不存無沙汰奉披露候、
至于時旧冬無御相違　上意候、依之以御代官御祝義被御申
上候、能々奉披露候、目出度思召之段、被成　御書（足利義氏）候、同
別而御望之　御書旧冬以御誓詞被御申上義、一此一彼御文
躰被露之被仰出候、可為御本望御満足候、仍而為御祝詞段
子壱端・青蚨二百疋送給候、目出度令存候、態段子水色進之
候、巨細御代官頼入候、恐々謹言、

（弘治二年カ）正月十四日　周興（花押）

謹上　那須（資胤）殿
御報

○五六六　足利義氏受領状（切紙）

○東京大学文学部所蔵雑文書三

（封紙ウハ書）「小山土佐守殿　義氏（足利）」
（端裏）「（切封墨引）」

名国司之事、申上候、御意得候、謹言、

正月十七日　（足利義氏）（花押）

小山土佐守殿

○五六六号～五六八号、弘治二年～永禄七年頃のものと思われる。

○五六七　足利義氏書状写

○小山氏文書

為改年之祝儀、太刀幷馬到来、目出度候、仍太刀遣之候、
謹言、

正月廿七日　義氏（足利）（花押影）

小山弾正大弼（秀綱）殿

○五六八　足利義氏書状写　○小山氏文書

敕免之儀、言上候、尤不可有相違候、然者、晴朝（結城）就忠信被
相談、御進退之儀、内々懇被申候、感悦之至候、謹言、
二月六日　義氏（足利）（花押影）
小山下野守（高朝）殿

○五六九　結城政勝書下状　○称名寺文書

称名寺（茨城県結城市）門徒之事　次第不同
関　大　坊同宝徳　西ノ宮昌蔵坊　川嶋永林坊
上無（成）　大　坊　同　法　道　福郎（良）法光坊
大嶋之　北之坊　六本　豊　後　同　円光坊
坪山　西光坊　峯崎　正徳寺　萱林正光坊
北口　宝蔵寺　飯玄塚新福寺　灰塚上之坊
黒田　教　賢　布川　石山坊　薬師寺寺宿　道　珍泉ノ
宇都宮ヒラツカ上子金　宰　相　同江曽嶋太子堂平三郎　長沼彦太郎
名々井（七）　常阿弥　増（益）子　会　君　那須之栄　本
キカハタ善（後筆）　性　人手　正　善　衣井田根泉坊（後筆）
同（後筆）　永泉坊
右称名寺（茨城県結城市）門徒中、各被致出仕、行事洒掃共ニ可被走廻候、
自然被背此旨候輩、代々自館可被申付候也、依状如件、
天文廿五年丙辰二月十五日　政勝（結城）（花押）
称名寺

○五七〇　芳賀高定寄進状写　○寺社古状

此度御寺家御造栄（営）付、御大儀簡要令存候、仍雖少分候、得（徳）
次郎（宇都宮市）土貢之内千疋先々進之候、相当之地候者、重而可奉寄
進候、委細小宅新次郎口上ニ申含候、恐々敬白、
三月五日　高定（芳賀）（花押影）
成高寺
衣鉢侍者禅師
「（封紙ウハ書カ）
芳賀
高定」
成高寺
衣鉢侍者禅師

○本文書、天文末期～永禄一桁代のものと思われる。

○五七一　足利義氏書状写　○小山氏文書

態以代官言上候、仍樽已下到来、目出度候、謹言、

四月一日　義氏（足利）（花押影）

小山弾正大弼（秀綱）殿

○五七一号と五七二号、弘治二年～永禄七年頃のものと思われる。

○五七二　足利義氏書状写　○小山氏文書

急度申遣候、然者、近日向榎本（栃木市）可有御勢遣候、人数合力、特城内江通融不可叶候、速可被存其旨候、謹言、

四月九日　義氏（足利）（花押影）

小山弾正大弼（秀綱）殿

○五七三　芳賀高定寄進状写　○寺社古状

為天宗妙胤香奠、若色郷（真岡市）夕顔内之事、令寄進候、御弔之儀奉頼候、恐々敬白、

卯月十一日　高定（芳賀）（花押影）

成高寺

侍衣閣下

○本文書、天文末期～永禄一桁代のものと思われる。

○五七四　佐久山資信書状（竪切紙）　○東京大学白川文書

雖未申達候、不顧遠慮、令啓進候、抑物別可申承候由、兼日逼塞申候き、菟角罷過候、誠以素意表奉思候、仍はい鷹一令進献候、於向後者、相応之義等、無御隔心可蒙仰候、毫髪も不可存疎義候、将又小田口様躰定可被暨聞召候歟、氏治（小田）南方人数被遂一戦、悉被失利号土浦与地へ被相除候、無是非次第候、自当方も少々人数相立被申候、彼口一落居可為近々候由申来候、巨細斑目兵部少輔方頼入候上、奉省略候、恐々謹言、

逐而啓達、たか犬指添

進覧申候、
（弘治二年）四月十三日　佐久山資信（花押）
白河（晴綱）殿
御宿所

○五七五　足利義氏書状写　○小山氏文書

懇言上、喜入候、然者、（北条）氏康通融之儀、被加御下知、無相違条、簡要候、仍太刀幷馬到来、目出度候、太刀遣之候、謹言、

四月廿三日　（足利）義氏（花押影）
小山（秀綱）弾正大弼殿

○本文書、弘治二年～永禄七年頃のものと思われる。

○五七六　足利義氏書状写　○秋田藩家蔵文書三

就御当城御座移、以代官申上候、御悦喜候、然者、為祝儀、太刀幷馬進上、目出度候、仍御剣被遣之候、謹言、

（弘治二年）五月十七日　（足利）義氏（花押影）
塩谷民部太輔殿

○五七七　足利義氏書状写　○小山氏文書

（結城）政勝免許之事、言上、不可有相違候、謹言、

六月廿三日　（足利）義氏（花押影）
小山（秀綱）弾正大弼殿

○五七七号と五七八号、弘治二年～永禄七年頃のものと思われる。

○五七八　足利義氏寄進状（切紙）　○大中寺文書

（封紙ウハ書）「大中寺当住梵公禅師　（足利）義氏」

（小山市・栃木市）西水代郷改而御寄進不可有相違候、恐々敬白、

六月廿五日　（足利）義氏（花押）
大中寺当住（無学宗梵）梵公禅師

○五七九　足利義氏書状（折紙）　○戸村文書

（封紙ウハ書）「（切封墨引）蘆野（資豊）弾正少弼殿　（足利）義氏」

就御当地被移御座候、以代官申上候、御悦喜候、然者、為

祝儀、太刀・馬幷青蚨進上、目出度候、仍御剣被遣之候、
謹言、
(弘治二年カ)六月廿五日　(足利義氏)(花押)
蘆野弾正少弼(資豊)殿

○五八〇　足利義氏書状（切紙）　○栃木県立博物館所蔵那須文書

(端裏)「(切封墨引)」
就当地被遷御座候、以代官言上、忻入候、然者、為祝儀、
太刀・馬幷孔方到来、目出度候、仍而太刀遣焉候、謹言、
(弘治二年カ)六月廿五日　(足利)義氏（花押）
那須修理大夫(資胤)殿

○五八一　足利義氏書状（切紙）　○栃木県立博物館所蔵那須文書

(端裏)「(切封墨引)」
為八朔之祝儀、太刀幷馬到来、目出度候、仍太刀・馬遣之
候、謹言、
八朔　(足利)義氏（花押）
那須修理大夫(資胤)殿

○五八一号～五八三号、弘治二年～永禄六年頃のものと思われる。

○五八二　足利義氏書状（切紙）　○栃木県立博物館所蔵那須文書

(端裏)「(切封墨引)」
為八朔之祝儀、太刀幷馬到来、目出度候、仍太刀・馬遣之
候、謹言、
八月朔日　(足利)義氏（花押）
那須修理大夫(資胤)殿

○五八三　足利義氏書状（切紙）　○栃木県立博物館所蔵那須文書

(端裏)「(切封墨引)」
為八朔之祝儀、太刀幷馬到来、目出度候、仍太刀・馬遣之
候、謹言、
八月朔日　(足利)義氏（花押）

那須(資胤)修理大夫殿

○五八四　壬生綱雄書状写　○佐八文書

前日者宮中江芳章、祝着之至ニ候、如申合昨日当地壬生へ
罷下り候処、其地へ御越候間、不能会顔候、意外之至ニ候、
毎年別而代官為致参宮候、其方於向後ハ頼入候、新里郷(宇都宮市)之
年貢、三年之末綱雄(壬生)参宮申迄弐百疋奉進納候、当年之義ハ
代官参宮候間、今度鳥目不進上候、恐々謹言、
弘治二年十一月十二日　壬生綱雄
佐八太夫殿
尚々、自中途申候間、一筆早々之至ニ候、

○五八五　北条家禁制　○大中寺文書

禁制
右、大中寺(栃木市)々領、去年加敗所、事終而御印判被進上、於自
今以後も、軍勢甲乙人等乱妨狼藉堅令停止畢、但近郷者、
或者他所荷物、至于取入者、何時も可被打散由、被仰出候、
仍如件、
弘治二年丙辰（虎朱印）十一月十八日

○五八六　足利義氏受領状（切紙）　○塩谷文書

(封紙ウハ書)「塩谷美作守殿　(足利)義氏」
名国司之事、申上候、御意得候、謹言、
(十一月)霜月廿八日　(足利義氏)(花押)
塩谷美作守殿
○本文書、弘治二年～永禄七年頃のものと思われる。

○五八七　小山高朝一字書出写　○秋田藩家蔵文書四三

元服
高
弘治二年丙辰

極月廿八日

太田弥太郎殿

○五八八　小山高朝書状　○大中寺文書

尚々、御寺領令帰付候条、本望候、

御寺領之事、到五六ヶ年水谷八郎相押仁付而、既及弓箭、不思議属本意候、併天道故候、仍吉日之上、令啓達候、委曲猶遠藤四郎右衛門尉口上申含候、恐々敬白、

五月朔日　高朝《小山》（花押）

大中寺

侍司

○五八九　足利晴氏契状写　○小山氏文書

なお〱御せいし《誓詞》ましても候ハねとも、唯今心底ニ少も疑心を、はしりめくり《走廻》候うちにも、さしはさみ候てハ、高朝《小山》進退までもおしき事ニて候、よく〱此すち申つかハされ候へく候、めてたくさふ〱、

五月六日夜中さゝ木大学助・岩堀左衛門佐ニおほせつけられ、あくたう《悪党》菅谷うたせられへき様躰、ねい《佞》人あつて、たか《高》朝に別条のやうニとりなし候や、まことにおとろき入たる事候、只今忠信無二之様躰、就中藤氏《足利》へいかやうにも可走廻、逼塞度々てかたく言上、かやうの義をこそ可感みきり、剰如此之造意ひとへに天魔之所行ニて、もとより高朝ニ毛頭も去春以来者尚以無別条候、ことに五月六日夜中之義者、菅谷あてかハせへき一りまでもまいらせ候、

八幡大菩薩すこしもいつハりニあらす候、かしく、

（墨引）　つちへ　　はる《晴》氏《足利》

○本文書、天文末期～弘治初期のものと思われる。

弘治三年（西紀一五五七）

○五九〇　北条氏康書状（切紙）　○栃木県立博物館所蔵那須文書

未申通候処、預芳札候、殊太刀一腰、馬一疋黒毛、鳥目千疋、贈給候、珍重候、抑此度言上候、就中、始末共可被抽忠信由、黐宝印誓句御進上候、簡要至極候、何様御礼自是可申述候、猶蘆野（資豊）弾正方口上可有之候、恐々謹言、

（弘治三年）正月廿日　（北条）左京大夫氏康（花押）

謹上　那須（資胤）殿

○五九一　北条氏政書状（切紙）　○栃木県立博物館所蔵那須文書

未申通候処、預芳札候、殊太刀一腰、青銅五百疋、贈給候、珍重候、抑此度言上候、然者、始末共可被抽忠信之由、黐宝印誓句御進上肝要候、何様自是可申展候、恐々謹言、

（弘治三年）正月廿日　（北条）平氏政（花押）

謹上　那須（資胤）殿

○五九二　足利義氏書状（折紙）　○戸村文書

（封紙切封ウハ書）「蘆野（資豊）弾正少弼殿　（足利）義氏」

為肇年之祝儀、扇子幷白鳥進上、目出度候、謹言、

正月廿二日　（足利義氏）（花押）

蘆野（資豊）弾正少弼殿

○五九二号～六〇〇号、弘治三年～永禄七年頃のものと思われる。

○五九三　足利義氏書状　○栃木県立博物館所蔵那須文書

（端裏）「（切封墨引）」

為改年之祝儀、太刀到来、目出度候、仍太刀遣之候、謹言、

正月十四日　（足利）義氏（花押）

那須（資胤）修理大夫殿

○五九四　足利義氏書状（切紙）　○栃木県立博物館所蔵那須文書

（端裏）「（切封墨引）」

為改年之祝儀、太刀幷馬到来、目出候、仍太刀遣之候、謹言、

正月十五日　義氏（足利）（花押）

那須（資胤）修理大夫殿

○五九五　足利義氏書状（切紙）　○栃木県立博物館所蔵那須文書

（端裏）「（切封墨引）」

為年頭之祝儀、太刀幷馬到来、目出度候、仍太刀遣之候、謹言、

二月五日　義氏（足利）（花押）

那須（資胤）修理大夫殿

○五九六　足利義氏書状写　○小山氏文書

為八朔之祝儀、太刀幷馬到来、目出度候、仍太刀・馬遣之候、謹言、

八月朔日　義氏（足利）（花押影）

小山（秀綱）弾正大弼殿

○五九七　足利義氏書状（切紙）　○小山文書

（封紙ウハ書）（秀綱）「小山弾正大弼殿　義氏（足利）」

（端裏）「（切封墨引）」

為八朔之祝儀、太刀幷馬到来、目出度候、仍太刀・馬遣之候、謹言、

八月朔日　義氏（足利）（花押）

小山（秀綱）弾正大弼殿

○五九八　足利義氏書状写　○小山氏文書

以代官懇言上、喜入候、仍扇子幷繻子到来、喜悦之至候、

謹言、

八月二日　　　　　　　　（足利）義氏（花押影）

小山（秀綱）弾正大弼殿

○五九九　足利義氏書状写　○小山氏文書

急度申遣候、然者、今度相馬家中之仕合、無是非題目候、
簗田中務大輔（晴助）仁御勢遣之事、被仰付候、速一勢可被進候、
謹言、

九月十七日　　　　　　　　（足利）義氏（花押影）

小山（秀綱）弾正大弼殿

○六〇〇　足利義氏書状写　○小山氏文書

以代官懇言上、然者、はいたか到来、喜入候、謹言、

十月廿七日　　　　　　　　（足利）義氏（花押影）

小山（秀綱）弾正大弼殿

○六〇一　北条氏康書状（切紙）　○栃木県立博物館所蔵那須文書

先日者預音問候、本望候、為其以使者申届候、仍太刀一腰、
馬一疋、段（緞）子三巻進候、表一儀計候、向後者、細々可申通
候、当口相応儀等蒙仰、聊不可有疎略候、委曲期来信候、
恐々謹言、

正月廿二日　　　　　　　　（北条）左京大夫氏康（花押）

謹上　那須（資胤）殿

○六〇一号と六〇二号、弘治三年十二月以前のものと思われる。

○六〇二　北条氏政書状（切紙）　○栃木県立博物館所蔵那須文書

先日者預音問候、本望候、為其以使者申届候、仍太刀一腰
持進之候、一儀計候、於向後者、相応之儀可申承覚悟候、
猶期来信候、恐々謹言、

正月廿二日　　　　　　　　（北条）平氏政（花押）

謹上　那須（資胤）殿

○六〇三　北条氏康書状（切紙）　○大中寺文書

大中寺領儀承候、近年迄就被拘来者、無別儀子細候、若妹尾至于令没到(倒)者、其筋目可申付候、去又御内ヘ参候御領所之内候者、直ニ被御申上可然候、猶口上申候、恐々謹言、

(弘治三年)二月廿四日　(北条)氏康（花押）

(政勝)結城殿

○六〇四　足利義氏寄進状（折紙）　○大中寺文書

大中寺々領西水代郷(小山市・栃木市)、依被申上、新御寄進候状如件、

（朱印、印文「大和」）弘治三年三月廿二日

(政勝)結城左衛門督殿

○六〇五　結城政勝副状（切紙）　○大中寺文書

尚々、為以後之間、御書ニ愚之一札差添進献申候、

先度直ニ申候御寺領之御印判、(足利義氏)葛西江申候処、(結城)政勝依申上候、大中寺江西水代郷(小山市・栃木市)新御寄進与、御印判愚所へ給候、一入本意満足ニ候、某如此呵嘖申儀、少々ニ被思召候て者不可然候、早々御寺領之事者、世間何与移行候共、可為万代不朽候、偏愚者　葛西・小田原(北条氏康)ヲ相調、御印判進献、御寺領永代安全之義者、某者又新寄進与笑申候、此御礼ニ御隙之時分必々御光臨、五三日モ御滞留尤候、万吉以面拝可申候、恐々敬白、

弘治三年丁巳

三月廿六日　(結城)政勝（花押）

大中寺江

進覧

○六〇六　足利義氏安堵状（折紙）　○小山文書

(栃木市)緑川郷・(栃木市)下高嶋郷・(栃木市)東武井郷、如近年不可有相違之状如件、

（朱印、印文「大和」）弘治三年五月廿三日

小山（秀綱）弾正大弼殿

○六〇七　足利義氏朱印状　○野田家文書

一、馬場（小山市）・奈良木（小山市）両郷手本仁閣、網戸宮内太輔等綺之義、不可有相違事、
一、網戸其方へ走廻之義、被申付外不可致無沙汰事、
一、網戸事、他之家中へ不可致懇意事、
右、三ヶ条、為後日被仰出状如件、
弘治（朱印、印文「大和」）三年六月十七日
野田左衛門大夫（弘朝）殿

○六〇八　足利義氏朱印状（切紙）　○大中寺文書

大中寺領西水代郷（栃木市・小山市）
一大中寺へ西水代郷散田之儀、不可有相違事、
一自西水代郷（小山市・栃木市）大中寺へ荷物無相違可出事、
一榎本（栃木市）城普請之時者、惣郷同前、以御印判可被仰付事、
右、三ヶ条、不可有相違者也、仍状如件、
「（異筆）葛西様御印判」
弘治（朱印、印文「大和」）三年七月二日
大中寺

○六〇九　江戸通房書状写　○諸家所蔵文書

下総より御帰之由ニ候、御心労令推候、宮（宇都宮）之事近々可相企候歟、御塩味之後可及沙汰候、依如此候、謹言、
（弘治三年カ）七月廿日　通房（江戸）（花押影）
吉川殿

○六一〇　北条家禁制（折紙）　○神奈川県立公文書館所蔵豊前氏文書

禁制
一於梓村（栃木市）・中方村（栃木市）、横合狼藉之事、
一土貢不納所百姓、度々催促之上も、猶令難渋ニ付者、被

搦捕、遠山（綱景）所へ此趣承尤候事、

一彼両村へ悪党、或者咎人走入候共、不可有許容、幷皆川
へ敵対方之者、徘徊可被停止事、

右、葛西様（足利義氏）上意ニ付而、皆弾前申調上、急度御入部尤
候、彼三ケ条、小代官人ニ堅被仰付、可然候状如件、

巳
弘治三年八月六日（虎朱印）

豊前左京亮殿

○六一一　江戸忠通官途状写　○諸家所蔵文書

今度於徳次良原（宇都宮市）合戦、動無比類候、仍成官途候、謹言、

（弘治三年カ）九月廿八日　　忠通（江戸）（花押影）

吉川蔵人允殿

○六一二　佐竹義昭起請文　○大田原市那須与一伝承館寄託金剛寿院文書

起請文之事

一於自今以後、無二ニ可申談事

一別而申合候上、自今已後資胤（那須）江逆心之者、不可及引汲事

一縁辺之義申合候上、不可有違却事、付表裏不可有之事

右此三ケ条至于偽者、
上ニハ梵天帝釈、四大天王、下ニハ堅牢地神、熊野三所大
権現、春日大明神、日光三所権現、当国（常陸）鎮守鹿嶋大明神、
八幡大菩薩、摩利支尊天、惣而日本六十余州大小神祇、可
蒙御罰者也、仍而如件、

弘治三年丁巳拾月十二日　　義昭（佐竹）（血判花押）

那須（資胤）殿

○本文書、熊野牛王宝印の裏に書かれている。

○六一三　壬生綱雄契状　○佐八文書

下野国拝領之内参詣之輩、一家・々風、其外地下人等、何も其方在所可致定宿也、仍状如件、

弘治三年乙巳

十一月朔日　(壬生)中務太輔綱雄（花押）

伊勢内宮

佐八美濃守殿

○六一四　北条氏康書状　○栃木県立博物館所蔵那須文書

今度就壬生(綱雄)退治、其口手切之儀申届候処、早速御合点、殊近日向塩谷、被揚火先由候、御入魂之至畏入候、抑壬中(壬生中務大輔綱雄)降参、宮中幷真岡之旧領悉可相渡由申ニ付而、其分可落着由存候、為其申届候、御刷之儀者奉任　葛西様(足利義氏)へ候、猶使者申含候、恐々謹言、

(弘治三年)十二月十一日　(北条)氏康（花押）

(資胤)那須殿

○六一五　江戸通房官途状写　○諸家所蔵文書

今般於宇都宮動依為神妙、官途之儀遣之候、謹言、

弘治三年丁巳臘(十二月)月十三日　(江戸)通房（花押影）

吉川兵部少輔殿

○六一六　足利義氏書状（切紙）　○栃木県立博物館所蔵那須文書

急度被申遣候、然者塩谷伯耆守進退之儀伊勢寿丸(宇都宮広綱)所江被加御下知候、至于河崎(矢板市)之地成動儀不可然候、度々被加御下知候上者、速遠慮可為簡要候、謹言、

(弘治三年)臘月廿八日　(足利)義氏（花押）

(資胤)那須修理大夫殿

○六一七　北条氏康カ覚書写　○松蘿随筆集古一二

覚　写

一、三ヶ条之旨、得其意事、

一、真岡(宇都宮広綱)・壬生(壬生綱雄)一和之儀、此度　上意(足利義氏)雖御下知候、申払候

事、
一、真岡江御合力之砌、太田美濃(資正)守壬中(壬生綱雄)合力堅可相押候事、
以上
(佐竹義昭)太田へ
○本文書、弘治三年十二月頃のものと思われる。

○六一八　小山氏朝書状　○渋江文書

御音信寔以祝着之至候、殊白鳥越給候、令賞翫候、様躰小曽戸蔵人所へ被顕一書候、一入畏入候、於自今已後者、節々可申承候、仍態薄板物一端・扇子進之候、委曲期後音候、恐々謹言、
極月朔日　(小山)氏朝（花押）
渋江弥次郎殿
(包紙ウハ書)「上包
渋江弥次郎殿　自祇園(小山市)
上包ニ高朝　秀縄(綱)之父也」
○包紙ウハ書は、秋田藩家蔵文書二三より補った。

○六一九　結城晴朝書状写　○東京都立中央図書館所蔵下総崎房秋葉孫兵衛旧蔵模写文書集所収乗国寺文書

不罷帰可踞由申候と、様々かこと(事)を直ニ申、身躰うけ(請)取候て、返申候間、(多賀谷政広)安芸守自分ニよひ(呼)申けニ候、併爰元之様躰、心得之前候間、(芳賀)出羽介も罷越間敷由、校量申候、(妹尾甲斐守)妹甲へハ、第一(小山高朝)孝運御好と申、第二年来之入魂、以其筋目爰元へ被越、憑ニ候心底、海山有かたく存之間、身命ニかへ候而も、いか様(如何)ニかなと存候、毛髪無別心、よく〳〵心得憑入候つ、手作分之義者、誰ニも御隠密御内談計申人も不被存知、終ニ凝可申候、(秀綱)小山へ之聞ニもさせうて、万疋之在所刷申候、而して彼ため可然義ニ候、それさへ手作分たるへく候分ニ、わつか(僅)之合力以下申候者、畢竟為身ニ、於他所ニ悪口・取沙汰、無面目候、為後に如何ニ候、御隠密ニ仰分憑入候、かしく、尚々、此度之様躰、世間之聞、ことに(殊)(妹尾甲斐守)妹甲見聞、誠無面目までに候、如此恥をかき候間、某繁昌も不可有程候、一日もなからへ申儀、浅間敷まて候、

態申達候、此度之仕合、年月之各、法外之はなぬり（花塗）致候、
外聞内儀失面目、先祖迄付疵申事、天道浅間敷存候、去比
長文上申候、只今御合点ニ可有之候、乍此上茂各沙汰之限、
相止不可申候、向後之義者、誰にても候へ、憑入候共、人
之進退ニ不可有御綺候、覚外御縁もうすく（薄）可罷成候、然者
妹甲（妹尾甲斐守）内証ヲモ候哉、松源寺御望之由、自松源寺承候、自元孝（小
運山高朝）御好と申、無別心候間、一身も彼方滞留之間、心安く存
候間、内々逼塞申候、併如御存知、於榎本も様躰心得候間、
更手作分なと、渡得不申候、いつこ仁之様、刷申候者、小
山・榎本之聞、妹甲（妹尾甲斐守）ため、身之ためも不可然候、小山江之
覚迄ニ、機遣劬労申候、扨又深菟角申候へ者、別心之様ニ、
彼事も可有校量候間、模様之義者、如何ニも密々御内談可
申候、手作分なと、御輙義ニ候、只々彼かたため、聞計言
候へく候、芳賀出羽介なと相振義、自然貴寺ニも無御心元
可思召候、彼者ハ妹甲（妹尾甲斐守）ニ可対義ニも無之候、其上於千曲ニ
之合力、心得申間、機遣不申候、もしに先日罷越候も、
（墨引）

乗国□（寺）江　　晴（結城晴朝）
人々御中

○本文書、弘治三年二月二十四日以前のものと思われる。

永禄元年（弘治四年・西紀一五五八）

○六二〇　芳賀高定知行宛行状写　○秋田藩家蔵文書四四

中平出（宇都宮市）之内面之内給分宛行候、陣参以下之嗜可為干用候、謹言

弘治四年つちのへむま

正月廿二日　高定（芳賀）（花押影）

糟谷民部少輔殿

○六二一　伊勢寿丸（宇都宮広綱）書状　○佐八文書

如来意於　御神前被抽精誠、千度御祓太麻一合、幷鳥□（子）・油煙如書中被越、目出度大悦之至候、栗嶋（高根沢町・芳賀町）土貢之儀、如前々不可有相違候、尚以□精任入候、恐々謹言、

九月廿七日（弘治期）　藤原伊勢寿丸（宇都宮広綱）

謹上　内宮佐八与次殿

○六二二　伊勢寿丸（宇都宮広綱）書状　○佐八文書

如佳例於　神前抽精誠千度之御祓太麻一合・油煙壹丁、鳥子二帖越給候、目出度大悦之至候、然者栗嶋（高根沢町・芳賀町）土貢如毎年不可有相違候、巨細岡本美濃守（高昌）可申届候条、期来信候、恐々謹言、

十月十日（弘治期）　藤原伊勢寿丸（宇都宮広綱）

謹上　内宮佐八掃部助殿

○六二三　伊勢寿丸（宇都宮広綱）書状　○佐八文書

（封紙ウハ書カ）

「（異筆）『広《ヒロ》綱之御状、国綱ノ御親父』

謹上　内宮佐八掃部殿　藤原伊勢寿丸（宇都宮広綱）」

如恒例之於御神前被抽精誠、御祓大麻一合、幷鳥子二帖・
油煙一丁被指越候、目出度大慶至候、然者如毎年栗嶋(高根沢町・芳賀町)土貢
令進納候、尚以御祈念可為本望候、恐々謹言、
(弘治期)応鐘(十月)廿七日　(宇都宮広綱)藤原伊勢寿丸
謹上　内宮佐八掃部殿

○六二四　伊勢寿丸宇都宮広綱官途状写　○小田部庄右衛門氏所蔵文書

当乱中神妙走廻候条、感思食候、仍官途之事成之事、謹言、
(永禄元年カ)二月五日　(異筆)「国綱公御童名」伊勢寿丸(宇都宮広綱)
赤埴修理亮殿

○六二五　足利義氏書状(切紙)　○文化庁所蔵皆川家文書

(端裏)「(切封墨引)」
就今般御社参之儀、以代官申上候、然者、為祝儀、太刀幷
鳥目進上、目出候、仍御剣被遣之候、謹言、
(永禄元年)五月廿一日　(足利義氏)(花押)
長沼弾正少弼殿

○六二六　宇都宮広綱年行事職安堵状　○外山文書

下野国年行事
右、如前々、成敗之儀、不可有相違候、仍状如件、
永禄元年五月廿八日　(宇都宮)広綱(花押)
戒浄坊

○六二七　北条家虎朱印状写　○豊前氏古文書抄

あつさ(梓)(栃木市)・中方(栃木市)之儀、去年此方異見ニ付而、皆川弾正令納得、
重而違乱、無曲次第候、然間、此度村山堅申断候、向後之
儀、聊相違有間敷由、出証文候、則進之、若於此上首尾相
違之儀有之者、為先此印判、堅可被及其断候、猶族(脱アラン)有之者、

此方江可承候状如件、

永禄元戊午

六月廿三日　遠山隼人佐〔佑〕奉

豊前左京亮殿

○六二八　足利義氏書状（切紙）　○栃木県立博物館所蔵那須文書

（端裏）「（切封墨引）」

就今般鶴岡御社参之次当地（小田原）江御成、懇言上、喜入候、然者、
為祝儀、太刀・馬到来、目出候、仍太刀遣之候、謹言、

（永禄元年）六月廿七日　義氏（足利）（花押）

那須修理大夫（資胤）殿

○六二九　足利義氏書状写　○小山氏文書

就若宮（鶴岡八幡宮）参詣之次当地（小田原）御成、以代官言上、喜入候、然者、為
祝儀、太刀・馬到来、目出候、仍太刀遣之候、謹言、

（永禄元年）閏六月五日　義氏（足利）（花押影）

小山弾正大弼（秀綱）殿

○六三〇　那須資胤書状写　○楓軒文書纂下所収白河証古文書

就御当方佐竹和談之儀、義昭江及諷諫候条、今度以使者預
懇札候、殊更為祝儀太刀一腰越給候、目出度候、如承於向
後無御隔心被相談事可為本懐候、諸毎自是可申届候間、不
能詳候、恐々謹言、

（永禄元年）七月廿四日　（那須）修理大夫資胤（花押影）

謹上　白川（晴綱）殿

○六三一　那須資胤書状（切紙）　○東京大学白川文書

態令啓候、抑先日者、以使者条々御懇承候、祝着之至候、
於向後者、節々可申通候、御同意尤候、仍太刀一腰進之候、
祝儀迄候、万々河上大学助可有口上候、恐々謹言、

（永禄元年）八月十日　（那須）修理大夫資胤（花押）

謹上白川（晴綱）殿

○六三二　芳賀高定受領状写　○秋田藩家蔵文書四四

当乱中、昼夜之懸引感悦候、依之受領之事、相心得候、仍如件、

永禄元年戊午

極月晦日　高定（芳賀）（花押影）

糟谷石見守殿

永禄二年（西紀一五五九）

○六三三　鹿沼今宮神社鰐口銘　○鹿沼市今宮神社所蔵

（表面右陰刻銘）日光山鹿沼今宮権現奉修造当上人法印賢意成就院敬白

（同左　陰刻銘）永禄二年一月八日大旦那御留主昌歆

（裏面右）鈴中安穏　諸人快楽　如斯　大工岩本兵庫助

（同左　陰刻銘）壬生下総守綱長

○六三四　沙弥詠存（大田原資清）書状（切紙）　○東京大学白川文書

新春之御吉慶、千万々々、猶以不可有御際限候、抑扇子一本、鞦一懸、海老十盃令進之候、誠奉表御祝義迄候、仍旧

冬条々御懇切殊種々被懸尊意候、重々畏入存候、余賀永日
可申入候間、奉略趣得御意候、恐々謹言、
正月廿六日　沙弥詠存（大田原資清）（花押）
謹上　舟田式部少輔殿
○本文書、永禄二年以前のものと思われる。

○六三五　芳賀高定宛行状写　○秋田藩家蔵文書五五

連々奉公神妙之間、石井（宇都宮市）之郷小次郎内之田地六貫十三（ママ）貫文
被（宛カ）行候、陣参之嗜幷所役以下不可致無沙汰候状如件、
五月十八日　高定（芳賀）（花押影）
糟谷石見守殿
○本文書、永禄二年～永禄十年頃のものと思われる。

○六三六　拈橋侲因等連署定書　○広厳院文書

良慶（快叟）擯出之条々
一参禅未熟行夜参事
一無師家之譲与、借俗力住山之事
一対本寺慮外興行之事
右彼会下徘徊之禅侶、於諸門派可相押者也、
永禄己未（二年）
六月廿七日
当住広厳院（山梨県笛吹市）
侲因（拈橋）（花押）
乗安寺（静岡県掛川市）　聚忻（花押）
龍穏寺（埼玉県越生町）　東播（花押）
大中寺（栃木市）　宗棼（無学）（花押）
来住妙喜寺（千葉県君津市）　栄富（一峰）（花押）

○六三七　小山秀綱感状写　○茂呂進氏所蔵文書

今度合戦抽選功、敵三人討取、高名感悦候、為後弥々可致
忠節之条、仍而如件、
永禄二年

八月十五日　　　　　　　　　秀綱（小山）（花押影）

茂呂帯刀殿

○六三八　足利義氏書状写　○喜連川文書御書案留書上

為八朔之祝儀、両種送給候、目出度候、仍而団進之候、

恐々敬白、

八月　日下

甘棠院主

恐々謹言、

八月　日下

千光院主

謹言

八月　日下

小山下野守（高朝）殿

結城左衛門督（晴朝）殿

○本史料、永禄二～三年頃のものと推定される。

○六三九　那須資胤書状　○天性寺文書

□セ候、おほせのあいた、文して申あけ候、

神なか（神長）の石はたけの地、天性寺つけ（付）られへきのよし（由）、おほ（思）しめし（召）候、心へ申候、それかし申上候とをり、きこしめし（聞召）わけ（分）られ候、これ又くわふん（過分）候、此よし御申あけ（上）られ候へく候、かしく、

永禄仁年己未九月廿日　　　すけ（資）胤（那須）（花押）

「おのへ御中　　　　すけ胤」

○六四〇　岡本高昌書状　○佐八文書

如芳札、未申通候処、御懇示賜候、祝着至存候、仍如恒例、於　御神前被抽御精誠、御祓太麻一合幷鳥子□（二カ）帖油煙壱丁被指越候、態と令披露候、愚所へ御祓一合幷料紙二帖・油煙一丁被懸御意候、目出度畏入存候、然者栗嶋（高根沢町・芳賀町）土貢、如前々申

付、令進納候、如存至本意者、立願之義候間、可得其意候、
恐々謹言、
（永禄二年又は永禄三年）拾月廿七日　（岡本）美濃守高昌（花押）
謹上　内宮佐八掃部殿
御報

永禄三年（西紀一五六〇）

〇六四一　小山氏秀判物　〇佐八文書

奉立願、就参宮仁本領思様ニ候者、三年大神楽之事、以此条能々可有精誠状如件、
永禄三年乙未
正月十二日　（小山）氏秀（花押）
掃部大夫殿

〇六四二　越後侍衆・馬廻衆・信濃・関東大名衆等祝儀太刀次第写　〇上杉家文書

（包紙ウハ書）
「〆　（矢尾板）三印改

為景公へ御礼衆之注文

御状之書礼　」

(後補題箋)「永正三 永禄三御太刀之次第」

(一丁)(白紙)

(二丁表)長尾為景様永正三年ノ時、五十嵐・石田・大須賀・高家一党逆心ノ輩共追罰有テ、(上杉房能)尾形御本意安堵之御祝儀ニ付而、

霜月十五日御太刀ノ次第

飯沼日向守殿　金覆輪

(二丁裏)

高梨播摩(ママ)守殿　金覆輪

桃井讃岐守殿　同

長尾蔵人殿　同

中条与次良殿　同

本庄弥次良殿　同

鳥山越中守殿　同

(三丁表)

色部与三良殿　同

長尾縫殿頭殿　糸牧

(補筆)「柿崎但馬守殿　金覆輪」

新津越前守殿　同糸牧

加地弥太良殿　同

新発田備前守殿　金覆輪

五十公野信濃守殿　糸牧

長尾小太良殿　同

竹俣久三良殿　同

大川下野守殿　同

(三丁裏)

〔神余〕金鞠伊与守殿　金覆輪

長尾四良左衛門殿　糸牧

池八良左衛門殿　同

唐崎孫次良殿　同

〔小千谷〕大治屋上野守殿　同

大崎大膳助殿　同
黒田乙松殿　同
金沢鶴寿殿　同
（四丁表）
五屋清蔵殿　金覆輪
高松次良左衛門殿　同
松川伊豆守殿　糸牧
（四丁裏）
（別筆）「範〔憲〕政様従関東、弘治三年
八月、越後へ御入国也、」
（五丁表）
永禄二年ニ八
（長尾景虎）屋形様御上落〔洛〕御下向之上、関〔管〕領ニ就被為定、御祝儀有リ、
十月廿八日
侍衆御大〔太〕刀之次第
（五丁裏）
一、直大〔太〕刀之衆
越〔古志〕ノ十良殿　金覆輪

桃井殿　同
三本寺殿　同
一、披露太刀ノ衆
中条殿　同
（補筆）「本庄弥次良殿　同」
（六丁表）
本庄殿（補筆）「清七良」　金覆輪　糸牧
石川殿　糸牧
色部殿　金覆輪
千坂殿　糸牧
長尾越前殿　金覆輪
斎藤下野殿　同
毛利弥九良殿　糸牧
長尾遠江守殿　金覆輪
柿崎和泉殿　同
（六丁裏）
びわ〔琵琶〕嶋殿　同

長尾源五良殿　金覆輪
（補筆）「にい津殿　いとまき」
加地殿　糸牧
（補筆）「新発田尾張守殿　金覆輪」
竹俣殿　同ミ（補筆）「糸牧」
大川殿　同
長尾右衛門殿　同
相川殿　同
仁科清蔵殿　同
平賀殿　同
（七丁表）
安田新八良殿　同
竹俣平太良殿　同
吉江殿　同
甘糟近江守殿　金覆輪
水原小太良殿　糸牧
下条殿　同

大関殿　同
荒川殿　同
（七丁裏）
唐崎殿　同
桐沢殿　同
（補筆）「おぢや殿　同」
大崎殿　同
有留弥七良殿　同
（補筆）「長能登守殿　同」
計見出雲守殿　同
野路弥左衛門殿　同
計見与十良殿　同
毛利（北条）丹後守殿　金覆輪
長井丹波守殿　糸牧
（八丁表）
村山平次良殿　同
（補筆）「松川弥三良殿　同」
大崎九良左衛門殿　同

〆　此外侍衆各別之方有リ、

霜月一日ニ、

上条入道殿　金覆輪

（補筆）「山浦入道殿　金覆リン」

直江入道殿　金覆輪

大国入道殿　金覆リン

山岸入道殿　糸牧

（八丁裏）

（補筆）「小嶋入道　糸牧」

一、御馬廻年寄分之衆太刀ノ次第

若林方

山村方

諏訪方

山吉方

相浦方

松本方

萩田方

庄田方

（九丁表）

〆　八人

一、永禄三年霜月十三日ニ信濃ゟ大名衆御太刀ノ次第

御使者ニて御太刀ノ衆

村上義清ゟノ御使者出浦蔵頭

高梨政頼ノ御使者ニ草間出羽守

御太刀持参之衆　栗田殿—須田殿

（九丁裏）

井上殿—屋代殿—海野殿—仁科殿

望月殿—市川殿—河田殿—（補筆）「清野殿」—嶋津殿

保科殿—西条殿—東条殿—真田殿

根津殿—室我殿—綱嶋殿—大日方殿

〆　廿壱人

一、永禄三年ニハ関東大名御太刀ノ次第、三月十五日八ヶ

国之衆

（一〇丁表）

佐竹殿ゟハ、御使者ニて御太刀金覆輪、
　但、御使者ハ梅津式部少輔、
但〔秩〕父殿—和田殿—三浦殿
金子殿—千葉殿—桑津殿
佐野殿—大胡殿—佐貫殿
大宝殿—伊北殿—作田殿（異筆）「佐久田」
（一〇丁裏）
安西殿—正木殿—伊南殿
金鞠殿—長北殿—宇都宮殿
長南殿—結城殿—真壁殿
宍戸殿—志田殿—小栗殿
行方殿—東条殿—長沼殿
横山殿—小山殿—川越殿
（一一丁表）
　鹿嶋だいごうじ（大宮司）（ママ）—大田〔太〕入道殿
此正本、宇梶殿ゟ借置申候、就御所望ニ、乍悪筆書うつし
進之候、以上、

（異筆）「主小杉村太良」
文禄二年　（異筆）「筆者」渡辺甚九郎悪筆
　三月十四日　（異筆）「奉書之候、」
（一一丁裏）
（白紙）

○六四三　足利義氏判物　○大中寺文書

（封紙ウハ書）「三ヶ寺　（足利）義氏」
（端裏）「（切封墨引）」

去年以来就大中寺公事、双方佗言之間、可為宗門取扱之由、数ケ度被仰出候処、今般三ヶ寺有参上、良慶出寺之儀切而被申候、無御了簡、長沼弾正少弼（俊宗）かたへ被仰出候、速退山之刷神妙候、此上之事、大中寺山中如何様ニ成行候共、不可有御存知候、恐々敬白、

（永禄三年）六月廿五日　（足利）義氏（花押）
（埼玉県越生町）龍穏寺
（神奈川県南足柄市）最乗寺

乗安寺（静岡県掛川市）

○六四四　那須資胤宛行状　○興野文書

此度会津盛氏（蘆名）・白川義親両大将三千余騎小田倉迄令進発之由、不取敢三百余騎馳向雖防戦、味方小勢故既我等難遁、折節貴殿重而大勢相催、命不惜一戦被申之間、不堪大敗敵軍、剰軍大将生捕、甲頭二十三討取被申事、偏如鬼神抜群忠勤ニ候、為報恩永楽八百疋之地可令当〔宛〕行者也、弥子孫可申伝候、為其仍如件、

那須修理大夫（資胤）

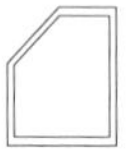
（朱印、那須資胤）

（貼紙）「天正十三年」（永禄三年）　六月廿八日

興野尾張守（隆徳）殿

参

○本文書、なお検討を要す。

○六四五　北条氏康書状（切紙）　○戸村文書

（端裏）「（切封墨引）」

（懸紙ウハ書）「蘆野弾正少弼（資豊）殿　氏康（北条）」

来札披見候、殊為祝儀、太刀一腰、馬一疋糟毛、黄金弐両給候、珍重候、仍太刀一振、段子（緞）一巻進之候、表礼儀計候、抑関宿（足利義氏）江言上候歟、上意御懇切之由、御面目候、何様自是可申届候、恐々謹言、

（永禄三年）七月四日　氏康（北条）（花押）

蘆野弾正少弼（資豊）殿

○六四六　足利義氏書状（切紙）　○栃木県立博物館所蔵那須文書

（端裏）「（切封墨引）」

為八朔之祝儀、太刀・馬到来、目出度候、仍太刀・馬遣之候、謹言、

（永禄三年カ）八月朔日　義氏（足利）

那須修理大夫（資胤）殿

○差出「義氏」は自署である。

○六四七　宇都宮広綱宛行状写（折紙）

○茨城県立歴史館寄託関沢賢家文書

今度謙信（上杉）与多功（上三川町）陣闘事、粉骨無比類候、為忠賞鹿沼（鹿沼市）之内廿貫文之地宛行候条、此上弥可励忠節之状如件、

永禄元〔三〕年

八月廿五日　　広綱（宇都宮）（花押影）

関沢左兵衛佐殿

○本文書、なお検討を要す。

○六四八　北条氏康書状

○東京大学白川文書

芳札披閲候、抑関宿様（足利義氏）江言上御申之由、目出珍重候、御満足之段、以御次可及披露候、就中佐竹（義昭）御間之儀、一両度雖及意見候、無納得候、遠境与云、我等助言不可届候、幷那須（資胤）御間之事承候、当那須方与入魂之儀無之候、大都迄候、雖然蒙仰儀候間、連々可及諷諫候、畢竟如承瑞雲院（周興）頼被申肝要存候、委曲御使芳賀大蔵（丞カ）着付与口上候条、不能具候、恐々謹言、

有明卅丁給候、祝着候、

九月三日（永禄三年カ）　　氏康（北条）（花押）

白川殿（晴綱）

○六四九　足利義氏書状（切紙）

○栃木県立博物館所蔵那須文書

（端裏）「（切封墨引）」

就越国之凶徒沼田口（群馬県沼田市）令越山、懇言上、忻入候、此砌抛是非不足、義昭（佐竹）早々応下知令開陣候様、意見簡要候、氏康（北条）令出馬可及其行候間、於上州備者、可心易候、然者、無二忠信之段感悦之至候、依上州之様躰可被仰出候間、速可被得其旨候、謹言、

九月廿三日（永禄三年）　　義氏（足利）（花押）

那須修理大夫(資胤)殿

○六五〇　足利義氏書状写　○小山氏文書

急度申遣候、然者、越国之凶徒上州乱入之間、不日可令動座候、速自身参陣、忠信此時候、巨細簗田中務太輔(晴助)可申遣候、謹言、

(永禄三年)十月二日　義氏(足利)(花押影)

小山弾正大弼(秀綱)殿

○六五一　足利義氏書状(切紙)　○戸村文書

(封紙ウハ書)「蘆野弾正少弼(資豊)殿　義氏(足利)」

(切封墨引)

急度被仰出候、然者、越国之凶徒上州乱入之間、不日可有御動座候、馳参走廻候者、可為御感悦候、謹言、

(永禄三年)十月三日　(足利義氏)(花押)

蘆野弾正少弼(資豊)殿

○六五二　足利義氏書状(切紙)　○栃木県立博物館所蔵那須文書

(端裏)「(切封墨引)」

急度申遣候、然者、越国之凶徒至于上州令乱入之間、不日可有御動座候、速参陣被走廻候者、可為感悦候、謹言、

(永禄三年)十月三日　義氏(足利)(花押)

那須修理大夫(資胤)殿

○六五三　大仲寺良慶書状写　○歴代古案五

此度御越山、被前汗馬、重論蓋代功、雖三尺短(矩カ)属、万軍一鞭、国家再興、向後迄名誉、本意筋目、雖為歴然、一弓勢及百年、被擒南方(北条氏)凶徒、身納処了、八ヶ国俗出(自イ)開喜悦眉、然後増仏日輝、南風永扇、万民皷腹、至祝々々、恐々謹言、

(朱書)「三」

(後筆)「永禄二ノ状」

(朱書)「二」(永禄三年カ)霜月初三日　大仲寺　良慶

長尾(景虎)殿

○六五四　北条氏康書状（竪切紙）　○栃木県立博物館所蔵那須文書

預御状候、本望候、佐（佐竹義昭）・白（白川晴綱）一和、以　上意（足利義氏）如形無事簡要候、
其方御馳走之由、使者申事候、弥御忠信此時候、当口取乱
候、於備者可御心安候、何様以使可申候、恐々謹言、
（永禄三年）十一月十六日　（北条）氏康（花押）
（資胤）那須殿

○六五五　小山高朝安堵状（折紙）　○岩上文書

寒河郡之内新葉郷（栃木市）除寺社於、成敗不可有相違候、謹言、
永禄三年庚申
霜月廿六日　（小山）高朝（花押）
岩上伊勢守殿

○六五六　小山高朝安堵状（折紙）　○岩上文書

榎本（栃木市）至于本意ニ者、上泉郷（小山市）之事成敗可被致之候、謹言、
永禄三年庚申
霜月廿六日　（小山）高朝（花押）
岩上伊勢守殿

○六五七　関東幕注文　○上杉家文書

関東幕注文　上州
白井衆
長尾孫四郎　九ともへにほひすそこ
外山民部少輔　ききやう
大森兵痡（庫）助　三かしわ
神保兵痡助　立ニ二引りやう
高山々城守　にほひかたくろ
小林出羽守　にほひかた黒
小嶋弥四郎　立ニ二ひきりやう

三原田孫七郎　三のしろ
上泉大炊助　かたはミ千鳥
　惣社衆
安中　わうふの丸すそこ
小幡三河守　団の内六竹
多比良　二ひきりやうすそこ
大類弥六郎　うちハの内切竹にほうわう
萩原　丸之内の上文字
高庭〔馬カ〕　二ひきりやうすそこ
被官
高津　爪《うり》のもんすそこ
瀬下　三ひきりやう
小串　二引りやう
神谷　いほりの内の十方
多胡　二ひきりやう
諏方〔訪〕　かちのは
荒蒔　藤の丸に根篠
苅部　うりのもん

反町　うちわの内ニきり竹にほうわふ
栃淵　うりのもん
長尾能登守殿　九ともへにほひすそこ
　箕輪衆
長野　ひ扇
新五郎　同文
南与太郎　同紋
小熊源六郎　同紋
長野左衛門　同紋
浜川左衛門尉　同文
羽田藤太郎　同紋
八木原与十郎　同紋
須賀谷筑後守　同紋
長塩左衛門四郎　丸之内の二引りやう上ニ今ト〔云脱〕文字
大戸中務少輔　六れんてん
下田　ともへ
漆原　丸のうちの二引りやう

内山　すハまニ平賀ト云文字
高田小次郎　にほひ中黒
和田八郎　ひ扇
倉賀野左衛門五郎　団之内ニ松竹
依田新八郎　蝶之円
羽尾修理亮　六れんてん

厩橋衆

長野藤九郎　檜扇
同彦七良〔郎〕　同紋
大胡《期》　かたはミに千鳥すそこ
引田伊勢守　かふ竹の丸之内につふ梅五ツ

沼田衆

沼田　三かしらのひたりともへ
小川　同もん　親類同
岡谷右馬亮　同紋
尻高左馬助　親類　同
発智形〔刑〕部少輔　同紋

沼田藤三郎　親類　同紋
和田図書助《家風》　同
発智小四郎　同　親類　同
恩田孫五郎《家風》　同紋
同与右兵衛尉　親類　同
久屋内近〔匠〕助　家風　ちかい鷹の羽
金子監持丞　家風　ますかたの内の月
松井大学助　家風　岩に松の紋
阿佐美小三良　同心　竹ニ団之文

以上

岩下衆

斎藤越前守　六葉柏
山田　同六葉かしハ

（紙継目、一紙脱落と思われる。新田衆を補う。）

（新田衆）

横瀬雅楽助〔成繁〕　五のかゝりの丸之内の十方
西谷五郎殿《新田殿御一家》　二ひきりやう

同　三原田弥三郎殿　おなしもん
泉中務太〔大〕輔殿　左右之九ツ巴ニ立二引りやう
金井　三反之左巴　小文白の字
雅楽助親類　常陸守　四のかゝりの丸の内之十方
同　新右衛門尉　同もん
同　兵部少輔　同紋
新十郎　同
県新次郎　すそこに三ツわちかい
同心　小此木左衛門次良　すそこにますかたニくもる夜の月
同心　同伊勢守　同もん
同心　同宮内少輔　同
同心　赤堀又次郎　いほりの内十方
同　山上藤九郎　五ノかゝりのいほりのうちの十方
同　同〔山〕上平六　四のかゝりのいほり之内の十方
同　朝〔浅〕原式部少輔　同もん
同　善彦太郎　鐙のかく
同　同中務少輔　同

同　同和泉守　同もん
同　武井助四郎　同
同　沼田一姓　新開弥三良　三反之右巴
小山一姓　薗田新七良　すハまにうりの文
同　市場弥十良　すハま
田部井孫四郎　もつかうニたて二ひきりやう
同陰崎守　同
家風　矢内弥十良　三段かゝりの丸之内之十方
同　小山一姓　大沢彦四郎　二反之左巴
同　林佐渡守　丸之内ニ亀甲々々内ニ十方
同　同蔵人　丸之内ニ四のかゝり

下野国　足利衆

長尾但馬守（景長）　九ツともへにほひすそこ
同心衆　小野寺　くわのもん
同　県左衛門　わちかひ
同　岡部弥三良　丸之内の十方
同　安中将監　あふふの丸

家風
平沢左衛門三良　扇
同心
安保次郎　月
小幡次郎　かふ竹団
同
小幡道佐　おなしもん
同
名草　わちかひ
同
小保　をのしろ
同
毛呂安芸守　かりかね
同
本田左馬助　すわま
同
本庄左衛門三良　団之内ニ本之字
同
市場伊勢守　すハま
同
久下新八郎　三引りやう
同
浅羽弥太良　いほりの内之十方
同
三田七郎　左ともへにかしハ
同
県七郎　わちかひ
同
大屋右衛門　すわま
同
大屋上総介　すハま
小此木大炊助　ますかたの月

新居与六　たかのは
平沢宮内左衛門　扇
淵名大炊助　いほり之内十方
　小山衆
小山殿　二かしらのともへ
同大膳　同もん
同右馬亮　同紋
家風
水野谷左衛門大夫　同もん
岩上大炊助　すハまニともへ
粟宮　丸之内ニ二ひきりやう
細井伊勢守　にほひかたくろ一文字にかたはミ
妹尾平三郎　一文字ニかたはミ
山河弥三郎　三反之右ともへ
粟宮羽嗜〔伯耆〕守　丸之内の二引りやう
宇都宮　三反之左ともへ三ツ
笠間孫三郎　親類左ともへすそこ
塩谷左衛門大夫　親類左ともへ五ツ

上三川次良　同左ともへに上文字
多宮虎寿丸　同左ともへニ上文字
西方又三良　同左ともへに雲
田代中務太輔　ほうわう
芳賀伊賀守　家風　右三ツともへに名字
益子右衛門尉　同　右ともへ
神太夫　同　ひあふき
宇都宮へ　寄衆
皆川山城守(広照)　地黒之左ともへ
同駿河守　親類　地黒之左ともへ
同又五郎　同紋
同形部太輔　同
膝付式部少輔　家風　かしハの丸
長沼玄番允　同　ともへ
殖竹雅楽助　同　梧のたう
桐生衆
桐生殿　かたくろ

安威式部少輔　梶のは
薗田左馬助　すハま
佐野殿　かたくろ
家風　津布久常陸守　すハま
山越大膳亮　きつこう
新居　鷹のは
松崎〔大〕太和守　根篠
阿久沢対馬守　丸之内三ツすハま
幕之注文　古河衆
簗田　水あをい三本たち
同下野守　水あをい二本たち
同右▨《京》〔馬〕亮　同
同平四郎　同
同平九郎　同
一宮河内守　二ひきりやう
二階堂次良　たてすな
相馬　四ツめゆひ

簗田家風
横田藤四郎　扇之内之月ニ七本松
周西藤九郎　きつこうの内の舞鶴ニさん木
石川彦六　瓜之文ニ一文字
仙波左京亮　ますミの月に十文字
箕匂大炊助　うりのもん
綱嶋小三良　丸之内之立相雲
賀嶋四良右衛門尉　三ひきりやう
幕之注文　武州之衆
成田下総守　月ニ三引りやう
親類 同尾張守　三ひきりり（マヽ）やう
親類 同大蔵丞　三ひきりやう
親類 同越前守　おなしもん
親類 田中式部少輔　をなしもん
同 野沢隼人佐　おなしもん
同 別苻〔府〕治部少輔　をなしく
同 別苻〔府〕中務少輔　おなしく

同心 須賀土佐守　二かしらのともへ
同心 鳩井能登守　かたくろ
同心 本庄左衛門佐　団之うちニ本之字
家風 山田豊後守　かたはミ
同 田山近江守　かたはみ
同 山田河内守　丸之内之二ひきりやう
手嶋美作守　鷹の羽ニ梅花
小田助三郎　すハま
家風 富沢四良右衛門尉　丸之内之二ひきりやう
馬寄 羽生之衆
広田式部大輔　梅之紋
河田谷右衛門大夫　かたはミ
渋江平六良　くわのもん
岩崎源三郎　二本鷹之羽
藤田幕　ふたのかゝりの五つき地くろ
飯塚　五つき
桜沢　五つき

猪俣　五のかゝりの五つき
岡部長門守　丸之内十方
深谷御幕
　竹に雀
秋元掃部助　くわの文
井草源左衛門尉　月ニしやうひ
市田御幕
　竹に雀
　岩付衆
大〔太〕田(資正)美濃守　かふらや左前
大石石見守　一てうのは二葉
小宮山弾正左衛門　七ツ月
浅羽下総守　団之文
本間小五郎　十六目ゆひ
春日弥八郎　りんたう
同摂津守　同
埴谷図書助　一用

小宮右衛門尉　鷹之羽
広沢尾張守　いしたゝみに三ともへ
浜野修理亮　家風おもたかニ靏
河内越前守　家風桐とう
賀藤兵部少輔　九字
川口将監　家風釘ぬき
　勝沼衆
三田弾正　ひたりともへ三ツ三かしハ二ツくミあハせ也
毛呂　かりかねのもん
岡部　団之内の十方
平山　鷹の羽
諸岡　三葉かしハ
賀沼修理亮　かた黒の月
　常陸之国
宅〔宍〕戸中務太輔　すハま
彼家中友部大和守きつこう之内ニまつかハひし

小田中務少輔　すわま
筑波太夫　おなしく
柿岡形〔刑〕部太輔　同
岡見山城守　同
信太兵部太輔　きつこう之内ノ根菊
同掃部助　おなしもん
田土部紀四郎　同
福田左京亮　同
菅谷左衛門尉　きつこう之内之きちかう
同次良右衛門尉　同
平塚形〔刑〕部太輔　ひたりともゑ
屋代彦四郎　丸之内の上文字
真壁安芸守　ハりひし
　彼家中白井修理亮ハりひし
坂本信濃守　ともへ二かしら
高久将監　一文字ニいした丶ミ
多賀谷修理亮　一文字ニ瓜《うり》之文

彼家中
勝徳寺　左ともへ三かしら
行田宮内少輔　はしり龍
水谷弥十郎　ともへに二ひきりやう
　阿〔安〕房国　幕之注文
里見民部少輔殿　二引りやう
正木大膳亮　三ひきりやうすそこ
同十郎　おなしもん
同大炊助　をなしもん
同左京亮　同文
同兵部少輔　同
三野弥次良　水色すそこ
正木大膳亮家風
吉田右馬助　ひたりともへ
河野四良左衛門尉　藤之丸
　上総衆
酒井左衛門尉　鐙のかくともへ
山室治部少輔　ひしもつかうニにほひすそこ
　下総衆

高成〔城〕下野守　井けた二九よう
以上

○この文書は、永禄三年冬から翌年春頃の実態を示したものと思われる。

○六五八　小山高朝書状写

○東京都立中央図書館所蔵下総崎房秋葉孫兵衛旧蔵模写文書集所収乗国寺文書

尚々、老拙鈍応、可有御伝語候条、令略候、

昨今両度御音信、祝着至極ニ候、仍内義（儀）之老拙委承候、能々令分別候、存分猶以書付申述候、有御用捨、御心得任入候、将又昨、西口火手甚近見得申候き、越相何之動ニ候哉、無心元存候、然者南方陣へ罷透飛脚、於岩付境取候、書状等悉越陣へ、太美（太田美濃守資正）指越候由巷説候、雖無申迄候、毎拘（ママ）被執様ニ、被加尊意可然候、恐々敬白、

極月十四日　高朝（小山）（花押影）

「（封紙ウハ書カ）（墨引）

乗国寺　高朝（小山）
尊答」

○本文書、永禄三年～永禄七年頃のものと思われる。

○六五九　長尾景虎覚書（竪切紙）

○小山文書

覚

一、此度早々至于御開陣者、慥河内（東上野）無又ニ不可有之候、其御擬専一ニ候事、

一　佐・桐・厩（佐野・桐生・厩橋）差揺候間者、両皆川可見合条眼前之事、

一　彼両人進退今度就不被付是非者、佐・宮（佐竹・宇都宮）も構必然之事、付、御手前第一之存分、

一　万乙出張被听（聞）召届候者、御曖之事、付、当口之儀、

一　下口之事此一儀、畢竟御密事ニ極候、

已上

（永禄三年カ）臘月（十二月）十八日　可
お

両三申展、段々御塩味可為祝着候、

○「可」が長尾景虎、「お」が「小山殿」をさすと思われる。

○六六〇　小山高朝書状　○渋江文書

猶々御帰参之上、目出度可申承之由、被祝着候、
公方様御一字申請、年久敷令繁昌候間、任御懇望進置候、
万吉打続可申承候、恐々謹言、
十二月廿一日　高朝（小山）（花押）
渋井（江）弥次郎殿
（礼紙切封ウハ書）「渋井〔江〕弥次郎殿　高朝（小山）」
（墨引）

○本文書、永禄三年～元亀三年頃のものと思われる。

○六六一　棟札　○益子町鹿島神社

［　　］下野宇都宮守護藤原朝臣広綱　［　　］右衛門
□
□□□□□　同雅楽助・久野四郎右衛門
鹿嶋大明神　永禄三年庚申十二月二十八日　小屋奉行石塚平右衛門
哀愍衆生者
［　　］［　　］
□
□□今敬礼　重而新造立大旦那自紀伊守行宗十六代益子宮内大輔［　　］

○六六二　那須資胤願文写　○大田原市那須与一伝承館寄託那須文書

奉果神殿内陣之御戸三間、右意趣者、藤原資胤為佐竹合力向奥州白河出陣之砌、諸神前祈誓言、八幡大菩薩是日域宗廟之神故、守朝家慈箕裘之家、抽諸神佐武勇之将、依之不捨和光利物之本誓者、立決勝利、親討滅敵、挙名諸州、続先祖之家風、伝誉於子孫給、偏奉仰神慮之誓約、于時永禄之年上章涒灘、向号小田倉地成働処、白河晴綱親子催五百余騎之人数、既及防戦、味方一千余騎之中勇健兵共、不守大将之下知、晋一陣追捲、闘戦覃数度、然所同国黒川之諸卒二千余騎合力、従物陰俄差出並馬頭団諸卒、見敗北之気色所、資胤（那須）馬立進手勢二百余騎、引纏晋太鼓振団時、勇兵等得力七里間追返、黒白両家之勢振誉於八州、進威東山東海北陸之巷、是併依神徳挙名所也、仍而為備後代之亀鏡注之畢、

同細工幡州之住玄照坊于時瀧恭平寺居注之砌、檀那任御懇望彫作之畢、　実名仏恵

永禄三年庚申臘月（十二月）吉日　（那須）修理大夫資胤

○六六三　古河公方家御料所書立案　○喜連川文書御料所目録案

小山押領之地共

友沼郷　生井郷（先年簗田ニ被下候）　赤塚郷　丸林郷

潤嶋之村　寒河郷　鏡郷

中里郷　井岡郷　已上

榎本領之内

野田郷　真弓郷　上飯富郷

本沢郷　小林郷　押切郷　大河嶋

与恒郷　渋江郷　已上

右、関宿（千葉県野田市）御座之時分、去庚申（永禄三年）歳迄無相違御料所共ニ候、

卯月（四月）十五日

○本文書、永禄四年以降のものと思われる。

永禄四年（西紀一五六一）

○六六四　宝篋印塔基礎部銘　○結城市孝顕寺

奉為石塔一軀
松巌淳貞大姉

于時永禄四戊午歳
正月念九日孝子敬白

○松巌淳貞大姉は小山高朝夫人の戒名。

○六六五　長尾景虎書状写　○小山氏文書

年創之御慶、遮而蒙仰候、殊更太刀一腰、弓一張被懸御意候、目出畏入候、仍太刀一振進献之、令表御吉兆迄候、恐々謹言、

正月十日《（永禄四年カ）》　弾正少弼景虎《（長尾）》（花押影）

謹上　小山殿《（秀綱カ）》江

○六六六　足利義氏受領状（切紙）　○戸村文書

（封紙ウハ書）
「蘆野日向守殿《（資豊）》　義氏《（足利）》」

（端裏）
「（切封墨引）」

今度資胤《（那須）》為代官、被参上之条、御感悦候、仍名国司之事、申上候、御意得候、謹言、

正月十三日　（花押）《（足利義氏）》

蘆野日向守殿《（盛泰）》

○本文書、永禄四年～永禄七年頃のものと思われる。

○六六七　足利義氏書状（切紙）　○栃木県立博物館所蔵那須文書

(端裏)「(切封墨引)」
洞之者寄々御膝下江自然進退之儀申上候共、不可有御信用
候、特家風之者御下知之事致侘言候共、其方江可有御尋候、
心易可被存候、謹言、
(永禄四年カ)正月十六日　(足利)義氏（花押）
(資胤)那須修理大夫殿

○六六八　足利義氏書状（竪切紙）　○栃木県立博物館所蔵那須文書

態申遣候、抑今般世上之風波、各々是非之言上無之候、不
審候、縦対(北条)氏康其恨繁多候共、累代之忠信云、非見除可被
申候、仍長尾景虎越河、至于豆・相・武令出張候、二三代
至取来弓矢之上、無是非次第候、然者(北条)氏康以外戚之好、対
御当家万乙(長尾)景虎可存無沙汰覚悟候共、諸家中各々相談、可
被加意見儀、非可譲他候歟、於御当代、毫髪毛相違之御刷
無之候、君臣父子兄弟、以理非各別之節目、太平々和之儀
古今有之例候、况対御当家可奉恨題目、為一事無之候哉、
畢竟諸家中不可過塩味候、委存分被聞召届、重而尚以可申
遣候、謹言、
(永禄四年)二月晦日　(足利)義氏（花押）
(資胤)那須修理大夫殿

○六六九　長尾景虎書状写　○小山氏文書

猶々、如蒙仰、取紛故、例式罷過疎遠候、全心底非無沙汰候、
何様自是御礼可申達候、
依毎事執乱、遥不申達候条、内々可及御音信覚悟候処、遮
而御懇書、殊料紙如員数被懸御意候、遠来一入秘蔵辱畏入
候、今度当口動之事、早速御出馬故、此国過半属一変候事、
偏御余勢与本望無極候、小田原之議定可被相拘候、永々御
陣労雖奉痛候、此際簡要事候間、暫被立御馬、調議可被加
御意術事、所希候、恐々謹言、

三月十五日（永禄四年） 景虎（長尾）（花押影）

（礼紙奥封ウハ書カ）
「小山 景虎（長尾）」
御陣下

○六七〇 長尾景虎書状（竪切紙）

○栃木県立博物館所蔵那須文書

就向北条左京大夫（氏康）在所小田原之地及近陣、去廿一至于榎本（栃木市）被出御馬、早速可有御着陣之由、預御札候、今日廿七披見、兼日之仰合、首尾与云、自他覚本望畏入候、委曲之旨、太田美濃守（資正）可申達候条、不能具候、恐々謹言、

三月廿七日（永禄四年） 景虎（長尾）（花押）

那須（資胤）江

○六七一 上杉政虎書状写

○大田原市那須与一伝承館寄託那須文書

就勝沼（東京都青梅市）口之義示給候、遠路御懇厚難謝候、彼口搆地利備等堅固ニ申付候、可御心安候、其元程遠之間、兎角無音毎度罷成、回章疎略之様候、余事期来信之時候、恐々謹言、

七月三日（永禄四年） 政虎（上杉）（花押影）

那須修理大夫（資胤）殿

○六七二 宇都宮広綱書状写

○秋田藩家蔵文書一七

先日啓候き、参着如何、無意元候、自何義昭（佐竹）寺山之地被押詰候由、其聞候、肝要至候、定落居不可有程候由存候、何様軈而先以使者可申届候、具被顕廻章候者、可為祝着候、恐々謹言、

八月六日（永禄四年） 広綱（宇都宮）（花押影）

小田野大和守（義正）殿

○六七三 佐竹義昭書状

○松野文書

先日入来幸之間、烏山へ憑入候処ニ、則被打越、返書以下被相越候、一段大悦之至候、資胤（那須）無御別心様候哉、雖勿論

候、肝要至極候、如被露書面候、用所も候者、無隔意可申越候、然者其方承儀等、努々他言不可有之候条、被閣疑心、珍敷儀候者、即可承候、藤王殿へ進候馬、自愛之由、本望此事候、恐々謹言、

（永禄四年）八月廿六日　義昭（佐竹）（花押）

松野丹波守殿

（奥折封ウハ書カ）「（墨引）　（墨引）

松野丹波守殿　従太田」

○六七四　近衛前久書状　○小山文書

（封紙ウハ書）「小山弾正大弼殿（秀綱）　前久（近衛）」

為音信、榧已下到来、喜悦候、猶晴助（簗田）可申遣候、謹言、

（永禄四年）十月廿日　前久（近衛）（花押）

小山弾正大弼殿（秀綱）

○六七五　小山秀綱官途状写　○新編会津風土記六

官途之事、意得候、謹言、

永禄四年辛酉

霜月六日　秀綱（小山）（花押影）

栃木大学助殿

○六七六　佐竹義昭書状　○阿保文書

追而、金丸之事も出頭、被走廻候

今度其地在番大儀之至候、仍其口無何事由、江但（江戸忠通カ）注進之上、肝要之至候、当口之事者、武茂（那珂川町）へ馬移候付、佐良土・浄法寺様々懇望之間、任其義一昨出頭候条、当地白幡へ陣移候、内々号小瀧地可取詰由、逼塞候処、則引退候条、自陣中懸合、百余人打取候、然間青木之地も夜中ニ自落、桜田之事者、頻而懇望候間任置候、何様爰元引詰取刷、軈而可還馬候、乍勿論各被相談少も無油断義専要候、事々期後音候、謹言、

霜月六日　義昭（佐竹）（花押）

小野崎越前守殿

○本文書、永禄四年～永禄六年頃のものと思われる。

○六七七　佐竹義昭書状　○弘前市立図書館所蔵阿保文書

追而、自石神被入候各へも急度之旨同意ニ申遣候、

急度申遣候、仍而内々今日番替之衆可指越之由、逼塞候処、浄法寺（大田原市）之地へ自烏山人衆被相籠、被相抱候由候間、来廿五出馬、彼地可及取刷候、乍大儀其間之事者、在番頼入候、各令相談、無油断義専一候、事々口上可有之候、謹言、

霜月廿日　義昭（佐竹）（花押）

小野崎越前守殿

○本文書、永禄四年～永禄七年頃のものと思われる。

○六七八　大門資忠寄進状（折紙）　○佐八文書

村井（鹿沼市）之地より百疋

栃窪（鹿沼市）之地より百疋

合弐百疋

自来年大神宮へ御最花弐百疋、永代進納可申候、猶以御祈念無御油断義奉頼任候、此上ニも進退宜罷成候者、御神領付進上可申候、依如件、

（貼紙）「壬生之一族」

（異筆）「永禄四年酉歳」十一月十九日　大門資忠（花押）

佐八掃部丞殿　参

（別紙）「追啓

薗田孫六方隙入候者、余人成共毎年御下シ可然候、無下向候得者、年を重御最花方六ケ敷候条、申事ニ候、以上、」

○六七九　宇都宮広綱名字状（折紙）　○塩谷文書

綱安

十二月十一日　広綱（宇都宮）（花押）

塩谷彦五郎殿

○本文書、永禄四年～天正四年頃のものと思われる。

○六八〇　佐竹義昭感状写　○秋田藩家蔵文書二二

今度浄法寺（大田原市）取詰付而、別而辛労、一段大悦候、向後尚以走廻之儀、尤候、恐々謹言、

極月十五日　義昭（佐竹）（花押影）

上遠野右衛門太夫（秀永）殿

○六八〇号と六八一号、永禄四年～永禄六年頃のものと思われる。

○六八一　佐竹義昭感状写　○秋田藩家蔵文書四八

今度浄法寺（那珂川町）就取詰、別而辛労、一段喜悦候、謹言、

極月十五日　義昭（佐竹）（花押影）

二方兵庫助殿

○六八二　結城晴朝書状写　○東京都立中央図書館所蔵下総崎房秋葉孫兵衛旧蔵模写文書集所収乗国寺文書

尚々、明日御越御大義（儀）ニ奉存候、

一明日御越候て、榎本ニ祝事ハ申候間、御祝義（儀）御ひツそく（逼塞）、おそれ（恐）なから可然候事、

一祇園へ卒度御使をやられ可然事、

一就御僧中之義（儀）、なにとも（何共）御申候て、榎本・小山ひとむき（人向）の御事、可然事、

以上、

ちか（近）頃しゆんか（ママ）ニ候へ共、存分申上候、御吉事重候、又御ミやけ（土産）ハ、私へ御所望之由被仰、榎本へ被進可然奉存、此由かしく、

（墨引）　人々　晴（結城晴朝）

○六八二号～六八四号、永禄四年～天正元年のものと思われる。

○六八三　結城晴朝書状写

○東京都立中央図書館所蔵下総崎房秋葉孫兵衛旧蔵模写文書集所収乗国寺文書

尚々、夜中之間、御返事者、御無用ニ候、ひねり全無沙汰ニあらす候、

先刻者、以使申達候、於榎本《栃木市》ニ、家之義《儀》申述候、令工夫候処、外聞不可然候間、延引申候、其御心得可然候、夜中ニ候へ共申達候、委細者明日可申宣候、かしく、

（墨引）　乗国寺江
　人々　　晴朝《結城》

○六八四　結城晴朝書状写

○東京都立中央図書館所蔵下総崎房秋葉孫兵衛旧蔵模写文書集所収乗国寺文書

令存候、万々御めニ《目》かゝり候時分、可申述候、此由かしく、

返々御懇旨、過分之至候、又上口よりふる《古》河大夫今日参候間、卒度只々まい《舞》をまハセ《舞》申、ないく《内々》今日御出のき《儀》申度候へ共、下館ニ遥々々《衍カ》御さ《座》候て、御つかれすいりやう《推量》申候、令思慮候、五三日者とめ《留》申へく候、明後日御出候へく候、まわせ《舞》申へく候、かならすく《必々》御出候へく候、

内々、自私可申述候由、存候処、御同意ニ蒙仰候、殊ニ色々被下候、御心さし一入令賞翫候、仍如御紙面之、明日榎本《栃木市》へ罷越へきよし、奉存候、後々きけん如存ニ候へかしと御念願申迄ニ候、たゝてき支度之由、今日自榎本参候者申候間、心やすく、

（墨引）　人々御中　　晴朝《結城》

永禄五年（西紀一五六二）

〇六八五　小山秀綱寄進状　〇佐八文書

（端裏書）「小山屋形」
寒川（小山市）之内千疋之所、宿願仁付而令寄進候、武運長久当城繁栄之被抽精誠候者、尤可為大悦候、恐々謹言、

永禄五年壬戌正月十三日　（小山）秀綱（花押）

佐八掃部大夫殿

〇六八六　小山秀綱所領安堵状（折紙）　〇岩上文書

小薬（小山市）之内廿貫文之所、尾玉分拾五貫文之所、不可有相違候、可被致所務候、謹言、

永禄五年壬戌
正月十八日　（小山）秀綱（花押）

岩上伊勢守殿

〇六八七　上杉輝虎安堵状写　〇集古文書七〇

小山之下郷并河原田（小山市）、任詫言御知行不可有相違候、弥以被抽忠信、無二御走廻可為簡要候、恐々謹言、

永禄五
二月十一日　（上杉）輝虎（花押影）

「簗田中務大輔（晴助）殿」

〇宛所は「部類文書」（国立公文書館所蔵）により補う。

〇六八八　莵角斎小山秀綱書状写　〇渋江文書

当口様躰節々尋承候、誠忝難申尽迄候、越衆佐（野）之筋へ去十二出長（張）以来、無手透普請覃其備候、万方如形令出来候、万乙とりつめられとも、ほうせんニおゐてハ可御心易候、仍あかい（赤井）出城無是非候、宮・皆川口無何与様か間敷候へとも、

顕形之刷至于今日ニ不見得候、又水左（水谷左衛門大夫）様々之むほん数通之
せうもん（証文）不思義ニ取候而、過十五しやうかい（生害）いたさせ候、
そのミ（身）さた（沙汰）のかきり（限）ハもちろん、如此之条、無面目、自他
之覚所存之外候、於様躰ニ者、可被聞召届候、与四郎殿無
二ニ候、不始事ニ候へとも、忝たのもしく存迄候、世上存
様ニ申、弥行末迄申合度迄候、申度事かす〳〵候へとも、
遠路大切之間、早々、かしく、
（永禄五年）二月十八日　　菟角斎
小山秀綱御事也、

や二郎殿

○六八九　常陸日月牌過去帳　○高野山清浄心院所蔵

常州信太庄土岐大膳大夫源治英内台野州宇都宮興綱
（日牌）掩粧　花蓮妙栄大禅定尼　霊　息藤乙女為花蓮建立之
旹永禄五稔壬戌二月廿二日申ノ尅

○六九〇　宇都宮広綱借用状写　○秋田藩家蔵文書五二

此度御用ニ付而鳥目五千疋御借用候、来秋瓦屋郷（宇都宮市）以御土貢
可有御返弁候、御借銭相澄（済）候上、彼郷中為料所可預置候、
御年貢事七拾貫文毎年無々沙汰可致進納候状如件、
弐月廿六日　　（宇都宮広綱）（花押影）
平野大膳亮（貞正）殿

○六九〇号と六九一号、永禄五年～永禄七年頃のものと思われる。

○六九一　芳賀高定副状写　○秋田藩家蔵文書五二

此度御用付而鳥目五千疋御借用候、来秋以瓦谷郷（宇都宮市）御土貢可
有御返弁候、御借銭相澄（済）候上、彼郷中為御料所被為預置候、
御年貢七拾貫文毎年無々沙汰可被進納申之状如件、
二月廿六日　　（芳賀）伊賀守
高定（花押影）
平野大膳亮（貞正）殿

○六九二　小山秀綱宛行状写（折紙）　○彦根城博物館所蔵彦根藩井伊家文書

横倉兵部少輔給分十五貫文之所、被下之候状、不可有相違
候、如件、
永禄五壬戌
三月廿三日　秀綱（小山）（花押影）
早乙目大和守殿

○六九三　那須資胤感状写　○那須譜見聞録五

今度会津盛氏（蘆名）白川義親与於小田倉合戦之砌、其方甲首十三
討取之段、無比類働感入候、弥可抽軍忠之状如件、
永禄五年
三月廿八日　資胤（那須）（花押影）
池沢左近殿

○本文書、なお検討を要す。

○六九四　上杉輝虎書状写　○新編会津風土記五三

従資（那須）弼（郡カ）之為使佐野（佐野市）へ進陣之砌越年、五目石陣中迄も資弼存
分被相抃儀、奇特ニ候、其上輝虎（上杉）意趣之儀ヲも被申上儀、
感心ニ候、委細萩原主膳允可申理候、恐々謹言、
卯月廿三日　輝虎（上杉）（花押影）
朝清軒（佐賀兵部大輔）

○本文書、永禄五年～永禄十三年頃のものと思われる。

○六九五　足利藤氏書状（竪切紙）　○小山文書

態申遣候、仍前日者為御請懇被申候、喜入候、然者、去年
義弘（里見）越府へ使被差越候間、輝虎（上杉）所へ被成御書候、懇御請被
申候、定肝用可被存候、此上輝虎筋目之忠義、至于無二無
三者、関東一列可為必然候、不延此砌、万部計策専一之由、
奇特之被申事候、彼父子有御談合、可然使越陣へ被為差越
候間、心安可被存候、自前々抽諸家、被走廻来候間、弥毛
髪も被存無沙汰間敷由、雖不始事候、感悦不浅候、如何様

爰元相調、如前々古河（茨城県古河市）へ被移御座候者、参上之時分、直此度之忠信之義可被感候、将又高朝（小山）去比悃切言上喜入候、自何堅固之由肝用候上、御調之義者、畢竟其方父子之前極候、巨細木戸左近（氏胤）大夫将監可申遣候、謹言、

追而申遣候、此剪紙認候内、去比義弘越府へ被差越候使僧令帰国候、輝虎半途迄越山之由、定肝用可被存候、弥以其方父子有談合威光被稼候者、可喜入候、

五月七日（永禄五年カ）　藤氏（足利）（花押）

小山弾正大弼（秀綱）殿

○六九六　結城晴朝書状（竪切紙）　○東京大学白川文書

態申届候、仍先立者、以使申入候処、御懇答、就中条々以覚承候、令得其意候、然者重而氏治（小田）令相談、以使僧申越候、氏康（北条）越河之事者、于今慶久院・多賀谷壱岐守、小田原ニ被留置候、定近日可令帰宅候間、日限彼是以彼口上、可被申越候、然而氏治（小田）・晴朝（結城）被任申、資胤（那須）以誓句被申候者、有其分、被相談尤候、其上当口依手成、可被合御首尾事、可然候、内々当月中旬、可有越河分候処、信玄（武田）上州江出張、依之氏康（北条）岩付（埼玉県さいたま市）江被打出候、上州ニ三ケ所降参候、如斯之以子細延引候、此上出馬之事、可為急速候、其元少も無御油断御稼肝要候、委細口上ニ可有之候、恐々謹言、

五月廿七日（永禄五年）　晴朝（結城）（花押）

白河（晴綱）殿

○六九七　宇都宮広綱宛行状写　○古文状六

今度壬生中務大輔（綱雄）被為生害候付而、神山伊勢守別而励忠信走廻候筋目、内々使等致候条、感思召候、仍奈良部郷（鹿沼市）被下之状如件、

六月四日（永禄五年カ）　尚綱息也　広綱判

赤埴修理亮殿

○六九八　小田氏治書状（竪切紙）　○栃木県立博物館所蔵那須文書

就先日申届候、急度御使本望候、抑尽未来不可存隔心之段、御同意本懐候、弥不可有御隔心候、委細彼口上ニ申含候、身血之事御使指置致之候、万吉重畳可申届候、恐々謹言、

(永禄五年)七月十一日　(小田)氏治（花押）

(資胤)那須(殿カ)□

○六九九　北条氏康書状（竪切紙）　○千秋文庫所蔵佐竹古文書

去比度々雖申届候、幸便之間、重而令啓候、常陸・下野之儀、小田・宇都宮両家、当方無二相談上、結城・小山・常苻(府)・那須、何も小田方与一和取刷候、哀此節白川方被仰談、向佐竹御行念願候、(佐竹)義昭近日向結城調儀必然之由候、定可有其聞候、(北条)氏康者武田信玄相談、五日之内、岩付筋へ可致出馬候、猶以於其口之儀頼入上者、一途之御調令念願計候、何様自陣中可申入候、恐々謹言、

(永禄五年)八月七日　(北条)氏康（花押）

(盛氏)芦名殿

○七〇〇　信太治房書状（竪切紙）　○早稲田大学白川文書

此程従小田原、以御取合(小田)氏治所江以御書札被仰越候、本望祝着之由被申候、随而愚拙所江貴札畏入奉存候、於向後別而氏治所江御甚深仁被仰合、可為御簡(要)用候、那須へも無亦(二カ)被申合候、御同前ニ御隔心有間敷候、当方江御用等可走廻候、此旨可得御意候、恐々謹言、

(永禄五年)九月九日　信太掃部助　治房（花押）

(晴綱)白川　御報人々御中

○七〇一　小田氏治書状（竪切紙）　○早稲田大学白川文書

如来意未申通候処、芳墨祝着候、抑至于時(北条)氏康与一和殊ニ(晴朝)結城へも和談、就之条々承候、本望候、自今以後者別而可

申談候、弥御同意尤候、当口之手成、彼是存分那弾（那須弾正）可有演説候、那須へ者無二ニ申合候、当口御用等那弾へ可承候、委曲令期後音候、恐々謹言、

（永禄五年）九月十日　氏治（小田）（花押）

白川殿（晴綱）

○七〇二　那須資郡書状　○東京大学白川文書

去比者御懇答、其以来、重而預御書中候、条々本懐之至候、然者氏治（小田）江御通用簡専候、自愚所以使彼返札申調進之候、向後者、節々御通信可然候、将亦武田信玄上州出張、安中（群馬県安中市）之地被属本意候、氏康（北条）父子当月四日出陣、石戸・川越ニ両所被立馬候、常野両総武上被相談、岩付之地進陣、越年ニ相定候、此上珍儀候者、聊可申届候、其御屋裏様躰如何、承度候、恐々謹言、

追啓、

下口へ之御返札則相届候、逐日小田・結城・小山甚深候、可御心安候、

（永禄五年）九月十五日　弾正左衛門尉（那須）資郡（花押）

白川殿（晴綱）　御宿所

○七〇三　武田信玄書状　○小田部庄右衛門氏所蔵文書

先日者令啓候喜、参着候哉、仍其表逐日御利運之由、雖不始子細、御武略無比類次第候、今度上州へ及行、箕輪（群馬県高崎市）・惣社（群馬県前橋市）・倉賀野（群馬県高崎市）郷村悉撃砕、作毛以下苅執、先至于当国納馬候、来月下旬今川（氏真）・北条申合、必越利根川、此時可付関東之是非存分候、畢竟御入魂可為本望候、委曲期面談候間、不能具□（候カ）、恐々謹言、

（永禄五年）九月十八日　信玄（武田）（花押）

宇都宮殿（廣綱）

○七〇四　信太治房書状（竪切紙）　○東京大学白川文書

去比氏治(小田)所へ被仰通候、御簡要奉存候、向後猶以別而被仰
合専一候、然者氏治(小田)以書中被申届候、那須(資胤)へ吉凶共被申合
候、御同前可被仰談候、近日従佐竹(義昭)、向当方ニ、御手切可
有之候、南方・結城・小山(秀綱)・那須無二入魂被申結候条、当
口可御心易候、自何先日貴札過分奉存候、於自今以後、御
用等、可走廻候、此旨可預御披露候、恐々謹言、
　九月廿二日(永禄五年)　信太掃部助　治房（花押）
白川(晴綱)　御館人々御中

○七〇五　小田氏治書状（竪切紙）　○東京大学白川文書

態令啓候、抑氏康(北条)一和、依彼内義、去比者、預芳書候、本
望候、自今以後者、無隔意、可申談候、御同意尤候、仍佐
竹義昭南方和与深不足之由候、近日至于当口、可被動干戈
之由候、爰元之様躰、彼是那弾(那須弾正)可在演説候、対資胤(那須)へ無二
申合候、至于御用等者、那須へ幾度も可承候、諸余令期来
信候、恐々謹言、
　九月廿三日(永禄五年カ)　氏治(小田)（花押）
白川(晴綱)殿

○七〇六　結城晴朝書状　○瀧田文書

内々其口様躰無心元存候処、条々示給候、令披見候、仍而
佐竹義昭御当口(那須口)へ被相揺候哉、然者後詰之義承候、自元逼
塞之前候際(条)、氏治(小田)へ申含、頓速ニ可覃其備候、於爰元者可
御心易候、兼日動筋之事承候、存其旨候、雖然宮口ニ見当
子細等候者、彼口へ可致之候、然者沢村(矢板市)之地へ塩伯被覃調
義候哉、無搆故被打明、城者無相違由承候、簡要至極候、
雖無申迄候、此上境地堅固之搆尤候、当口之事者、味方中
無二候、其上越河も火急候、不可有御疑心候、自当地者相
立使者候、未不罷帰候、当季中本意眼前、御本意も無疑由
存候、委細令期来信時候、恐々謹言、

（永禄五年）霜月三日　（結城）晴朝（花押）
（資胤）那須殿

○七〇七　佐竹義昭起請文

○大田原市那須与一伝承館寄託金剛寿院文書

敬白　起請文之事
以前如申合、縁辺之儀聊無別条候、
若此儀偽候者、
上ニハ梵天帝尺、四大天皇〔王〕、下ニハ堅牢地神、別而ハ熊野
三所権現、日光三所権現、当国（常陸）之鎮守鹿嶋大明神、八満〔幡〕大
菩薩、惣而日本国之大小神祇、御照覧可有之者也、如件、
（永禄五・六年頃）霜月廿八日　（佐竹）義昭（血判花押）
（資胤）那須殿

○本文書、熊野牛王宝印の裏に書かれている。

○七〇八　足利藤氏書状写（竪切紙カ）

○小山氏文書

幸便之間一筆遣候、仍去比者、彼出家被差遣候之処、悃切
言上、殊更以口上条々存分之透〔通〕被申候、忠信之至感悦候、
然者、（上杉）輝虎越山治定ニ付而、（里見）義堯父子所へ以使被申越候、
定簡要可被存候、輝虎関東へ出陣之上、其方年来之忠信も
此時候間、早速半途出馬有之、還御之儀輝虎一途被走廻候
様、直談可被申事、専肝候、随而鳥子之料紙二百枚、幷唐
墨到来、喜入候、如何様重而彼者可差遣候之間、其時分委
可被仰出候、謹言、
（永禄五年カ）十二月三日　（足利）藤氏（花押影）
小山弾正大弼（秀綱）殿

○七〇九　「下野国供養帳」第一・二

○高野山清浄心院所蔵

月
下野壬生黒川筑前為父立之
祥山祖香庵主　霊位

永禄五年壬戌十二月十八日

○七一〇 上杉輝虎書状写 ○東京大学史料編纂所蔵那須文書

内々初秋之時分雖可令出馬候、越中国江両度成動ニ付而、如斯之横合故遅々、然処甲・南有談合向松山張陣之間、雖深雪候遂越山候、関東之安危極此時候条、有出陣御稼可被付興亡候、於時宜者横瀬(成繁)雅楽助幷太田(資正)美濃守可申届候、恐々謹言、

(永禄五年)十二月十八日　(上杉)輝虎(花押影)

那須(資胤)修理太夫殿

○七一一 那須資胤書状 ○奈良文書

其以来往覆断絶故、不申承候、覚外千万候、抑去秋申届候処、不始条々御懇答、喜悦不少候、仍一昨廿二日、号熊田(那須烏山市)・太和久(〃)・上河井(〃)地、(那須)資胤所江出頭、下庄悉如存候、定可為御太慶候、度々如申述候、従越国無二懇切承候間、洞

中於本意者、不可有程候、是又可御心安候、諸毎令期後喜之時候、恐々謹言、

(永禄五・六年頃)極月廿四日　(那須)資胤(花押)

(佐竹東氏)東殿

○七一二 足利藤氏書状写(竪切紙カ) ○小山氏文書

就(上杉)輝虎倉内(群馬県沼田市)へ着陣、(里見)義堯父子有御談合、使差越候間、聊一筆遣候、仍去比簗田中務太輔(晴助)以使申上候之間、其方へ被成御書候キ、定可差遣候、然者、今般輝虎出張之筋、総州へ相定之上、可令動座候、兼日如被申、(小山)高朝有談合、早々被馳参、彼父子被申合、威光之儀可被相稼候、巨細彼出家可在口上候、謹言、

(永禄五年カ)極月廿六日　(足利)藤氏(花押影)

(秀綱)小山弾正大弼殿

永禄六年（西紀一五六三）

○七一三　塩谷義孝書状　○塩谷文書

猶々別而其方頼敷見得候条、就中忠信之筋目、彼与云、此与云、御進退可引立事、八幡大菩薩無偽候、当座之様躰之義者、申所分別、可為悦喜候、

急度啓候、仍輝虎（上杉）今日ゆふきへ可被押詰御儀定、夜中にも宮中御註進、明日拙夫可致出陣候、無際限候共有支度、早々可被打出候、然者、不成一重忠信、既祖父ニ被渡候播磨守方舎兄両所被捨一命ヲ、忠切（功）前代未聞無比類候、彼段々令不相忘候、此時も平野（矢板市）之郷如以前御成敗之義、則雖可申届候、近年当庄為躰種々成替候、只今者手前言語無力公用事余様躰、左候之間、先手本ニ相拘候、至于時沢村（矢板市）之地手ニ入候、雖然彼境目も于今半途、爰元是非之一途元来藤井・大塚如前々成敗無疑候、其上者平野郷可進之候、一入忠信弥可相排事尤候、委細者猶重岡本豊後守可申分候、恐々謹言、

（永禄六・七年頃）正月九日　（塩谷）義孝（花押）

「（奥ウハ書）（切封墨引）
泉宮内大輔殿　（塩谷）義孝」

○七一四　北条氏康書状（竪切紙）　○東京大学白川文書

如仰未申通候処、預御札候、本望候、於向後者、別可申談候、抑義昭（佐竹）半途へ被打出由候、此時小田（氏治）・烏山（那須資胤）被示合、一途御行、所希候、当口遠境間、氏治（小田）・晴朝（結城）・資胤（那須）被仰談、可為肝要候、恐々謹言、

（永禄六年カ）二月十八日　（北条）氏康（花押）

（晴綱）白川殿

○七一五　足利義氏書状（切紙）　○栃木県立博物館所蔵那須文書

重而懇言上、喜入候、然者、如前々可励忠儀之段、感悦之至候、仍池和田(千葉県市原市)其外仁三ヶ城落着、如被思召候、簡要可心易候、巨細瑞雲院(周興)可被申遣候、謹言、

(永禄六・七年頃)二月十八日　義氏(足利)（花押）

那須修理大夫殿(資胤)

○七一六　北条高広書状写　○彰考館所蔵古簡雑纂六

近日者不申達候、素意外ニ候、仍義昭(佐竹)結(結城)・小(小山)之間御在陣、貴所有御同心、別而御加世儀之段被承之、一入喜悦之由被申候、此口如形仕置被致之候間、一両日之内至于古河被移陣分ニ候、其砌以貴面万端可申承候、自何今度左衛門殿(佐竹北義廉)有御同陣、毎事御入魂候、寔自他之覚不可過之候、雖不及申儀候、此上尚以結(結城)・小(小山)一途被付之様ニ御取刷専要候、恐々謹言、

(永禄六年)三月一日　北条丹後守

高広（花押影）

北七郎殿(佐竹北義斯)

参人々御中

○七一七　上杉輝虎書状　○御殿守資料室所蔵文書

就今度至于武州進馬、義尭(里見)・義広(里見)早速御着陣、乍不聊義本望候、其方陣労察之候、如此之義従是可啓之候、折節□与示給候、快然之段、能々可被相心得候、来秋者急速相州へ可成動条、被引立御父子出陣肝要候、従何路次中無相違被納馬之由満足候、御当口之事阿地戸へ寄馬候上、則時ニ落居、彼地北条丹後守(高広)ニ申付、翌日至于小山之地及近陣、外廻輪過半為取破候、可付落居分候処、秀綱(小山)色々悃望、彼前之義者、別而雖遺恨旨有之、且為大途、且詫言難黙止伋属無為之上、秀綱者黒衣ニ成、息幷彼家風等証人数多差出候、義昭(佐竹)・広綱(宇都宮)在陣候、両所令談合、此上之義、可成其行候、猶巨細河田豊前守(長親)可申越候、恐々謹言、

(永禄六年)三月廿四日　輝虎(上杉)（花押）

正木平七殿(信茂)

○七一八　武田信玄書状　○思文閣墨蹟資料目録一七七号

其已後者、申遠候、本意之外候、抑長尾景虎(上杉謙信)川東へ引退候間、不可有指義之旨存候処、小山(小山市)之地取詰、剰秀綱(小山)降参、不及是非次第候、但是全非景虎戦功候、関東人未練故ニ候、三十日不拘城而如此之擬、無念至極候、随而来十二日必出馬、一途可及行候、可御心安候、次向佐野(佐野市)敵陣寄之由候、幸御指南之人事候間、不属敵之様ニ調略偏ニ可有御前候、恐々謹言、

(永禄六年)卯月七日　信玄(武田)（花押）

源三殿(北条氏照)

○七一九　河村定真書状　○東北大学国史研究室保管白河文書

去年之御誓詞之御返札、去比於松山申調候、拙者持参可仕候処ニ、不慮ニ相煩、于今平臥故、遅延之段、全非無沙汰候、来廿日之内、氏康(北条)父子結城へ自身御出馬ニ相定候、此度之御手合、千言万句ニ御座候条、氏治(小田)・晴朝(結城)へ得御意、氏康御誓詞之返札并御書中進献仕候、御条目之段者、何も氏康調法被申候、可為御大慶候、彼御誓詞ニ無血判候、可為御不審候、是者、自其口御証人無之候、彼御誓詞を有御預、早々御使相待被存候、其使之前ニ而、氏康身之血を可被付候、一武田晴信・今川氏真両将引立被申、武・上之備相頼被申、氏康父子ハ来廿日之内ニ越河ニ定候、越国へ景虎(上杉謙信)帰陣候、定而可被走帰候、然者無二之可為御一戦候、至無其義者、佐・宮之以分迄、氏康へ可被乗向儀者、不思寄候、宇都宮者十日之内ニ、落居眼前ニ候、今度者、資胤(那須)御首尾も可合候、此度御本意無疑奉存候、佐竹へ被相押候御本領等、悉不可有御相違候、両皆川・笠間之事者子細候条、可御心安候、佐野(昌綱)・成田弥々無別条候、寄西・小山計今度景虎へ同心候、寄西之事者、二百騎不足之進退ニ候条、不苦候、小山之御事者、又可有御手替候間、是も可御心安候、一会津へも御誓詞之御返札進候、急度有御届、何も御返事奉待候、当口之儀、少も被成御疑心間敷候、拙者煩得減気候条、来月初ニハ、結・小へ参、急度可奉得御意候、恐惶

謹言、
（永禄六年）卯月十四日　河村定真（花押）
白川（晴綱）
御館人々御中
追而、斟酌千万之雖申事候、此度ニ御座候間、御馬を一疋可被下候、
然者那弾迄至御届者、無相違可参候、

○七二〇　武田信玄書状写　○諸国古文書抄三

如来意、今度景虎（長尾）河内（東上野）［　］秀綱（小山）早々降参、未練無是非
候、然而敵［　］根小屋へ執懸候処、足軽軍被得勝利、
［　］任誓約之旨、氏康（北条）御同意、無比類候、［　］信玄（武田）
備油断之様ニ可有御覚悟候、如［　］利根川無渡之上者、
後詰之擬、別ニ無了簡候、早速向越国、雖可成動候、犀川（信濃）
雪水故、一切無瀬、因兹同国飯縄山之麓、従去四日以国中
之人夫、為作路次、漸出来之由候間、去十二日既出馬之儀、
相定候之処、景虎退散之趣、去十日従和田（群馬県高崎市）依于注進、延引
如承候、来秋之行無一途者、極相・甲滅亡之旨、深重存入
候、可御心易候、何ニ先麦熟之時節、西上野へ出馬有、近
所関東之模様、可得御異見候、恐々謹言、
（永禄六年）四月十四日　信玄（武田）（花押影）
佐野殿（昌綱）

○七二一　上杉輝虎書状写　○伊藤本文書

当国備之儀、無御心元可有之間、以脚力啓札、抑関左之事、
先年進発之時分属本意、諸口備等堅固之間、北条新九郎（氏康）自
力之働依難叶、武田大膳太夫（晴信）引立出張、就中去年初冬比、
太田美濃守（資正）年来拘候堅〔号〕松山（武蔵）向地、対甲・相両衆及遠〔進〕陣、昼
夜無手透、彼要害相改〔攻〕候、美濃守（資正）同心・被官随分覚者数千
人雖籠置候、武・相境目之地取〔故〕、味方助引〔懸カ〕不自由候、其上
以多勢取詰候間、城衆及難儀之間、加勢之事、美濃守催促
無拠候、内々一勢雖可差越分候、武大（武田晴信）、北新（北条氏康）張陣、幸今般
関東之悪逆人可成根切以覚悟、去（永禄五年）十一月下旬〔旦〕不図出陣、取
分旧冬者深雪故、勢々各も、以駕輿継夜於田越山、淩遠境

雪中励労(勘カ)通御推察候、然者去二月(永禄六年)上旬、松山(埼玉県東松山市)敵陣為後詰、先堅石戸(埼玉県北本市)地僅隔五三(里)悉陣取之処、勝式(ママ)輝虎越山之儀、有其聞以来、例式両所計策人候条、城中へ入故、果而城衆証ニ乗、其上晴信之渡(被カ)証人故、松山籠城之者共無恙出城、折節石戸着陣之刻、皆共落来候、城内へ通路諸口堅相塞之間、輝虎後巻城衆不知而、如此成仕合、無是非候、雖然両軍在陣遂一戦、可達本望事簡要之間、押詰之、毎日雖動懸、像(依)大切所、更不取出候条、輝虎改陣所、拋餌兵(軍)可懸腮雖廻武略候、両所下手切入候故歟、従当軍着陣故歟、終不打合候間、所詮越切所、敵陣へ可取懸分(候)ニ処、其儀内通之族候歟、相驚以敗軍夜中退散、相隔陣場故、不慕候、旁以今度不付興(亡)其候事、無念候、乍去、堅(号)武州内崎西(私市)地事、奉公ニ候小田伊賀守(朝興)累代在城、彼人者成田下総守弟ニて、対輝虎可有述懐茂、雖無之候、兄逆心之間同前、彼地元来構四方無浅深限、一段可然地ニ候条、調儀難叶由、年寄共雖申之、対氏康・晴信、不遂一戦候事口惜、殊若年之者共、徒在陣失勇由申候間、向崎西之地遠(進)陣勢揃、責具以下相調、既外廻輪・中城為取之、実城計事恨之処、属美濃守、種々懇望之候間、令寛宥候、然間、下総守(成田)可渡先(従カ)忠由侘言候、幷茂昌(呂)因幡守(季忠)・同荳戸其身出行、其以来至于野州近(進)馬、小山弾正(秀綱)大弼宿城向祇園地進陣、是も二三日疑(頻)而相改(攻)之処、拋身上懇望、不私人躰被渡(従カ)候間、非可為滅者任侘言候、然間、為始小弾正(秀綱)息親類郎従、人質数多差出候、結城(政勝)之事、小弾正兄弟ニ候、依之彼前をも深望候間、任其意、輝虎事先以可納馬之由、絶而異見、爰佐野小太郎(昌綱)其身若輩候、家中有誘(佞カ)人(ママ)、色節成表裏候間、向小太郎在城寄馬候、彼人も先年一子為証人出置、于今其分ニ候、雖然家来者共妨故、出陣等不致候、併対名之(各カ)侘言、最中ニ候、方々難黙止儘、無事無侘限(際)候条、余人之見湿、可付落居候哉、思案半候、当地一辺不有程候、其上者別而可成之行差襲候間、先以可令借符(帰府)候、其子細、猶河田豊前守(長親)可申届候、恐々謹言、

卯月十五日(永禄六年)　輝虎(上杉)

蘆名左京太夫(盛氏)殿

○七二二　結城晴朝条書（竪切紙）　○東京大学白川文書

覚

□南方出馬之事、一御手合之事、一当口味方中□□悉
相調候事、一宇都宮洞中之事、一佐野□□義昭(佐竹)向小田
出張之事、一上州口之事、
以上
卯月廿四日(永禄六年)　晴朝(結城)（花押）
那(那須資胤)
白(白川晴綱)　江

○七二三　止々斎(蘆名盛氏)書状写（竪切紙）　○東京大学白川文書

先日氏康(北条)へ誓句進置候、則今般預彼回答候、真実以本望之
至候、然者関東中之手成、内々無御心許候処ニ、条々示給
候、大慶此事候、特更松山之地落居、令満足候、景虎(長尾)後詰
之被及刷候間、可被遂勝負之由、存候処ニ、有仕合共、延
行結句寄西之地、景虎属一味候歟、無是非次第候、仍佐(義昭)
竹・宇都宮(広綱)引率、景虎小山(秀綱)へ被取懸、彼地以懇望景虎入手
裏候、畢竟後詰之御刷暦然候歟、内々於奥口も、後詰之御
刷無之事、不頼敷之由存候、将又近日向宮中氏康可為出張
候哉、簡用至候、老子事者、別而申合候間、一点不可有疎
意候、奥口之事も、爰かしこ弓矢無止事候間、方々之曖叵
計候、岩城(重隆)・田村(隆顕)於被引付候者、轍可相調之由存候、尤御
工夫之外不可有之候、此分能々結・小へも相談専用存候、
如何様氏康御発向候之刻、可申達候、手成重而示給候者、
可得其意候、恐々謹言、
卯月廿五日(永禄六年)　止々斎(蘆名盛氏)
河村対馬守(定真)殿

○七二四　小田氏治条書　○東京大学白川文書

覚

一氏康(北条)出張来中旬之事付御手切之事

一那(那須資胤)之事
一動筋之事、付味方中之事、
一御神名之事、
一後詰之事、付神名、

以上

(永禄六年カ)五月廿七日　氏治(小田)（花押）

白川殿(晴綱)

(封紙ウハ書)「(切封墨引)

白川江　自小田原城(神奈川県小田原市)」

○七二五　宇都宮広綱書状写　○小田部庄右衛門氏所蔵文書

去五月十三日那須表働之節、当手之旗色悪敷由風聞故、川崎(矢板市)江被仰合早々加勢、誠以忝存候、其上各辛労故、那須勢見苦退候、前代未聞ニて候、伯耆守(塩谷義綱)所江茂使者遣候、弥参会之節頼入候、猶使者口上可申候、恐々謹言、

(永禄六年カ)六月朔日　広綱(宇都宮)

塩谷長門守(盛綱)殿

○七二六　小田氏治書状　○東京大学白川文書

聊令啓候、抑大関(高増)不始逆心、無是非候、依之為御合力、半途へ被打出候由、心地好迄候、此節不被延、彼口被取刷候様ニ資胤(那須)へ御諷諫、千言万句候、好ケ之時分、氏康(北条)越河、可為御大慶候、然者今度者東海道迄相調、既ニ今川方・武田方自身合力、先岩付へ有一調儀、越国之備、駿甲へ被相任、氏康父子可有越河兵談被尽、去月廿六日、氏康者号大神所迄出陣、洪水故、于今進陣無之候、今川方廿四日ニ出国、小田原へ去月末ニ着陣、当月二日氏康へ対談、漸水も落足ニ候間、可為進陣候、信玄(武田)西上州へ越山、大手之調如斯之上、貴所御本意無疑候、庄内弓矢募候様ニ、資胤へ可被加御意見候、兼又来春者如何、当年者、景虎越山不可有之由、堅承届候、可御心安候、恐々謹言、

(永禄六年カ)八月六日　氏治(小田)（花押）

白川（晴綱）殿

「（封紙ウハ紙）白川　　自松山城（埼玉県東松山市）」

○七二七　佐竹義昭書状写　○秋田藩家蔵文書九

尚々

此度当口御稼付、片平（那珂川町）・白具（久）（那珂川町・那須烏山市）可有知行事尤候、恐々謹言、

永禄六年癸亥

霜月十二日　　義昭（佐竹）（花押影）

武茂上野介（堅綱）殿

○七二八　佐竹義昭書状写　○秋田藩家蔵文書九

条々懇切ニ承候、誠ニ忝次第候、仍方々様ケ（ママ）間敷候哉、依之油断不可申由被顕紙面候、尤得其意候、当口にても色々儀共候、然而今度会面候事者定不定候、様躰珍敷儀も候者、たかのふるまい可有見物とて御越、弥々可為歓喜候、幾度も如此候義、御到来可為本望候、恐々謹言、

追而、他筆にハいか、ニ候間

自筆にて申し候、誠ニ

十二月八日　　義昭（佐竹）（花押影）

御意易故候、御同意

にて　武源（武茂源五郎カ）へ

御ハらい

候ましく候、

尚々一書をも火中申候、即是をも火中被入候、

尚々いく度もかやうの事、無隔心可承候、

○本文書、前号佐竹義昭にかけて便宜ここに置く。

○七二九　塩谷義孝書状写　○佐八文書

此度沢村（矢板市）之地□属本意候、畢竟於　御神前被抽御精誠故候、従来年比恵田（矢板市）郷土貢五百匹宛（ママ）可令進納候、勿論如先彼庄属存分ハ、其段比恵田拾弐貫、毎年可奉納之候、為後日状如件、恐々謹言、

永禄六年霜月十四日　　　　塩谷左右（マヽ）衛門太夫
　　　　　　　　　　　　　　義孝
佐八掃部丞殿
　　進之候

〇七三〇　上杉輝虎感状写　〇秋田藩家蔵文書三四

去春小山在陣之刻、結城之家中人多賀谷民部少輔被討捕事、無比類動候、其時分不知之間不及称名、今般伝聞候条、馳筆候、弥稼簡要候、恐々謹言、
　（永禄六年）
　十一月廿二日　　　　輝虎（上杉）（花押影）
　　小野崎三郎（政通）殿

〇七三一　佐竹義重書状　〇松野文書

下庄無為之儀、千本常陸介（資俊）頻而懇望付、先任其意候、太桶（那須烏山市）破却儀、旁々以人足可有之事尤候、委細彼口上可有之候、恐々謹言、
　（永禄六年カ）
　極月九日　　　　義重（佐竹）（花押）
　　松野次郎左衛門尉（資通）殿

〇七三二　佐竹義昭書状　〇妙本寺所蔵本乗寺文書

急度申届候、仍而輝虎（上杉）越山、小田（氏治）可被取詰儀、以使者申越候、尤般□已上田之庄□□（御出）馬候、単本望候、漸厩橋江□□（可被カ）着城候由存候、彼口へ急速可被取越義、以代官申□（上）候条、依彼一左右可申述候間、如御兼約之、小田江□□（被打カ）越、万端被相談、至于御取刷者、可為本懐候、然者那須口之義、定而可有其聞候歟、両度及□（行カ）悉如存候、取掛数ヶ城属手候、於様躰者、正木左近太夫（時忠）可為演説候、将亦其口之様子、無其聞候、委細回報可承候、恐々謹言、
　（永禄六年）
　極月廿二日　　　　義昭（佐竹）（花押）
　　岱叟院（里見義堯）

○七三三　結城晴朝書状写

○東京都立中央図書館所蔵下総崎房秋葉孫兵衛旧蔵模写文書集所収乗国寺文書

尚々、態御使僧畏入候、殊水谷弥五郎(政久)、此度致供ニ付而、氏政(北条)褒美弥五郎義まて之由候間、定御悦喜ニ可被思召候、

内々、自愚所可申達由存候処、結句御使僧畏入存候、自何昨之法門不承候事、千々万々無念ニ存候、是にて推量計申候、候、驪罷帰聴聞可申候、然者爰元之儀者、過半時宜相調候、可御意安候、小山之儀深被見詰、種々之題目共、此義ニ迷惑申迄ニ候、委細者帰城之上、御直ニ可申述候、此由かしく、

(墨引)

乗国寺江　貴報人々御中　晴朝(結城)

○本文書、永禄中期頃のものと思われる。

○七三四　結城晴朝書状写

○東京都立中央図書館所蔵下総崎房秋葉孫兵衛旧蔵模写文書集所収乗国寺文書

尚々、榎本よりの両通被為候ても、急度御越可然候、又昨日何方へやらん御出ニ、御したて(仕立)見事に候て、御年も御わかく(若)御座候由き悦(喜)、ゆふへ物かたり申候、うけたまハり(承)令満足候、榎本へ御越ニハ、他家与申、尚以御したて(仕立)御簡要たるへく候、さりなから年来之御ふけん、存候前ニ候間、何与御稼候共させ候御事、あるましく候由咲止ニ存候、

常林庵・妹尾備中守上申候、両通被下候、何も令披見候、殊自榎本(小山高朝)も直書御座候哉、路僧御大義ニ候共、早速御越可然候、如御書中之、様本(榎カ)ニ者機嫌御座候、乍去有御覚悟御越可然候、悲道御帰寺之義、稼被申候哉、無余義存候、彼此以御越候者可然候、次年頭以来無御越候間、内々昨日可申立候由存候処、何方やらん御越候由承候間、遅延申候、今日者雨ニ御座候間、一日申立、万端御雑談可致候、但私之御取成者、御まんれんの処ニ候間、御頼敷ハ被思召間敷

候、万々御めニかゝり候時分、可申達候、かしく、

（墨引）

乗国寺　　　　晴朝（結城）

尊□（答カ）人々御中

○七三四号と七三五号、永禄期半ばから後半のものと思われる。

○七三五　結城晴朝書状写

○東京都立中央図書館所蔵下総崎房秋葉孫兵衛旧蔵模写文書集所収乗国寺文書

尚々、無用之義共申達候、御隠密可畏入候、

朔日ニ者心静申承候、仍而内々以使、会（会津）・白（白川）へ可申届由存候得共、盛興（蘆名）帰陣之由申候間、先々明日脚力以可申届候、那須へ者可申合候、自然那須へ御用等候者、御書中可被指越、然者無用之申事ニ候得共、前日長徳院御趣、山川・下妻之境説、貴寺様与御物語之由、及承候、様躰之事者、太かた（大方）校量申候、乍去珍義も候哉、承度候、自山川者追日懇、無二ニ走廻可被致様ニ見へ申候、昨日も以使被申越儀共候、さりとて一年之意趣、寄特之義共御座候、此内懸御目可申承候、御吉事重而かしく、

（墨引）

乗国寺　　　　晴朝（結城）

人々

永禄七年（西紀一五六四）

〇七三六　足利義氏受領状（折紙）　〇戸村文書

（封紙ウハ書）
「蘆野（盛泰）日向守殿　（端裏）「（切封墨引）」　義氏（足利）」

今度資胤（那須）為代官、被参上之条、御感悦候、仍名国司之事申上候、御意得候、謹言、
正月十三日（永禄七年カ）　（花押）（足利義氏）
蘆野日向守殿（資豊）

〇七三七　小田氏治味方地利覚書　〇上杉家文書

（包紙ウハ書）
「小田ミかたの書付」

小田（氏治）ミかた（味方）のちり（地利）
一、つちうら（土浦）　すけのやつのかミ（菅谷摂津守）（政貞）
一、きなまり（木田余）　したのいせ（信太伊勢）
一、とさき（戸崎）　すけのや（菅谷）次郎さへもん（左衛門）
一、しゝくら（宍倉）　すけのやむまのてう（菅谷右馬允）
一、やたへ（谷田部）、同とうりんち（東林寺）　おかミのたんちやう（岡見弾正）（治資）、
こんとうちふ（近藤治部）
一、うしよく（牛久）　おかミ（岡見）の山しろ（城）
一、とよた（豊田）　さえもんのてう（左衛門尉）
一、とき（土岐）　大せんの大ふ（大膳大夫）（土岐治英）
以上、九ヶ所
一、さたけ（佐竹）の陣所　まなへ（真鍋）のたい（台）、つちうら（土浦）
きんへん（近辺）
一、ゆふき（結城）（高朝）、同山かわ（川）（氏重）、同しもたて（下館）（水谷政村）、しもつま（下妻）と（多賀谷政経）り（取）合候、
一、小山、同うつのミや（宇都宮）（広綱）、同させんいん（座禅院）（昌慶）、ミふ（壬生）（義雄）、ミなかわ（皆川）（俊宗）、ととり（取）合、

○本文書、永禄七年正月頃のものと思われる。

○七三八　運久小山高朝覚書写

○東京都立中央図書館所蔵下総崎房秋葉孫兵衛旧蔵模写文書集所収乗国寺文書

覚

一老後之上、雖不入弓矢善悪之沙汰義(儀)候、此度輝虎(上杉)被取懸ニ付而、不慮ニ秀綱(小山)馳来、無手透依取刷、不得成如何共、無事之形ニ取来事、後日不可有其隠候之(也)、近臣老▨(々)敷者共、被放立様々之雑言之挨拶、被為致之候条、不及是非候事、

一無事逼塞之地へ者、以焼動迄被引除候処、防戦之仕脇様ニ覚悟候、是も近比油断ニ候、然者秀綱陳(陣)所へ為使差越候者共、一昨日罷帰候、引陳(陣)之砌、其地可取詰候処を以、宇都宮大御堂ニ、兵粮・責具集置候様躰、おひたゝ敷候由申候、少も無手延ニ、寄様等被申付様ニ、可被加尊意候事、

一小田落居、無是非次第候、然而先年之凶事も、海老嶋被持故ニ候処、此度も彼境地平塚以下抱持候事、愚者令苦労候き、然処於実城吉事之引懸ニ候間、愚之刷悪口・かけ(陰)口由申候、若擬向後共ニ失頼候事、

一只今迄小旗為持候事、畢竟老朦ニ候得共、十騎廿騎召連候間、まとい(纏)の分ニ致之候事、四十年ニ余候処、其昔馬廻も、又山川之衆も仕立候、此等之義(儀)も、晴朝(結城)等閑御見届故候間、申条々虜外ニも無之候事、

一陳(陣)屋之義(儀)、地ニ指而、度々所望申候処、山中被抱付而思慮之段、返答候き、左候而此度武十(武井十郎)へ被相渡候而者、為如何も愚も出入、無庶幾由校量申候、至于今日纔に実城之志ニ不被成候、当地(榎本城)江相移候事も、老拙一身之稼、洞之者共、先立忠信走廻故ニ候、只今之身躰ニ而さへ、勲者晴朝無曲刷候、況相頼ニ付而者、虜外之義(儀)共、不可有際限由聞及候、かりそめ(仮初)に其方へたつさハる義(儀)と申間敷候、左候而致間除万人之褒貶可蒙之事、偏ニ不運至極候、

一大雲(結城政勝)名跡被継候上者、親子之好、不可有之由、於神明普

請場各才覚之由、承及候間、尚以毎事閉口之外無之候、
乍去世仁批判、難遁儘、此一辺存分申届候事候、政勝(結城)名
代相続も、他人を以者、不被継候哉、老若大小取成歎敷
候、
一遠近合力立之頼者、いるへからす候歟、然者不被失意趣
様ニ、至于可相調者、無事之刷候へかしと念願ニ候、其
元被御覧合、各有御談合、可承候、此一事迄ニ申達候、
御塩味尤候、

二月三日(永禄七年カ)　運久(小山高朝)（花押影）

乗国寺
衣鉢閣下

尚々、小田破候事、
福田山城守(俊幹)ニ出され候
者共、此度顕逆心之色
哉由申候、此等之刷
万端ニ渡候由存候、以上、

○七三九　佐野昌綱書状　○小野寺文書

態令啓候、仍去秋已来、様々其方御稼故、爰元令落着候、
於此上も佐(佐竹)・宇(宇都宮)被相談、始末等之儀、景長(長尾)へ任入候、委者、
津久井蔵人口上ニ申含候条、不能具候、恐々謹言、
追而、啓［　　］、此上も一入
御稼偏ニ憑入候、

二月廿六日(永禄七年カ)　佐野
昌綱（花押）

貞瀧坊

○七四〇　佐野昌綱書状写　○島津文書

今度越衆其地取懸候、早速雖可及加勢候、大軍儀候之間、
手前備等更無油断上、剰往覆無了簡之条、一段無心許慥(ママ)候
処、於諸口敵五十余人討捕、手負数多仕出之候之事、誠以
忠信手柄、無比類次第候、然者義昭(佐竹)・広綱(宇都宮)任意見、輝虎(上杉)江
令和談、様躰定安倍主計助可申越候、両家任催促、明日廿
八、大貫左衛門尉一勢相進候、謹言、

二月廿七日(永禄七年)　昌綱(佐野)（花押影）

小曽戸長門守(奏忠)殿

○七四一　小山秀綱知行宛行状写　○秋田藩家蔵文書四三

稲葉藤三給分下間(小山市)中之内宛行候、成敗不可有相違候、謹言、

永禄七年甲子

三月六日　　秀綱(小山)（花押影）

大田弥太郎殿

○七四二　座禅院昌慶書状（折紙）　○輪王寺文書

(奥裏ウハ書)「浄月坊参」

十穀被指置候藪之事、以治部少輔様子承候、如前々、令返
進候、神前進候間、植木以下肝要ニ候、恐々謹言、

(永禄七年)甲子三月七日　　座禅院
　　昌慶（花押）

浄月坊
　参

○七四三　上杉輝虎書状写　○三州寺社古文書

彼飛脚とくニも可返候へ共、爰元様見届させ可越ためとめ
置所、然者爰元様和田(群馬県高崎市)少地ニ候得共、晴信(武田)年〔念〕を入、いかに
も堅固こしらわれ候間、落居さう(左右)なくつき堅候、併馬を為
寄候上者、善悪ニ不及候間、無二セめへきそう〔ん〕ふんにて、
当月七日より取詰候へ共、れいしき国衆油断之様候つる間、
越後之者共直ニ召連、惣躰白井安内〔案〕者にて、去一日ハとり
入候、北条(高広)・箕輪(長野業盛)・横瀬(成繁)を始いつれの国衆もとはかり候し
を、一つも取へす候へ共、涯分かせき、そうしや・白井・
越後衆者くるハ(曲輪)にそのまゝのほりつめ置候、けつく(結句)よ(余)のて
よりハてをい(手負)もこれなく候、うち(内)のまる(丸)とはり(戸張)ハ五間とハ
申度候へ共、十間のうちにて候、そこもと(其元)へも直ニこへ見
つかり候間、いまゝてハ志内口よりハてき(敵)まへちかく候、
又人数も味方者大くんニ候か、少地とハ申なからまへ五返
に取まき候へ共、うつの宮(広綱)・佐竹(義昭)・あしかゝ(長尾景長)衆者ひきはな
し、陣取ニとんしやくなくおき候間、人数にふそく(不足)ハこれ
なく候、併めい地にて候間、ほとのひ候てにん(人)数すき候ハ
ん時、両持の後詰あつてよこあい(横合)きうちのところをは、し
られす候、ちやく(若輩)はいなから身のうへもののふん(分)ハ、人数

只今の分ニ候ハヽ、後詰ハいかん（如何）あるましく候や、又両持後詰すくにおゐてハ、国衆の事ハ佐・宮を始、弓矢かいなくわたられ候間、越後衆計ニていくさ（戦）ハかな（叶）いかたく候、房州（里見義弘）・太田（資正）いくさ（戦）にまけ候時よりも、たゝいまハきうくつ（窮屈）、なんき（難儀）ニ候、とかくにこのたひハかた〳〵にあふへき事、いかん（如何）あるへく候やと、心ほそ（細）く候間、はやくはりをやるへきために、一昨夜いちはんやり（一番鑓）をとり、へいき（塀際）ハまてこへ候て、見かくしをゆわせ候へ者、めのまへの者ともハはらをたて候て、うたてしかり候、これ又よきなく候へ共、さゆうになくゆたん（油断）候へ者、ことのひ候て、きうしくちおしく（口惜）候間、さてせい（精）を入候、こさい（巨細）かのきやくりき（脚力）けんぶん、こさいにおよハす候、謹言、

かいほつ（開発）又ろう（牢）人衆のうちに一両人ておい（手負）候、させるきなくうすてニ候、返々いつもよりかへりたく候間、このたひハおつと（越度）あるへく候やと心ほそく候、

三月十三日（永禄七年）　虎（上杉輝虎）（花押影）

金津新右近衛尉殿

吉江中務少輔（忠景）殿

本庄美作守（実乃）殿

○七四四　上杉輝虎書状写

○上杉輝虎公記上所収楡井文書

去三日之切書、今日八到着披見、信州境并越中国無事、府内・春日用心以下無油断之由、簡要之至候、如来札小山之事、頻而悃望之間、任其意候、佐野も侘言半候、桐生事者令出仕候、然間、一昨日厩橋へ納馬、今夕倉内（沼田城）へ着城、明日可越山候、可心安候、猶河田豊前（長親）可申候、謹言、

卯月八日（永禄七年）　輝虎（上杉）（花押影）

長尾越前守（政景）殿

○七四五　那須資胤宛行状写

○大田原市黒羽芭蕉の館所蔵大沼家文書

近年与佐竹義昭合戦之砌、其方依尽粉骨、前度〔毎〕得勝利候段、高名無比類候、為勤労下白久村（那須烏山市・那珂川町）可令充〔宛〕行者也、弥子孫可被

申伝候、仍如件、
永禄七甲子
暦五月五日　　資胤（那須）（花押影）
大沼内匠助殿（泰綱）

○七四六　那須資胤宛行状（折紙）　○興野文書

近年就弓箭各失筋目候処、此度別而忠信感入候、仍上之庄
本意之上、後代之為亀鏡、永楽五百疋之地可令充〔宛〕行者也、
弥子孫可被申伝候、仍如件、
永禄七年
五月十日　　資胤（那須）（花押）
興野弥左衛門尉殿

○本文書、なお検討を要す。

○七四七　上杉輝虎披露状　○蕪木文書

就北条左京大夫氏康与可致和睦儀、御内書謹而頂戴、寔以
過分至極候、総躰東国之事者不及申、従坂東者、古河様（足利義氏）御
成敗、其上東副将之儀被仰付上杉、殊一紙五ヶ国之御判形
拝領、希有之御感、然間、累代奉対都鄙、有忠無誤之所、
何左京大夫（北条氏康）恣関左、結句憲政（上杉）旗本迄入計策、引破家中、無
正躰成来候間、一旦到于越国被納馬候、関越之儀、歴代之
好不浅候、憲政前非可致見除之条、先年上州へ越山、為始
那波（群馬県伊勢崎市）要害所々攻落、依茲守筋目、味方中得力、復先忠之上、
引立諸軍相州迄押詰、及百年不揚放火小田原之地、其外
在々所々屋舎無一宇焼払、内々敵城可付落居候処、佐竹（義昭）・
小田（氏治）・宇津宮（広綱）以下、頻而異見之旨候間、任其儀相宛候、公
私其以後鎌倉中終無出入処、乍恐我等以余勢憲政（上杉）鶴岡社参、
永々在鎌倉、数百里之内外、旧跡順見、驚目次第ニ候、然
而憲政事被渡病者候間、名代職之事、可有与奪愚拙之由候、
諸家一揆同心、領掌可然之段頻而雖悃望候、不相応之儀与
云、若輩与云、就中不奉経上意、以私納得不可叶之段、数
日雖申、八幡宮神前各有詰、強而催促、大途鉾楯之最中、
以如斯之儀徒送時日、自然有横合等到来者、無勿体之旨、

様々申候之間、名跡之事、深雖斟酌候、幸走廻致之上者、憲政煩本復之間、可罷預旗之由、令返答、皆共一旦相慰両年在陣軍労兵、方々備等堅固申付、先以納馬候条、関東過半静謐之処、左京大夫手柄之働難叶而、例式廻武略覚悟、弱者共引付候間、端々猥之儀出来、常州小田氏治事、先年被押抜北条十余年牢籠、然而憲政以越山之鉾、二度還住在所、其厚恩尽未来不可忘失之由、露神名数通起請文差出、無幾程組氏康、彼近辺味方衆へ慮外之儀共連続、雖為遠境当春至于小田地馳向、彼要害旧地、殊年来普請籠手候間、可相責事大切之由、雖各被申候、取詰為攻之候故、落居、宗徒者二千余人討捕、残党或堀溝溺死、或焼死者、幾千万不知其数候、小田同意之地、当日三十余ヶ所出証人降参仕候、野州之内佐野小太郎(昌綱)事茂、去頃覆味方無程飜忠信之条、陣之刻寄馬、雖嶮難之地候、砕手為攻候之間、外構押破之処、様々侘言之条、随分之証人数多取之、小太郎進退令免許候畢、氏康(北条)、既晴氏(足利)様・藤氏(足利)様御父子、豆州奥郡ニ押籠中、剰奉害候、不安(忠)不義絶言語族之候条、可致和談事者、聊雖不存寄題目候、非可奉背上意候間、可応上意之段、可捧御請以心底、上使御下向、則関東味方中対氏康可停矢由、堅申付故、皆共油断之所、氏康へ御下知如何ニ候哉、去月廿三、武州之内太田美濃守地利(岩槻)南方江乗取、色々慮外之刷増進、弥口惜存計候、此上者、為愚拙非奉默止上意淵底、大館兵部少輔方、伝聞愚意非緩急之旨候、定可被達上奏之趣、宜預御披露候、恐々謹言、

(永禄七年)八月四日　藤原(上杉)輝虎（花押）

謹上　大館陸奥守(晴光)殿

○七四八　足利義氏官途状（切紙）　○称念寺文書

官途之事申上候、可有御意得候、謹言、

(永禄七年)八月六日　(足利義氏)(花押)

梶原宮内少輔殿

○七四九　上杉輝虎感状　○上村節山氏所蔵文書

今般小山之地、一戦之刻、無比類高名、尤神妙候、仍如件、

永禄七年

八月十二日　輝虎（上杉）（花押）

渡部城左衛門尉殿

○七五〇　芳賀高定宛行状写　○秋田藩家蔵文書四六

真岡へ在城付而、坂戸郷（茨城県桜川市）士貢之内千疋令合力候、番・普請・陣参以下嗜可為専用之状如件、

永禄七年甲子

八月十三日　高定（芳賀）（花押影）

生田目□□殿

○七五一　芳賀高定寄進状　○海潮寺文書

（端裏ウハ書）「（切封墨引）

海潮寺　侍衣閣下　芳賀高定」

為天窓妙胤香田、若色郷（真岡市）之内樋口内之事、奉寄進候、御成敗不可有相違之状如件、

八月十三日　高定（芳賀）（花押）

海潮寺　侍衣閣下

（異筆）「永禄七年甲子」

○七五二　芳賀高定寄進状写　○寺社古状

芳宮庵主（芳賀高照）為焼香之、乍少所、西刑部（宇都宮市）之土貢内三百疋奉寄進候、朝夕之御廻向之事奉頼候、恐惶敬白、

永禄七年甲子十月廿五日　前伊賀守高定（芳賀）（花押影）

進上　成高寺　衣鉢閣下

○七五三　月斎（田村顕広）書状　○青山文書

不寄存候砌、御便札、珍悦無極存候、自是幸便之間、及回酬候、如承候、於去陣中者、不図遂面謁、誰本望此一事候、仍太田（佐竹）・那須御無事落着、結城も御同前候哉、自信玄（武田）佐・会御一和、被及御籌策度分候歟、近日従彼御間、会へ度々被仰届候、佐・田之事者、別而無意趣候、盛氏（蘆名）吉凶共被申入候上、如斯候、何方も御静謐念願候、於貴所者、不安地へ被相移、御父子之誉無□如斯之上者、此筋無事、於落着者、弥々御手□候、吉事相極候由、□（存候カ）間、御稼可然候歟、我々事者、不屑与云、老後与云、始末之唱等も、不入事候、一往御無事尤存候、到其上者、万一奥口御一見も候者、遂再顔、御雑談心静承度迄候、於隆顕（田村）も、先年被申談候上、毛髪如在被存間布候間、松嶋・平泉御一覧路次中、不可有相違候、書余期後音候、恐々謹言、

追啓、子之者所へ御伝語、黒川ニ踞置候間、其分可申遣候、

（永禄七年）（十月）小春廿七日　南 月斎（田村顕広）（花押）

三楽斎（太田資正）
御報

○七五四　道誉（太田資正）披露状（竪切紙）　○上杉家文書

（端裏貼紙）「太田美濃入道」

御書札拝披、如被仰出、不思儀之進退、于今在宮（宇都宮）仕候、因玆、以御両使条々御尋、誠以過当之至候、一、黄金百両被懸貴意候、畏入存候、一、如斯之進退并愚息源太（梶原政景）以不思儀之子細、当口江罷移候意趣、御味方中様子、去時分、以両使書付を奉進上候処、御返書無之候、如何無御心元奉存候、一、拙夫累年之忠厚、無御忘失之由、誠以過分至極候、此上者、源太事、可被為引立迄ニ候、某之儀者、年与申、無二閑居之身上、存詰迄候、委曲河田豊前守（長親）方可被申上候、可預此由御披露候、恐々謹言、

太田美濃入道

（永禄七年）十一月廿七日　道誉（花押）

河田豊前守（長親）殿

○七五五　梶原政景書状写　○歴代古案一

御貴札披閲、畏入存候、以不思儀之仕合、当口（宇都宮カ）へ罷移候、意趣以使者申達候処、御返札無之候条、無御心元奉存候処、以御両使条々被仰越候、外見実義、畏悦至極候、殊青大鷹一居被懸御意候、御芳志之至、不浅次第候、猶御使頼入候条、令省略候、恐々謹言、

（永禄七年カ）霜月廿八日　梶原源太　政景

越府
人々御中

○七五六　小山秀綱受領状写　○新編会津風土記六

公方様被成下候御書を以、受領之事、相心得候、謹言、

永禄七年甲子
十二月廿五日　（小山）秀綱（花押影）

栃木越中守殿

○本文書、なお検討を要す。

○七五七　小山秀綱一字書出写　○新編会津風土記六

秀

（永禄七年カ）十二月廿五日　（小山）秀綱（花押影）

栃木五郎二郎殿

○本文書、なお検討を要す。

○七五八　源真（佐竹義昭）書状写　○秋田藩家蔵文書一〇

世上之儀少も無思慮、可預意見事尤候、又存分をも申候ハて、不叶事にて候、世間之儀うしろ計までにてハ不可有曲候、存分をも正直ニ承へく候、又可申談候、今夕心しつかに万々可申承候、某存分、別而めつらしき儀ハ無之候、方々得存分ヲも可申合候、心底ニ少もゆたんハ候ハす候、何かに心つくし、すいりやう候へく候、入来之時分、和（和田）掃（掃部助昭為）同心候へく候、したちハ、さいそく申させ候へく候、世間何方ニも無頼躰候、くわしくハ直可申候、此一札火中
〈

以前使して如申候、入来候て、宮之儀被談、明日脚力被立しかるへく候、唯今つよくあつく候て、心しつかに雑談可申様も無之候、其上明日之用所計候間、暮ほとに入来、心しつかに可被談候、一昨直ニも如申候、当口へはかく〱とて罷越候条、内々遊山をもと存候へ共、至于今日少も無手透躰候間、不及其儀、結句爰元之様躰見申候て給候、苦労も増進候様候、罷越候翌日より、万返酬申候やうに候へ共、不安事候間、未落居に候、自然油断之様にも可有之候由、御推量顕之候、

（切封墨引影）

梅江斎（岡本禅哲）　源真（佐竹義昭）

○本文書、永禄七～八年頃のものと思われる。

永禄八年（西紀一五六五）

○七五九　芳賀高定預ケ状写　○秋田藩家蔵文書四四

高岡（真岡市）之郷為料所預置候、所役等無々沙汰可申付之状如件

永禄八年乙丑

二月三日　高定（芳賀）（花押影）

糟谷石見守殿

○七六〇　上杉輝虎書状写　○歴代古案三

急度以両使申届候、連々可有其聞候、越前国累代申合以筋目、去年押懸当方へ証人被越候、至于賀州之中、朝倉左衛門尉（義景）出張、既輝虎（上杉）手前今明日与被相待候、相談首尾無拠之

間、雪中与云、其国寒風之時分与云、其内相構手透、今月
上旬向賀州進発之儀定之処、及度々、近日武・上備大切之
様告来之間、年月功動非可相捨候条、抛万事越山相極候、
今日廿四出馬候、今般之儀者、早速越山以前厩橋（群馬県前橋市）之地へ有
御着、調儀被相定、大途本意此一事候、号間之宿意、御着
陣遅々候間（ハハカ）、御忠信不可有其曲候、委細山岸隼人佐・草間
出羽守可有口上候、恐々謹言、
（異筆）「永禄八」
二月廿四日　輝虎（上杉）
小山下野守（高朝）殿

○七六一　結城晴朝書状写　○伊勢古文書集二下

此度以使者条々承旨、誠志祝着之至候、南方へ被仰談以筋
目五目野被移御陣候哉、殊高朝（小山）・秀綱（小山）有一同御当方之儀、
可令馳走之由承候、尤令得其意候、如何節以使可申届候際（条）、
不能具候、恐々謹言、
（永禄八年）三月五日　晴朝（結城）（花押影）

後藤左京亮（勝元）殿

○七六二　小山秀綱書状（折紙）　○安房神社文書

木沢（小山市）之山王けんさ役、如前々筋目之、式部大夫ニ任之候、
有其意得可被申付候、謹言、
永禄八年乙丑
三月八日　秀綱（小山）（花押）
粟之讃岐守殿

○七六三　小山秀綱受領状（折紙）　○大久保英一氏所蔵文書

受領之事、意得之候、謹言、
永禄禄八年乙丑
三月八日　秀綱（小山）（花押）
大久保豊後守殿

○七六四　小山高朝書状写　○東洋文庫所蔵水月古鑑四

越府江有被仰越候御使節被相立候付而、被成　御書謹拝見、去比も細（網）戸宮内太輔以手筋を及御請候き、遠境と云、依往還不自由参着不仕候歟、一段無心許奉存候、仍御調儀御逼塞之上、輝虎（上杉）越山御催促候而尤奉存候、雖然遠国ハ御頼迄者万端難調候、畢竟御旗本相極御陣談候、高朝（小山）事先忠与云、毛髪不可奉存無沙汰候、以此旨可預御披露候、恐々謹言、

（永禄八年）三月廿六日　高朝（小山）

簗田中務太輔（晴助）殿

○七六五　小山高朝書状　○円満寺文書

（封紙ウハ書）「円満寺　高朝（小山）」

（端裏）「（切封墨引）」

尚々、無気遣御知行尤候、

此度被任申御帰、令満足候、仍寺領之事、則可付遣候処、爰元有調之儀、思惟非容易候、今日吉日之間、致寄進候、手元存様候者、重而可申合候、目出度追日可申承候、恐々謹言、

永禄八年乙丑　五月十八日　高朝（小山）（花押）

円満寺江

○七六六　北条氏政判物（切紙）　○根本きく氏所蔵文書

今度以忠節、彼地可乗取由申上候、神妙之至候、然者、淡志川御代官之事、公方様（足利義氏）御判形申調進之候、可有頂戴候、於向後不可有相違候、弥軽身命可走廻義（儀）、可為肝要状如件、

（永禄八年）乙丑　七月十三日　氏政（北条）（花押）

根本石見守殿

○七六七　岩城宣隆書状　○奈良文書

急度申上候、今朝如申上候、孫衛門尉岩瀬へ相越、白川刷

之事相拘度存候、然者宣隆（岩城）直ニ可申届之由雖存候、佐竹陳へ禅長寺御越之事者、従御東御取扱ニ候、某事者不及其綺候而、岩瀬へハ刷拘之義、或者使、或者以脚力、宣隆請取様ニ幾度も申届候ハん事、義昭（佐竹）取置も如何之間思慮ニ候、幸以御曖西堂彼陳中へ越被申候上者、照行（二階堂）へも白川刷遠慮之義者、御届第一ニ候歟、各も爰元同意ニ被申候上、兼申達候飯孫為御使被相越候上、白川口へ之義、可被相拘之由、照行父子宿老中へ御切紙被相認、早々可被遣候、奉待候、口上之事者各申合申付候、公義者自御東之御使ニ候而、内義之事者某之事も照行其外へも断者、已前より申届候筋目可申理候、又孫衛門者、二三日滞留候而、可被罷帰候、佐陳へも西堂越被申ニ付而者、岩瀬へも衣鉢之方を一人被相越、無事調法之御首尾迄にも被指置候者、自佐陳白川口刷、岩瀬へ催促之挨拶之為ニも、可罷成候歟与各被申候、無余儀存候間、衣鉢衆を須賀河へ被相越可然候、内々那須へ可被指越にて被仰付候方、被相止候哉、其人躰を岩瀬へ可被仰付候歟、但可被相越人躰を可在御工夫候、何ニ照行へ御使之事者可然候、返々岩瀬へ之御書中早々可給候、又乗忍今朝陳中へ被罷越候、自相馬手切も可有之様ニ候之処ニ隆顕（田村カ）切々意見之間、被相拘候由物語候、隆顕心底をハ具被承届候計ニ候、先以可御心易候、御吉事重而恐々謹言、

八月一日西之剋　宣隆（岩城）（花押）

御東江（佐竹東氏）　参

○本文書、永禄八年以前のものと思われる。宣隆は岩城親隆の前名である。

○七六八　足利義氏官途状（切紙）　○称念寺文書

昇進之事申上候、可有御意得候、謹言、

（永禄八年）八月七日　（足利義氏）（花押）

梶原宮内大輔殿

○七六九　上杉輝虎書状　○渋江文書

芳志重々之処、無幾程相忘、北条氏康一味逆心連続之間、各差遣彼要害近辺悉打散、于今為在陣候、輝虎（上杉）事も、関東

仕置可為申付、近日可及越山候、累年之相談此時ニ候間、有用意自身御出陣、可為祝着候、巨細河田豊前守(長親)可申候、恐々謹言、

(永禄八年・九年頃)十月五日　輝虎(上杉)（花押）

小山下野守(高朝)殿

○七七〇　那須資胤宛行状（折紙）

○平沼伊兵衛氏所蔵文書

今度於大海山(那須烏山市)、与佐竹合戦之砌、甲首廿八討取被申事、前代未聞之高名候、後代之為亀鏡、永楽七百疋之地令充(宛)行者也、永々子孫可被申伝候、仍如件、

永禄八丁卯
暦霜月十一日　資胤(那須)（花押）

興野御館

○本文書、なお検討を要す。

○七七一　良舜(小山秀綱)書状

○佐八文書

毎年為御最花百疋　伊勢江進納、粟志(淡)河之内青木左京亮給分相渡候、厳密可有取沙汰候、恐々謹言、

(永禄八・九年頃)霜月廿八日　良舜(小山秀綱)（花押）

佐八掃部大夫殿

○七七二　那須資胤安堵状

○天性寺文書

逐而申入候、委細伊賀頼入候、

天性寺天山善龍和尚之御代、角田之内五貫之所、永代令寄進候、万一名跡立候者、不可有相違候、為向後之、一筆令啓之候条、可得尊意候、恐々敬白、

于時永禄八年乙丑
極月廿七日　資胤(那須)（花押）

天性寺
侍者御中

○七七三　芳賀高定名字状写　○秋田藩家蔵文書五二

定吉

永禄八〔九〕年丙寅

九月六日　　　　　　高定（芳賀）「花押同前」

平野左衛門次郎殿

○丙寅は永禄九年の干支である。

○七七四　結城晴朝書状写　○東京都立中央図書館所蔵下総崎房秋葉孫兵衛旧蔵模写文書集所収乗国寺文書

在陳〔陣〕付而、以使僧御懇切承候、御入令存候、仍向宮領、無残所放火、昨日者、宇都宮宿近辺迄成黒土候、可為御満足候、将又当陳〔陣〕被寄思召、紅燭被懸御意候、令賞翫候、万々帰陳〔陣〕之上、御礼可申述候、恐々敬白、

（永禄半ば頃）霜月十一日　　晴朝（結城）（花押影）

乗国寺

侍者御中

永禄九年（西紀一五六六）

○七七五　天性寺知行目録　○天性寺文書

角田知行定内

いつ〔壱〕貫五百文　ほしの宮

いつ貫文　手作二たん

五百文　かんにんかい〔替カ〕地

いつ貫五百文　たゝらか沢

六百文　にしミやうち

以上五貫文

高瀬長門守

重明（花押）

小瀧藤衛門尉

永禄九年正月十七日

忠増（花押）

篠沼新右衛門尉

胤秀（花押）

各和兵部少輔

直泰（花押）

天性寺へ人々御中

〇七七六　良舜(小山秀綱)書状　〇上杉家文書

貴札披閲、抑小田之事、被応御刷候上、被任御兼諾、為総州口御出馬、至于当地館林(群馬県館林市)御着、然者、味方中御触ニ付而、委砕蒙仰□□可得其意候、諸毎追而可申達之段、不□□謹言、

(永禄九年)二月廿一日　良舜(小山秀綱)（花押）

(輝虎)山内殿
御報

〇七七七　大中寺良慶書状（切紙）　〇上杉家文書

佐野御在陣、急度可申達処、朝夕御普請取紛、及承令思慮、将亦総州口御出馬、無際限御陣労、雖然此度関八落着、四海無為、早速御帰陣所希、恐々戦慄、

(永禄九年)(二月)仲陽吉日　良慶(大中寺)（花押）

(上杉輝虎)山内殿
御幕下

〇七七八　上杉輝虎陣立書写　〇上杉輝虎公記上所収文書

(晴朝)結城　二百騎

(秀綱)小山　百　騎

(小山高朝)榎本　三十騎

是ハ小田(常陸)本意之以約束可相立事

(昌綱)佐野代官　二百騎

(由良成繁)横瀬　三百キ

長尾(景長)但馬守　百　キ

成田(氏長)　二百キ
広田(直繁)　五十キ
木戸(忠朝)　五十キ
梁〔簗〕田(晴助)　百キ
富岡(重朝)主税助　三十キ
北条(高広)丹後守
沼田衆
房州衆(里見義弘)　五百キ
是、金山口号調儀可引立事
酒井(胤治)中務丞　百キ
太田(資正)　百キ
野田(弘朝)　五十キ
宇都宮(広綱)代官　二百キ
佐竹(義重)同心共代官　二百キ
(永禄九年二月カ)
以上

○七七九　北条氏照書状写　○小田部庄右衛門氏所蔵文書

来翰披閲、此度其口御調義先雖可有之、上州口妄有之者、其表之御調儀如何様ニ被思召詰候共、不成義候、当口於静謐者、其口行幾度モ可有之候、然間以此塩味此ゟ一々被成無所貽相調、為始小田(氏治)、結城(晴朝)・小山(秀綱)・宇都宮(広綱)証人悉被進置候、可御心安、然而十郎殿(正木時通)一昨十一、御着陣、氏政(北条)一段御喜悦候、爰許涯分馳走可申候、可御心安候、委細期来信候、恐々謹言、

(永禄九年カ)五月十三日　氏照(北条)　判

正木左近大夫殿(時忠)
参

○七八〇　佐竹義重起請文写　○秋田藩家蔵文書九

起請文之事「牛宝裏也」

一自今已後其方到無御別条者、於義重(佐竹)不可有別心事

一有讒人、如何様之儀申候共、不残可申理事

若偽候者、
上者梵天・帝尺・四大天王、下ニ者堅牢地神・日本国中大
小神祇、別而者熊野三所大権現・日光三所権現・当国鹿嶋
大明神・当社八幡大井・摩利支尊天・天満大自在天神、則
可蒙御罰者也、仍如件、

永禄九年
七月二日　　　　　　　　（佐竹）義重「血判」（花押影）

（堅綱）武茂上野介殿
同　（輝綱）源五郎殿

○七八一　佐竹義重書状　○千賀忠夫氏所蔵文書

熊啓之候、先日者為使被打越候、太儀之至候、仍而近日
（上杉）輝虎越山儀定之由、度々注進候、就中去六日出馬、九日柏
崎迄被打着由、見届罷帰者候、重而依一左右令半途、可及
手合逼塞ニ候、就之存分以車信濃守申理候、可然様取成尤
候、恐々謹言、

追而、細井左京亮へも去比者辛労之由、可被相心得候、

（永禄九年カ）八月廿八日　　　　　　　（佐竹）義重（花押）

岩上伊勢守殿

○七八二　北条氏照書状　○早稲田大学図書館所蔵三浦文書

来翰珍閲、仍当調儀遅延不審之由、尤無余義存候、当口
之事、先月以来打続大雨故洪水、万方通路不自由之間、
以大軍之動難成候間延引、差行無之候、
一越衆出張之由風聞候哉、于今無其儀候、上州堺へ打出之
由、先月半時分申来候キ、其以後無是非候、実儀有之者
可申入候、
一東口之事、始宇都宮、両皆川、新田、当方江申寄候、就
中成田（氏長）事、我々刷を以時宜落着、今明之内以代官可申由
候、可御心安候、一、其口珍敷義有之者、節々可蒙仰
候、一、一宮先踪被遷新地、彼社中幷社宿以下、守護
不入御判形之事承候、則申調進置候、委細猶狩野飛騨守（泰光）

可申候、恐々謹言、
（永禄九年）閏八月廿五日　氏照（北条）（花押）
正木左近大夫殿（時忠）
回章

○七八三　山本義宗等寄進状写　○佐八文書

為御立願一書令申候、仍伊勢松殿目出度川崎（矢板市）へ自当地於御本意者、毎年五十疋進納可申候、於御神前御祈念奉頼候、□（敬）白為後日之状如件、恐々謹言、
永禄□（九）年□（九）月廿四日　山本上総守
義宗（花押）
同長鶴丸
佐八掃部亮殿
御宿所

○虫損部分は「下野国旦那帳」より補った。

○七八四　佐竹北義斯官途状写　○秋田藩家蔵文書三

此度於塩谷之地致辛労候条、官途之事、相心得候者也、
永禄九年丙寅
十月十六日　（佐竹北義斯）（花押影）
延生玄番（ママ）亮殿

○七八五　佐竹義重官途状写　○秋田藩家蔵文書四五

今般塩谷川崎（矢板市）之地動、神妙候、依之官途之事相意得候、恐々謹言、
永禄九年丙刁
拾月廿三日　（佐竹）義重（花押影）
松平弾正少弼殿

○七八六　阿弥陀坐像背銘　○結城市常光寺

十方進之旦那
飯谷禅国禅定門
飯島道信禅門霊位
妙祐禅定門　大嶋帯刀□

妙芳　吉葉大□
全春　田嶋越後□
僧□音　枝主計助
泰心　勘解由

当本願品清聖人
土塔本願仏聖房覚秀聖人
東西南北進之願人見月房
金蓮房覚祐
開眼導師興法十一代　法印亮雄敬白
大日本国関東路下野州小山郷
有鋳銅無量寿仏尊像不□何□誰氏
既久遠矣仏像半虧損見者既□□□永禄九龍
集丙寅之春当州大守藤氏秀綱公発願
施金銀之財資鋳補仏身之虧傷不日而落成
同冬十月鳩四来之緇徒読誦経□一千部以伸供養参詣之貴賤
無不歓喜焉無量功徳善利盛美可瞻仰者

十(平伏)往以弥陀仏応化□則八幡大薩陲国家平安庄内
豊富武家鎮護之神□是也然則当家之繁栄
如朝日離雲草木得両必矣
右丙寅(永禄九年)冬十月吉祥如意珠日敬白
銀翁泉公禅定門
道賢禅門
出居休阿弥
大工毛塚木工助
外記殿
出居雅楽助　野村左衛門五良
大田藤兵頭　五良太良
源翁道志
星林宗□　兆立寄進
谷原隼人

久太
当方
忍原左京助
日如
道久禅門
妙長禅尼
道仲禅門　　妙仲禅尼
（右肩前面の追刻）
御光　石座両覆造立者
当住三十代其阿上人呉山和尚
于時宝永七庚寅十二月吉祥日

○七八七　昌誉書下写　○諸家古案集

此間之奉公、御かた〳〵参ちん（陣）候了、石那田（宇都宮市）□（之）儀まかせ入
候、為其一筆を進候、仍如件、
永禄九年
十二月八日　　昌誉
木村大隅守殿

○七八八　足利藤氏書状写　○小山氏文書

厥以来不申遣候、然者、違和于今尓々与無之候哉、孚以無
心元候、時分柄無油断養生可為簡要候、（小山）高朝被相談、追日
忠信感悦候、巨細伊賀藤三被仰含候、謹言、
（七月）夷則廿八日　（足利）藤氏（花押影）
小山小四郎（秀綱）殿
○本文書、永禄九年以前のものと思われる。

○七八九　足利藤氏書状写　○小山氏文書

厥以来不申遣候、然者、追日忠信之様躰、感悦候、仍近年
一入秘蔵之栗毛馬遣之候、巨砕被仰含両人候、謹言、

九月廿二日　藤氏《足利》（花押影）

小山小四郎《秀綱》殿

○本文書、永禄九年以前のものと思われる。

○七九〇　佐竹義昭消息写　○秋田藩家蔵文書七

その、ちハ申承候ハぬまゝ、なひ〳〵《内々》これよりとおもひ《思》まいらせ候折ふし、御懇にうけ《承》給候、御うれし《嬉》くおもひ《思》まいらせ候、何より御けなけのよしうけ《承》たまハり、心やす《易》くこそ候へ、こなた《此方》にてもみな〳〵《皆々》けなけにて候、御悦たるへく候、さてハ、おもてのこれう人、伊王野へとり合申度まゝ、ひとひ河井さまの助をもつて申こし候ところに、かさねて返事有へきにて候つる、みつから《自》とりあわせ《取合》のうへ、しさい《子細》もなく候ハゝ、かかひつ申候て、さう〳〵まかせられ候やうにまいらせ候、いけん《意見》たのミ《頼》とりまきれ《取紛》候てをそく《遅》なれハ、申事ちかひ《違》、くちをしく《口惜》候、御いけん《意見》候て、さう〳〵《早々》らんきよ《落居》打ねかい《願》まいらせ候、中〳〵とりまき《取紛》る、計にてさう〳〵申候、かへす〳〵出ちん《陣》のしたく、ゆたん《油断》なきやうに御心へ《得》候へく候、かしく、

「《奥切封》（墨引）」

大やまおかたへ　よし昭《佐竹》

○本文書、永禄八年以前のものと思われる。

永禄十年（西紀一五六七）

○七九一　上杉旱虎輝虎書状　○本誓寺文書

専柳斎（山崎）可越由候つる間、午刻迄相待候へ共、不越候条、早飛脚越候、一、小貫（頼忠）ニ孫次郎（山吉）相尋分者、去春も沼田（群馬県沼田市）迄遂ニ当地之儀不承候処、達而昌綱（佐野）御済者、屋形ぉ彼者ニ被思召替歟之由、申理候処、今日迄同陣延引者別之儀ニ無之候、始義重（佐竹）家中同陣之者共之証人可被為取由、堅承届候条、此一ケ条至相澄者、当陣押すごしても陣取可申由候、今日迄者加様之儀心ニも存儀無之候、為如何子細ニ候哉、併皆川（俊宗）之証人者、此次而ニ取度事候、此返事ぉ如何与可申候哉、工夫ニ余シ候、

一、先一札ぉ出同陣候者、其上義重令談合、皆川之仕置ぉハ可成之候歟、当地ニ一途候者、以後々者皆川計者輙候、先請乞申、同陣候者、一功之上、仕置者成安候、縦関東之証人悉取候共、如先年大途之破候者、証人者可捨候、義重同陣候て、当地も落居、大途之備も直り候者、其身共可持出候歟、於啐啄者、此証文出、同陣之儀可為急候、其為認越申候、義重江之一札候、謹言、

（永禄十年）二月八日　　旱虎（上杉輝虎）（花押）

北条丹後守（高広）殿

○七九二　孝山小山秀綱書状（竪切紙）　○若松文書

越陣江広綱（宇都宮）為手合、芳十（芳賀十郎高継）被相立候歟、其方同陣之由、労煩察入候、此等之儀疾雖可啓、近日者富田（栃木市）領中ニ在陣候者、無其儀候、自当儀モ佐竹一統ニと覚悟候条、去比倩土遠横田様江及相談之義、方々作意之上、去月十九、粟宮長門守ニ一勢指添、佐野江被越候、彼地被打着者、当手江入魂候

様、芳十江御取合任入候、恐々謹言、
二月八日（永禄十年）　孝山（小山秀綱）（花押）
岡本（高永）筑後守殿

○七九三　那須資胤宛行状（折紙）　○沢瀬貫一氏所蔵文書

今度佐竹義昭与於大川井山合戦之時節、其方抜郡（群）之働感入
候、仍後代之為亀鏡、永楽五百疋之地可令充（宛）行候、弥子孫
可被申伝候、如件、
永禄十年
二月十七日　資胤（那須）（花押）
池沢左近（忠茂）殿

○本文書、なお検討を要す。

○七九四　那須資胤宛行状写　○那須譜見聞録五

依此度忠信、酒主（那須烏山市）二拾壱貫之所相渡候、随而佐竹・当方以
合点上庄如存者、平沢（大田原市）之地可相渡、幷若目田（大田原市）之地沢村（矢板市）在城
分候、尤相任望候、以如件、
永禄拾年
三月十七日　資胤（那須）（花押影）
高瀬兵部少輔殿

○七九五　「下野国供養帳」第一・二　○高野山清浄心院所蔵

月

下野皆川為幸嶋若狭守親父立之
道徳禅定門　霊位
永禄十年丁卯卯月七日

○七九六　小山秀綱所領宛行状（折紙）　○小山市立博物館所蔵大橋稔家文書

狩野大炊助給分生江（小山市）之郷内五貫文之所被下之候、走廻不可
致油断候者也、
永禄十年

卯月廿六日　（小山秀綱）（花押）

大橋左京亮殿

○七九七　北条氏康書状写　○国文学研究資料館所蔵蜂須家文書徴古雑抄三一

態令啓候、為始佐竹義重、宇都宮広綱・小田氏治各申合子
細有之而、（北条）氏政不日出馬候、年来御入魂之意得候間、此度
雖双旗申度心中候、却而率爾之様候歟、何も一廉御加勢此
時候、為其以使申届候、委（細カ）政氏政可申入候、恐々謹言、

（永禄十年カ）五月十日　（北条）氏康（花押影）

（胤富）千葉介殿

○七九八　佐竹義重書状　○塩谷文書

雖未能通音候、啓之候、抑泉（矢板市）之地乗取之由候、伊勢松丸へ
之忠信無比類候、尚以本意候、各以相談可被相稼事専一候、
於向後者不可有隔意候、事々期後音候、恐々謹言、

（永禄十年カ）五月十日　（佐竹）義重（花押）

塩谷宮内太輔殿

○七九九　那須資胤宛行状（折紙）　○瀧田文書

就近年弓箭失各筋目候処、今般別而忠信感入計候、依之今
度本意之上、後代之為亀鏡、五百疋之地可令当（宛）行者也、仍
如件、

永禄十年

五月十日　（那須）資胤（花押）

（資友）瀧田式部少輔殿

○八〇〇　那須資胤書状写　○那須譜見聞録五

尚々頼入候、令略候、

高瀬兵部少輔相渡候地之事、於以後も不可有相違候、恐々
謹言、

五月廿二日　（那須）資胤（花押影）

（宛所欠）

○八〇一　佐竹北義斯宛行状写　○秋田藩家蔵文書三

為新恩、塩地内（谷脱カ）三貫文之所遣之候、向後猶以神妙ニ可致奉
公者也、

永禄十年丁卯

六月十六日　（佐竹北義斯）（花押影）

延生玄番〔蕃〕允殿

○八〇二　孝山小山秀綱寄進状　○荒川要氏所蔵文書

尚々、兼日毎月廿日申候、於様躰者宗悦可申候、被得其意無懈
怠御吊〔弔〕被成之可給候、
兼日如申届、為彼香面〔免〕間中（小山市）之郷之内、梅子給分本八貫、同
郷荻野給分三貫五百、合十壱貫五百、末代寄進申候、別而
御吊〔弔〕馮入候、かしく、

永禄十年丙丁（ママ）卯

七月十二日　孝山（小山秀綱）（花押）

松厳寺

○八〇三　佐竹義重書状写　○秋田藩家蔵文書二〇

当口在陣懇切之赴〔趣〕、快然之至候、千本（茂木町）へ押詰及行候、中妻
筋へ相動如存候、其上号興野（那須烏山市）与地へ罷越、悉取詰候時十一
烏山（那須烏山市）宿根小屋無残打散候、爰元落居不可有程候、事々期後
音候、恐々謹言、

（永禄十年カ）八月十二日　（佐竹）義重（花押影）

赤坂宮内太輔殿

○八〇四　塩谷伊勢松丸書状　○佐八文書

此度早速帰城、御祈念故候、如毎年為寄進之地喜連川（さくら市）大蔵
崎郷道西内奉進納候、猶御精誠可為本望候、為後日如件、

永禄十年丁卯九月廿六日　塩谷伊勢松丸

宮内佐八掃部丞殿　参

○八〇五　上杉輝虎覚書写　○伊佐早文書

覚

一近年不通、佞人所行之事、付去比各迄申届事
一越山之事、付時分事、同関宿
一小田（氏治）之事
一那須（資胤）之事
一当口之事

以上

（永禄十年）十月廿日　（上杉）輝虎

○八〇六　鈴銘　○鹿沼市磯山神社

奉献　当山大明神　鰐口
永禄十年十二月十五日
本願　壬生彦治郎
藤原氏勝（花押）
高木伊勢守宗吉

小野口主水佑吉

○八〇七　「下野国供養帳」第一・二　○高野山清浄心院所蔵

月

下野皆川為幸嶋若狭守親母立之
□意禅定尼　霊位
永禄十年丁卯□

永禄十一年（西紀一五六八）

〇八〇八　真崎義伊書状写　〇静嘉堂文庫集古文書

貴札過分之至存候、当口別而無相替儀候、近日白川口へ可
被及御調儀之由候、那須上庄之各御当方（佐竹氏）へ無二被申合候、
白筋（白川）之御備方可御心安候、小場・石塚無際限御陣労ニ候、
毎事御帰馬之上、可申上候条、不能具候、恐々謹言、
真兵（真崎兵庫助）
二月十日　義伊（花押影）
小場御中城
貴報

〇八〇九　芳賀高継宛行状写　〇小田部庄右衛門氏所蔵文書

稲毛田（芳賀町）郷迎之内田地之事、当行（宛）候、年貢諸役等不可致無沙
汰候、土貢之内六貫文為恩賞充（宛）行候、陣参以下可相嗜之状
如件、
永録（ママ）十一年戊辰
三月十八日　（芳賀高継）（花押影）
加藤信濃守殿

〇八一〇　北条氏政書状写　〇豊前氏古文書抄

網戸（小山市）之儀、野田（景範）被申事候哉、彼模様一円前後不存候、道理
之外旨有間敷候哉、畢竟従　鎌倉様（足利義氏）之御拝領之御証文披見
申候条、我々も一札進之候キ、猶野田被申旨候者、鎌倉へ
可有御披露候、其上可有御紀明、於我々者、是ニも非ニも
御奉公衆知行方之事者、　上意次第候、自元御尋之儀候者、
推道理処可申上候、如来意貴所依御忠信、被成拝領上、他
之申事有間敷候哉、然共立増理有之而、万一御違変　鎌倉

様被仰出候者、替之地成共、定可被進候、菟角其方忠儀者、
水ニ被成間敷分別申候、以上、
(永禄十一年)五月十四日　　(北条)氏政
(氏景)豊前殿

○八一一　足利義氏宛行状写　○豊前氏古文書抄

累年不一代抽忠節候、誠以御感悦候、殊去(永禄三年)庚申歳已来不一
方走廻、勲功之至神妙候、仍而為御新恩網戸(小山市)一跡并馬場(小山市)・
柞〔楢〕木(小山市)両郷被充〔宛〕行候、知行不可有相違候、謹言、
(永禄十一年)五月十八日　　(足利義氏)(花押影)
豊前山城守殿

○八一二　北条氏政書状写　○豊前氏古文書抄

(封紙ウハ書)
「進上　御奏者　　(北条)左京大夫氏政」
此度古河・相馬、如御下知、普請等堅固ニ申付、帰陣仕候、
委細豊前山城守言上可申候、随而網戸一跡豊前山城守ニ被
任下由存其旨候、尤　上意次第、於拙者者可然奉存候、此
旨可預御披露候、恐惶謹言、
(永禄十一年)五月廿六日　　(北条)左京大夫氏政(花押影)
進上　御奏者

○八一三　足利義氏条書　○野田家文書

覚
一、網戸一跡豊前山城守(氏景)可相渡由、先日被仰出候時分、聽
而以代官可申上由、及御請于今不令言上候、不及是非候、
此上之儀者早速可相渡候事、
一、菖蒲丸扱之儀、被仰出候処、難渋之様躰不被及御分別
候、此度是非之儀可申上事、
一、大口(茨城県坂東市)猫実(〃)・大矢口(〃)・駒羽(〃)・莇宿四ケ所之儀何も申上旨、
一向不被及御分別候、先段如被仰出候、大口之事、頼光
寺為御恩賞被充〔宛〕行候、其外三ヶ所之儀、先年左衛門大夫(野田弘朝)
返忠之砌、家中之者三人ニ一代と被仰定被下之候、然間

左衛門大夫申請御証文ニも被相除候、向後可令停止綺事、
一、去春一色(義直)と相論之砌、庚申歳(永禄三年)迄知行之分不可有相違由、一色方へ被仰出候、此条々何も有道理被仰出候間、不可准其儀事、
右之条々此度許可被仰出候、尚就菟角者、以御雑色巳下御直ニ可被仰付迄候、
巳上
辰(永禄十一年)七月廿六日(朱印、印文「巳」)

○八一四　笠間利長判物　○栃木県立文書館寄託川上吉弥家文書

為御意成状之趣、
此度相州小田原之軍而今月十二日川上右衛門里吉致伐死候、妻子之愁眉為令除去、柿沼加賀被召出、里吉頭古里江被送下条、其地而可為歓喜、如件、
永禄拾壱年戊辰文月(七月)　笠間長門守
利長（花押）
川上右衛門
内室

○八一五　上杉輝虎書状写　○謙信公御書集十四

其元之儀、雖難計候、以使僧申入候、仍佐竹御事、代々任好、近年者、他異申談候処、関東之破、心懸取成族、大方に心得有、却無曲仕合、無念、無是非次第候、此上之儀、互抛万障一筋に申合、関佐弓箭、令再興度念望迄に候、幸宮(宇都宮)之儀、義重(佐竹)御間之事候間、所詮、於自今以後者、自佐野地東之事、一円に彼両家渡進、何篇仕置等、可任入候、然上者、有引、仍輝虎(上杉)坂東及半国、可補佐事、自他之覚、何事歟可如之候哉、内々彼等之趣、直雖可申述候、様子不相知間、先其方迄申越候、尤佐・宮家中衆茂、此度之儀候間、如望付勇、今度手合之取成、頼入度候、遠境不案内候間、是茂其方差図次第、可得其旨候、然者、多嶋事茂、万方無残与、氏政(北条)彼在所取駈候処、有一人引請、万軍剰令得利由、古今無比類動、不及是非候、此上茂無二可抽忠信由、此中

茂度々申越候、万一佐・宮(佐竹・宇都宮)逼塞、輝虎上者、猶以可相稼候、随而越山事、可相急候処、留守中為備候間、信州之内飯山地、為取地利候、左様之取籠故、遅々、大略普請以下出来候間、必今月中可令出馬候、兼又、沼田与佐野之間、有直路令往還由、及聞条、此間以案内、為見量候処、人脚細少之以造作、可為人馬自由候間、是編付天道之所満足此事候、倉内着城、諸軍引揃内、彼山中為作之、今度之越山、自沼田直佐野江可相稼候、緞〔縦〕当秋一功無之共、不伺時節令発向者、於何之地茂可付是非事、眼前候、況両家於御同心者、当秋中に東方可為存儘候、就中、佐野地仕置之事、定可有其聞候、佐息虎房丸儀、先年為証人出及、度々雖捨置候、輝虎慈悲之以余情、不及沙汰、殊彼家何事も可為如前々由、就令下知、親も疎茂皆以令帰覆、追日備純熟之由候、定被及聞、可為悦喜候、猶案内口上に可有之間、不具候、恐々謹言、

(永禄十一年)八月七日　輝虎(上杉)

太田美濃守殿(道誉、太田資正)

○八一六　足利義氏書状案　○喜連川文書御書案書留上

為八朔之祝儀、弓幷団進上、目出度候、仍矢被遣之候、謹言、

(年未詳)八月　日下(足利義氏)

壬生彦次郎殿

相馬左近大夫殿　同前ニ被下也、

○本文書、永禄十一年～天正三年頃のものと思われる。

○八一七　足利義氏ヵ書状写　○喜連川文書御書案留書上

為八朔之祝儀、弓・団幷白鳥進上、目出度候、仍御矢被遣之候、謹言、

八月日

妹尾甲斐守殿

○前号足利義氏文書との関連で便宜ここに置く。

○八一八　足利義氏書状写　○小山氏文書

伊勢千代丸（小山政種）当秋之はいたか進上、即被繋御架秘蔵候、然者、
其方調合之薫十貝到来、一段相勝候、相伝之方聞召度候、
巨細昌伊（三伯）首座可申遣候、謹言、

九月十日　　義氏（足利）（花押影）

小山弾正大弼（秀綱）殿

○八一八号と八一九号文書は、永禄十一年～天正九年頃のものと思われる。

○八一九　足利義氏書状写　○小山氏文書

遥々不申遣候間、雖無指儀候、岩堀安芸守遣候、近日世上
之様躰一向不被聞召届候、見聞之子細候者、言上尤候、委
細口上被仰含候、謹言、

九月廿一日　　義氏（足利）（花押影）

小山弾正大弼（秀綱）殿

○八二〇　那須資胤感状　○興野文書

今般上庄属佐竹之処、貴殿働を以令帰服之条、致大悦候、
依之正宗之鎧通進之候、可被秘蔵者也、

永禄十一年

十月十日　　資胤（那須）（花押）

興野弥左衛門尉殿

○本文書、なお検討を要す。

○八二一　宇都宮広綱官途状（折紙）　○和気義広氏所蔵文書

（花押）（宇都宮広綱）

官途之事、

被下候者也、

永禄十一年戊辰

十月廿四日

山崎大学助との

○本文書、なお検討を要す。

〇八二二　足利義氏書状（折紙）　〇小山文書

（封書ウハ書）「小山（秀綱）弾正大弼殿　（足利）義氏」

慶田西堂参上付而、懇被申候、喜入候、然者、青磁盞到来、
一段珍候、委細可在口上候、謹言、

十月廿五日　（足利）義氏（花押）

小山（秀綱）弾正大弼殿

〇本文書、永禄十一年～天正九年頃のものと思われる。

〇八二三　北条家朱印状写　〇栃木県庁採集文書六

（俊宗）皆川証人之事、
右よこつるニ差（指）添、先番ニ有之、長江左近ニ可相替事、不
可有相違者也、仍如件、

（永禄十一年）辰十月廿六日　石巻（康敬）彦六郎奉

遠山（康光）左衛門殿

此所ニ虎ノ朱印アリ

〇八二四　沙弥道楽（皆川俊宗）書状　〇細川家文書

（封紙ウハ書）「　（追筆）「二ツ」
謹上　細川兵部太輔殿御返報　心徹斎 沙弥道楽」

就京都不慮之儀、為可被散御無念被成御退座候之事、乍恐
無御余儀令存候、其上被相催諸国、不日可被成　御動座之
段、宇都宮弥四郎（広綱）所へハ以森坊被成下　御書、可及其馳走
之由、吾々へも御同前誠ニ過分至極候、然処無程御入洛之
由其聞得候、千秋万歳目出度奉存候、此上御祝儀等定而各
可被申上候、此等之旨趣、森坊憑入聊及御報候、猶可然節
預御披露候者、可為本望候、恐々謹言、

（永禄十一年カ）十一月晦日　（皆川俊宗）沙弥道楽（花押）

謹上　細川兵部太輔（藤孝）殿
御報

〇八二五　北条氏政書状写　〇豊前氏古文書抄

網戸（小山市）一跡、自　鎌倉様（足利義氏）御拝領候哉、尤目出珍重候、於氏政（北条）
令得其意候、恐々謹言、
十二月十二日（永禄十一年）　氏政（北条）（花押影）
豊前山城守殿
（封紙ウハ書）
「豊前山城守殿　氏政（北条）」

永禄十二年（西紀一五六九）

〇八二六　足利義氏書状（切紙）　〇称念寺文書

（封紙ウハ書）
「梶原美作守殿　義氏（足利）」
為年頭之祝儀、一荷三種進上、目出度候、仍御扇被遣之候、
謹言、
正月九日　（花押）（足利義氏）
梶原美作守殿

〇本文書、永禄十二年～天正八年頃のものと思われる。

〇八二七　足利義氏書状（折紙）　〇称念寺文書

（封紙ウハ書）
「梶原美作守殿　義氏（足利）」

名国司之事、申上候、可有御意得候、謹言、
（永禄十二年）二月朔日　（足利義氏）（花押）
梶原美作守殿

〇八二八　明察小山高朝書状写（竪切紙カ）

〇東京都立中央図書館所蔵下総崎房秋葉孫兵衛旧蔵模写文書集所収乗国寺文書

今日廿一、以菊雪斎中達候処、尊札御同意之条、真実以欣然之至候、自（群馬県前橋市）廐橋之両通、為御披見之進之候き、仍而来廿二日、中途まて可有御越候段、蒙仰候、同者当地へ御出尤候、万々彼口上ニ申入候間、令省略候、恐々敬白、
二月廿一日　（小山高朝）明察（花押影）
乗国寺衣鉢閣下

〇本文書、永禄十二年～天正元年頃のものと思われる。

〇八二九　足利義氏書状（切紙）

〇称念寺文書

為上巳之祝儀、一荷一種進上、目出度候、謹言、
三月四日　（足利義氏）（花押）
梶原美作守殿

〇本文書、永禄十二年～天正八年頃のものと思われる。

〇八三〇　孝哲小山秀綱書状写

〇岩上文書

（封紙ウハ書）「岩上筑前守殿　従祇東」
玉へ之来札則披見、紙面之趣大悦候、大出等之類折々者爰元へも打越候様ニ任入候、仍風呂可越給之由忝候、出来次第何時にても可相待候、随而越・相之沙汰如何、其口之人口候哉、南ニハ越河之用意候段、今朝到来候、不可有差行候歟、越府ニも少々はや先衆沼田へ打着由正説候、定其筋へも可為同説候、謹言、
（永禄十二年）三月十九日　（小山秀綱）孝哲（花押影）
岩上筑前守殿

〇八三一　武田信玄条目　〇山県徹氏所蔵文書

条目

一、此節懸川(静岡県掛川市)近辺ニ弥被築取出之地利、可被取詰儀肝要候之事、

一、甲・越(武田・上杉氏)和与之儀、以　公方(足利義昭)御下知、織田信長媒介候之条、定而可為落着之事、

一、佐竹(義重)・里見(義弘)・宇都宮(広綱)已下、関東過半相調、向小田原(神奈川県小田原市)可及行之催専候之事、

付条々、

以上

(永禄十二年)四月七日　　信玄(武田)（花押）

徳川(家康)殿

〇八三二　三楽斎道誉太田資正条書案　〇上杉家文書

覚

一、御座所古河可然事、

一、公方様之御事、

一、武・上・常・野州之事、付両条之事、

一、西方河内守方可被引立事、付例式表裏仁之事、

一、一儀ニ付而以誓詞申達候事、

以上、

(永禄十二年)卯月廿一日　　三楽斎(太田資正)道誉

河田豊前守(長親)殿

山吉孫次郎(豊守)殿

〇八三三　足利義氏書状（切紙）　〇称念寺文書

為端午之祝儀、樽・粽以下進上、目出度候、謹言、

五月五日　　(足利義氏)（花押）

梶原美作守殿

〇本文書、永禄十二年～天正八年頃のものと思われる。

○八三四　佐竹義重書状　○松野文書

当口出馬付条々悃切之趣、祝着之至候、仍去十三氏治(小田)在城近辺号若森(茨城県つくば市)地在陣、押詰及動候間、麦作無残所振捨候、定而可為太悦候、其元別而無相替義候哉、猶以用心等不可有御油断候、爰元手成和田安房守(昭為)可申越候間、不及細筆候、恐々謹言、

(永禄十二年カ)五月十六日　義重(佐竹)（花押）

松野(資通)次郎左衛門尉殿

○八三五　小田氏治書状（切紙）　○栃木県立博物館所蔵那須文書

廿七日之御状今六日自久下田(真岡市)到来、披閲、如紙面佐竹方向当地(常陸小田)被動干戈候、備堅固御悦喜之段本望候、十五日ニ河ヲ被越候、一日之内三度仕合、敵数多討留防戦、任存分候、物近之動只一日迄候、於模様者不可有其隠候、抑氏政(北条)者氏真(今川)帰国被相調、猶為仕置三嶋(静岡県三島市)ニ被立馬候、漸可為帰陣候、既相・越和談落着、諸毎大手之義可御心易候、如斯之上幾度義重(佐竹)出張候共、於手前之備者不可有御機遣候、自何氏政御入魂之義至于愚拙大慶候、吉左右自是可申候、恐々謹言、

(永禄十二年)閏五月六日　氏治(小田)（花押）

那須(資胤)殿

○八三六　上杉輝虎条書写　○国立公文書館所蔵宇都宮氏家蔵文書中

覚

一任御意見、南江(北条氏)返答之事、付、写物指越候事、

一従甲(武田氏)之使者、向後被仰払、許容有間敷事、付、相支証之事、

一始末為可申合、誓句同御返答之事、

一相越(北條・上杉氏)於令無事者、必関東之諸士表裏例式候条、義重(佐竹)・輝虎(上杉)間可申妨候、此御分別有之、御気遣簡(肝)心候事、付、相余折角之段於申届者、可為別筋歟之事、

一輝虎越山、義重直御出馬同陣、千言万句候事、

以上

(永禄十二年)閏五月十日　(上杉輝虎)（花押影）

○本文書、宛所を欠くが、文書の伝来より宇都宮広綱宛と思われる。

○八三七　北条氏政書状（竪切紙）　○栃木県立博物館所蔵那須文書

御状祝着候、如来意今度之仕合随分無残所候、向甲州築新地漸出来候間、五日之内可令帰陣候、可御心易候、委細者善九郎（北条綱成）可申述候条、不能細筆候、恐々謹言、

（永禄十二年）閏五月十三日　氏政（北条）（花押）

那須殿（資胤）

○八三八　「下野国供養帳」第一・二　○高野山清浄心院所蔵

日牌

下野宇都宮紀藤四郎

道□禅定門　霊位

永禄十二年六月十二日立之

○八三九　「下野国供養帳」第一・二　○高野山清浄心院所蔵

日牌

下野宇都宮紀藤四郎

道規禅定門　霊位

永禄十二年六月十二日立之

○八四〇　上杉輝虎条書　○東大阪市専宗寺文書

覚

一　当秋行仕置之事、　付口上

一　佐・宮（佐竹・宇都宮）之事、　付口上

一　父子進退之事、　付条々口上

一　多修（多賀谷政経）存分之事、　付口上

一　成左（成田氏長）可有計策候之事、

一　関東無二相捨間敷事、

一　駿州深引移之事、

以上

七月七日（永禄十二年）　輝虎（上杉）（花押）

〇八四一　足利義氏書状（切紙）　〇称念寺文書

初鮭進上、□（令）賞翫候、謹言、

八月廿一日　（足利義氏）（花押）

梶原美作守□（殿）

〇本文書、永禄十二年～天正八年頃のものと思われる。

〇八四二　佐竹義重書状　〇栃木県立博物館所蔵那須文書

如来意、此度小田（茨城県つくば市）之地及近陣可付落居逼塞之処、各異見之旨候間、二三ヶ所付城取立普請最中ニ候、五三日之内、何も可為成就之条、可御心安候、委細帰馬之上可申述候、恐々謹言、

九月廿一日（永禄十二年カ）　義重（佐竹）（花押）

那須殿（資胤）

〇八四三　小山秀綱官途状写　〇晃程文書

官途之事、申上候、被成下之者也、

永禄十二年

十月十五日　（小山秀綱）（花押影）

渡辺内膳亮殿

〇八四四　小山秀綱受領状写　〇晃程文書

州名之事、申上候、被成下之者也、

永禄十二年

十月十五日　（小山秀綱）（花押影）

渡辺筑後守殿

〇八四五　足利義氏書状　〇称念寺文書

（封紙ウハ書）「梶原美作守殿　義氏（足利）」

先日者塩原（那須塩原市）之湯御所望之由、被仰出候処、即召寄、早々進上、可有御温泉之条、一入感悦之至候、仍近日者、東北静

之由肝要至極候、珍説候者、節々注進尤候、次西口陣中之模様、去十・六、相・甲（北条氏・武田氏）、及手切、氏政（北条）成動候処、得勝利、於所々敵数多討捕由注進候、定而肝要可存候、様子者安西但馬守（能胤）可申遣候、謹言、

（永禄十二年）十月廿三日　（花押）（足利義氏）

梶原美作守殿

○八四六　上杉輝虎書状写　○太田文書

両度脚力、疾ニも可返処、帰陣為可拝見延引、定而可被恨候、昨日極晩、当地春日山（越後）帰城、為不休息、明後爰元可打立候、越中口無拠子細有之、彼口江雖出馬候、信玄ニ被手越候儀、油断之様ニ関東中之唱、失面目候、如何共、来月十日之内、倉内（群馬県沼田市）江可打着候、其方父子、倉内江被越、片野（茨城県石岡市）江帰用意候様ニ者成間敷候、一度ニ人数召連、沖中江之供幷岩付・松山之仕置おも申付様ニ尤候、八十日之当国之諸軍労兵、一日も半途ニ逗留成間敷候、畢竟、義重（佐竹）・宇都宮衆・多賀谷、其近辺陣、早々打着候様可相稼候、新田迄、松本石見守（景繁）歟、開発歟差越、味方中可集由、可申付候、猶面之時分可申候、恐々謹言、

（永禄十二年）十月廿八日　輝虎（上杉）（花押影）

梶原源太殿（政景）

○八四七　小山高朝官途状写　○栃木県庁採集文書二

官途之事、成之候状件（ママ）、

永禄十二年己巳

十一月一日　高朝（小山）（花押影）

川連隼人佐殿

○八四八　小山高朝受領状写　○栃木県庁採集文書二

受領之事、成之候状件（ママ）、

永禄十二年己巳

十一月一日　高朝（小山）（花押影）

（宛所欠）

○八四九　足利義氏書状写　○小山氏文書

遥々無言上候、又不申遣候、其已来如何様之儀候哉、氏政《(北条)》

滝山《(東京都八王子市)》・津久井《(神奈川県相模原市)》普請申付、去六日帰陣、近日彼口静之由候、

東北珍儀候者、注進尤候、尚昌伊《(三伯)》首座可申遣候、謹言、

霜月廿三日《(永禄十二年十一月)》　義氏《(足利)》（花押影）

小山弾正大弼《(秀綱)》殿

○八五〇　結城晴朝書状写　○東京都立中央図書館所蔵下総崎房秋葉孫兵衛旧蔵模写文書集所収乗国寺文書

尚々、聊御音信祝着之至候、帰陣之時分、委可申承候、

内々御床敷奉存候処、以善達条々蒙仰候、畏入候、佐《(佐竹)》・宇《(宇都宮)》陣所花室《(茨城県つくば市)》近辺之由ニ候間、今日押詰可覃後詰由存候処、伊勢守《(水谷正村)》・修理亮《(多賀谷政経)》意見之筋目候之間、令遅延候処、今朝敵引除之由申来候所存仁存候、雖然太刀をぬ《(抜)》かす勝申候事、本望之至極候、定可為御悦喜候、将又舞大夫は御寺踞候哉、前日如申達候、小大夫舞聞捨、罷越候義、残多候処、留被為置候、雖而令帰陣、一夜御寺へ参可存候、委細善達雑談申候、早々申達候、かしく、

乗国寺　晴朝《(結城)》

尊答侍者御中

○本文書、永禄十二年十一月のものと思われる。

○八五一　上杉輝虎書状写　○歴代古案一

自多賀谷《(政経)》所申越分者、氏治《(小田)》向片野《(茨城県石岡市)》被動之処、美濃守《(太田資正)》打出遂一戦得大利、殊小田乗取之由、心地好候、併義重《(佐竹)》小田へ引出《候》之間、始宇都宮《(広綱)》・多賀谷《(政経)》、小田へ東方之衆悉打寄之間、東方之味方中輝虎《(上杉)》方へ手合候者、一人も無之候、身之儀をハ次ニ成、小田之仕置計ニかゝり候時之《者》、本意をハ相捨、片野・小田ニ可有之与覚悟見得候者、早々吾分ハ可帰候、又岩付・松山之本意を心懸、身之方へ之忠信をも於可続者、

自小田直ニ義重引立、早々同陣之様ニ可稼由可申候、菟角越中百日之張陣候間、当地ニ滞留有間敷候、松山・岩付ニも子細共候間、例式与美濃守心得候者、可偽後悔候、義重・美濃守かたへの書中、吾分直ニ持可越候、其元之様躰一々手日記を以、誰歟此口へ可立候、又手合之儀、疎略之者をも、太美(太田資正)も越間敷歟可越歟之様をも、此飛脚ニ早々先へ可申越候、美濃守様躰見及分ハ、多候事ならす思候、此段源太(梶原政景)ニも申、美濃守かたへ之結文をハ、源太与同事ニ、吾分直ニ可渡候、謹言、

尚々、武・上之人数相揃候、殊ニ自藤田(北条氏邦)被申越分者、信玄(武田)駿州へ打出候由候間、輝虎も越中へ可打出候、行之跡ニ美濃守越候者、何之用ニも不立、本意も成間敷候、以上、

(朱書)「永禄十二」
十二月朔日　輝虎(上杉)
大石(芳綱)右衛門尉殿

○八五二　某官途状写　○栃木県立博物館所蔵大木儀右衛門家文書

官途之事、成之候状如件、

永禄十二年巳己
太呂(十二月)十三日　(花押影)
伏木勘解由殿

○八五三　明察(小山高朝)書状写　○東京都立中央図書館所蔵下総崎房秋葉孫兵衛旧蔵模写文書集所収乗国寺文書

其以来不申達候条、素意之外候、仍少林寺、此度之御刷不及是非候、結句申余(条々カ)へ之六ヶ敷事、被懸老拙ニ候、誠不致分別候、西水代(栃木市・小山市)之内役銭等、水谷相抱候時も、号森田主計助者ニ宛行候、そ方(公カ)領之時者、江間与申者、致成敗候、自元相分候儘、方使へ進置候、其上当地相移事も、中根御稼故ニ候処、無程彼御志、致無曲義も迷惑候、彼此朦昧ニ候、然而如先書之、去夏以往、及二百日ニ之平臥候処、被捨御覧候上者、二度少林寺へ不可申承候、就之去十日、東寺へ

御帰寺之義、申届候、早々御越念願候、如校量之良慶越府
幷厩橋へも被立使僧お之由、慥相唱候、既水代之事、当地
堀隠ニ候処ニ、以権お可被入手御稼、猶以歎敷候、菟角ニ
東堂御帰寺之事、被加尊意、尤ニ候、委細期後音時候、
恐々敬白、

尚々、寺家常住物、悉相散候事、前代未聞ニ候、

極月廿日　明察（小山高朝）（花押影）

乗国寺
衣鉢閣下

○本文書、永禄十二年～天正元年頃のものと思われる。

○八五四　那須資胤起請文写（○佐竹義重等誓紙写）

起請文

一、任先代之筋目、向後無異儀可申合事、
一、此度佐竹江事切之儀、浮沈共可申談事、
同会江無二可申合候、御取合尤之事、
一、御当方・当間之義、讒言於有之者、速互可申預候事、

此条々於偽者、
梵天・帝尺・四大天王・堅牢地神・熊野三所権現・日光三
所権現・鹿島大明神・愛宕・摩利支天・天満大自在天神、
別而者当社温泉大明神・八幡大菩薩、惣而日本国中大小神
祇、可蒙御罰者也、仍如件、

永禄十二年己巳十二月廿三日　資胤（那須）華押　血判

白川殿（義親）

○八五五　足利義氏書状（切紙）（○称念寺文書）

為歳暮之祝儀、壱荷一種進上、目出度候、謹言、

十二月廿四日　（足利義氏）（花押）

梶原美作守殿

○本文書、永禄十二年～天正八年頃のものと思われる。

○八五六 「下野国供養帳」第一・二 ○高野山清浄心院所蔵

下野摩岡

逆修

永禄十二年己巳

○八五七 「下野国供養帳」第一・二 ○高野山清浄心院所蔵

下野摩岡 ミキワキ

神保対馬《ホウツシマ》守 逆修

永禄十二年己巳

日

○八五八 孝哲（小山秀綱）書状写 ○秋田藩家蔵文書一〇

猶々、たゝいま自榎之飛脚にて候間、聊申届候、

明察（小山高朝）それへ音書申度由候、尤ニ御覚悟候者、其趣此回章ニ可承候、仍今日陣替候歟、無御心元候、彼是委うけ給へく候、かしく、

（墨引）梅江斎（岡本禅哲） 孝哲（小山秀綱）

○本文書、永禄十二年～天正八年頃のものと思われる。

元亀元年（永禄十三・西紀一五七〇）

○八五九　佐竹義重契状写　○秋田藩家蔵文書七

尚々
千本之儀、一途被走廻、手ニ入付而者、千本一跡・同市(市貝町)塙・文屋(市貝町)迄無別条可渡進候、為後日之用一筆候、恐々謹言、

(永禄十三年)正月十二日　(佐竹)義重（花押影）

太山因幡守(義保)殿
同　孫次郎(義在)殿

○八六〇　上杉輝虎書状写　○太田文書

重而以大石右衛門(芳綱)申届候、只今之分者、(佐竹)義重同陣之義、可被急候様ニ者、不見聞候条、三楽斎(太田資正)方可差越候、左様ニ候者、其方早々当陣江着肝要候、如此申候とて、疑心申ニ者無之候、三楽父子ニ一人当陣江無之者、佐竹(義重)・輝虎間以不和、三楽父子共ニ払陣由、世間之唱見除存知之処、口惜候間、累年之忠信、於無失念者、三楽何与申候共、明日之内ニ馳来、三楽佐陣(下野佐野城)へ可被越事、其方前ニ可有之、兼日之首尾ニ候者、如何様ニ以辛労可有同陣義、中々笑止迄候、如此手おもき仁ニ始而着合候、猶彼者可申候、恐々謹言、

(永禄十三年カ)正月廿六日　(上杉)輝虎（花押影）

梶原源太(政景)殿

猶々申候、皆川(俊宗)以下之者、如何様ニ申候共、入魂申上者、か様之者共ニ輝虎(上杉)可被思替候歟、歎候而も余事ニ候、此書中他見有間敷候、以上、

○八六一　「下野国供養帳」第一・二　○高野山清浄心院所蔵

月 𑖀
下野皆川柴惣兵衛尉
道教禅定門　霊位
永禄十三年二月十三日立之

○八六二　「下野国供養帳」第一・二　○高野山清浄心院所蔵

日 𑖀
下野鹿沼別所成就取付
虎松　逆修
永禄十三年庚午三月十三日立之

○八六三　「下野国供養帳」第一・二　○高野山清浄心院所蔵

月 𑖀
下野冨田福田豊前守
道忠禅定門　逆修
永禄十三年庚午三月廿八日立之

○八六四　「下野国供養帳」第一・二　○高野山清浄心院所蔵

月 𑖀
下野冨田福田豊前守為内女
妙養禅定尼　逆修
永禄十三年庚午三月廿八日立之

○八六五　曼珠院覚恕法親王書状　○太平山神社文書

厥后依無便風不申候、背本意候、仍今度山務拝任之事候、大儀過高察候、将亦内々申候天神御影堂修造之事、以馳走遂其儀候様、憑入外無他候、巨細教光坊申含候条、万端不能詳候、穴賢々々、

（元亀元年）六月十二日　（覚恕法親王）（花押）

太平山別当
　とのへ

○八六六　「下野国供養帳」第一・二　○高野山清浄心院所蔵

月

下野皆川柴惣兵衛尉
法阿弥禅門
永禄十三年六月廿一日立之

○八六七　佐竹義重受領状写　○秋田藩家蔵文書二九

今度於武茂（那珂川町）、石塚方以拵、那須衆数輩討取、得勝利候、就中取分走廻之様、神妙候、依之受領之儀、得其意者也、

永禄十三年
七月十七日　（佐竹義重）（花押影）
館太〔大〕和守殿

○八六八　「下野国供養帳」第一・二　○高野山清浄心院所蔵

月

下野冨田野原与四郎
道徳禅定門
永禄十三年七月十八日立之

○八六九　佐竹義重官途状写　○秋田藩家蔵文書四三

今度於千本（茂木町）動無比類候、就之官途之事、御心得候、謹言、

（永禄十三年カ）七月廿五日　（佐竹）義重（花押影）
（斯頼）小貫右馬允殿

○八七〇　覚恕法親王書状　○太平山神社文書

太平権現正一位之事、種々令馳走、如此被染（後小松天皇）勅筆候、尤珍重候、弥天下安全祈念可為肝要之由、可被申付候也、穴賢々々、

七月廿七日　（覚恕法親王）（花押）
長沼駿河守とのへ

○本文書、元亀元年～天正元年頃のものと思われる。

○八七一　佐竹義重書状　○深見貞治氏所蔵文書

如簡札、太山田(那珂川町)へ直々寄馬、及取扱候条、不移時日落居、敵二百余人討留悉如存知仕置成之、昨十一日納馬候、定而可心安候、其口無替義候哉、干要候、恐々謹言、

(元亀元年)八月十二日　義重(佐竹)（花押）

赤坂宮内太輔殿

○八七二　止々斎蘆名盛氏書状写　○会津四家合考

爰元牀敷可有之候、尚一戦之様子聞度可取置候、具申候、寺山清顕(田村)・盛興(蘆名)馬廻以押置羽黒及行、作毛苅引除候処、敵二手追慕候、返合押崩山へ追上、以外木立候上、多打留不申無念候、其上若者共早返候而如之候、験五十二・生取十一人、其家内十余人打捨、五百余人打候、南郷佐中遂一戦如之事、老子本望無申事候、御大慶令察候、次之日羽黒及備候、一人不出候上、馬上折立、両城無残作毛田畠苅捨候、両日揺刷共懸御目度迄候、田衆寺山虎口之仕合被申候、是見事之刷不及是非迄候、尤一人手負等無之候、只乍大切、揺程面白物者無之候、亦自那須大関(高増)百騎計打越候、座敷之前軍申勝申候、一期之本望迄候、未那須与力之儀在馬候、亦去廿日、八丁目ェ、二本松・塩松少々苅田与力之由申候、如之上行末如何様成行候、令窮屈迄候、輝宗(伊達)千騎不足、八丁目衆五百騎申候、亦岩崎町前ニ早々入馬念望候、恐々謹言、

(元亀元年)八月廿四日　止々斎(蘆名盛氏)

鵜浦入道殿

隆顕病気以外候、二三日中田ェ打越候、

○八七三　佐竹義重書状写　○秋田藩家蔵文書九

尚々

今度那須事切付、弥義重(佐竹)所江御入魂、実以本望至候、依之、太山田(那珂川町)幷田部田(那珂川町)進之候、向後尚以無二可被相談事尤ニ候、恐々謹言、

(元亀元年)十月九日　　義重(佐竹)（花押影）

武茂上野介(堅綱)殿

○八七四　宇都宮広綱書状写　○東洋文庫所蔵水月古鑑

御書謹而拝見、抑里見義弘以稼、去夏御帰座之由、被仰出候、御目出度候、如此之上可抽忠信之段、尤不可奉存無沙汰候、此旨可有御披露候、恐々謹言、

(元亀元年カ)十二月四日　　藤原(宇都宮)広綱

謹上　簗田八郎(持助)殿

○八七五　明察小山高朝書状写　○東京都立中央図書館所蔵下総崎房秋葉孫兵衛旧蔵模写文書集所収乗国寺文書

絶音問候上、神モ照覧、こなた(此方)より可申届存分、不逼塞候、妹尾甲斐守所へ、壱札被指越候間、及其挨拶たる迄候、尤向後不可申承候、一孝顕(結城政朝)御意見立時は、晴朝(結城)十歳□(之カ)内ニ被渡候間、何を以可被心得哉、此も不実之才覚者無所詮事ニ候哉、龍賀岡へ相移以往、孝顕・玉隣(政朝夫人)うちかへ〳〵御越、御諫諫之時モ、迷惑候哉旨、菟角及御返答義ニ候き、左而又落居者、於何事も御作事、令違義無之候ツ、於其地も供之方、十騎・十五騎自外不可被存候、此内も或者古人候、或者老朦之方も可有之候歟、只今者一両輩、可被点合候、晴朝ひか〳〵敷会ニ入、爰元へ者不苦候、万一他家なとへハ、不可然候、一大雲(結城政勝)臨終之砌、御使節瑞雲院(周興)へ、親子之好被切之段、誓句被相渡候上、少も親ニ参候存分無之間、十余年このかた、千変万化之世上故、或者親子之様ニ被取成時者、其分ニ相任候、愚等も自元之義ニ候之間、不告候、一関宿ニ祗候之砌も、其屋裏中、不義之方も、多修(多賀谷政経)一人ニ不限候、不忠之軽重、不及申立候、如斯申届候とて、八幡大菩薩、多修引汲之内証無之候、老拙所へも、修理亮(多賀谷政経)方さま〳〵其本刷共候き、以此遺恨見及義に閉口者、畢意悪念ニ候間、為後日一通者申届候、縦数千騎被引立候共、先勢者、洞中之各可被走廻候、歴々之衆、凶事之上者、被属本意候而も、不可其功候歟、其上下妻之事、慥他所之地ニ可

罷成之由、校量候、此等之存分を以、一途子細も立候者、
無事可然之段、一往申迄候、
一大雲遺言とも、小田へ弓矢之一義迄候き、然処被続名跡、
無程刷お被新候、一皆川事、当知行押領、彼逆心無其隠候
処ニ、馬寄ニ被引付候、此時者長老拙手詰之義、逼塞ニ見
得候条、猶以難申通候、一先年相州坂川、輝虎（上杉）調儀之時も、
密通之廻文海落候故、国府館へ其地各被罷越、被打頼義も
候き、一世間如何様ニ移替候共、結・祇（結城・祇園）両地一統ニ候間、
老拙劬労も不可有之候、万一各刷之手成ニ付而者、世仁之
褒貶、難遁候間、一身之迷惑ニ候、一五六ヶ年平臥、就中
寒中、弥絶気増進、五三人ニ被引立体ニ候儘、世間義綺立
更無用ニ候、唯川内静謐念願候、年内者無余日候、来春御
光儀尤候、毎々令期後音候、恐々敬白、

極月十八日　明察（小山高朝）（花押影）

乗国寺
衣鉢閣下

猶々、御一覧迄候、
進献他見御用捨
任入候、祇宣（ママ）も
雖貴意共候、不致信用、独立ニ
既佐竹（義重）も以神文相談
様候、為一事行末不見当候、
労而無功刷共、
見合も迷惑候、
早々一慮誠に意候、

○本文書、元亀元年～天正元年頃のものと思われる。

○八七六　小山秀綱官途状（折紙）

○池貝正一氏所蔵文書

官途之事、申上候、被成下者也、

元亀元年庚午
十二月廿一日　（花押）（小山秀綱）

池貝主水殿

○八七七　「下野国供養帳」第一・二

○高野山清浄心院所蔵

下野摩岡　神保対馬立之
妙幸禅定尼

永禄十三年ヒタリワ□

○八七八　宇都宮広綱書状　○千妙寺文書

春陽之嘉祥、漸雖事旧候、不可有窮期候、抑有御精誠、巻
数守給之候、目出度珍重候、従是五明一本・片金進之候、
表一礼迄候、恐々謹言

正月廿六日　（宇都宮）藤原広綱（花押）

謹上　千妙寺

○本文書、永禄末期～元亀期のものと思われる。

○八七九　宇都宮広綱官途状　○玉生弘昌家文書

官途之事、成之状如件

十一月廿九日　（宇都宮広綱）（花押）

玉生雅楽助殿

○前号宇都宮広綱文書との関連で便宜ここに置く。

○八八〇　白川義親書状写　○秋田藩家蔵文書奥州文書二九

「白河不説斎義親書　院内近藤文書」
態為夫（使カ）相届候、自何其元堅固之事、各刷無比類候、猶無二
忠信いたすへき事肝要候、洞中何も堅固候、自那無（那須）二刷ニ
候、以彼是、其地□かたく可相拘事尤候、いかさま人衆、
鉄炮をも可遣之候、事々菅生四郎衛門尉可理候間、不能具
候、かしく、

（永禄末年）二月七□（日）　（白川）義親（花押影）

山際各かたへ

○八八一　芳賀高定書状（竪切紙）　○栃木県立文書館寄託小宅定一郎家文書

態申越候、仍而にし方によきちやうす御座候由、及承候、
おりふし千妙寺御光義、種々ニうすを御たつねニ候、ひら
にく〳〵にし方のうすを見申度候、於様躰者、子細岡本新左
衛門尉口上仁可有之候、恐々謹言、

仲春（二月）廿八日　　　　左衛門大夫（芳賀）
　　　　　　　　　　　　　　高定（花押）
　小宅（高尚）刑部少輔殿

○八八二　小山高朝書状（竪切紙）　○佐八文書

追啓、宗二郎飛脚［　］御越来［　］役銭等者、如形相調帰国候、至于年□者、親（身）辺之者共令逆心候処、時宜不思議之御飛脚候て無恙候、其以来事者、当庄□辺猶以無調候、如何様ニも以神慮、披本意候様ニ御祈念任入候、然而為立願両度代官相立候時分、其方へ啓候処、於内宮・外宮も一向不被存知候由、一同仁返答候き、様躰如何、承度候、恐々謹言、

四月十八日　　　　高朝（小山）（花押）

佐八与次郎殿

○本文書、永禄期のものと思われる。

○八八三　宇都宮広綱壁書　○栃木県立文書館寄託小宅定一郎家文書

「広綱」（後筆）
（花押）（宇都宮広綱）

壁書

小宅（益子町）郷不作ニ付而、侘言申上候、無余儀思召候、然上頭かたの義、半役ニ可申状如件、

八月九日

○八八四　宇都宮広綱官途状写　○小田部庄右衛門氏所蔵文書

官途之事、申上候、被下之候状如件、

九月十二日　　　　広綱（宇都宮）

赤埴修理亮殿

〇八八五　佐竹義重官途状写　〇秋田藩家蔵文書四八

今般於塩谷動、神妙之至候、因之官途之事、相心得候、謹言、

十月十六日　義重（佐竹）（花押影）

二方兵庫助殿

〇八八六　武茂守綱書状写　〇御判物古書写

態令啓達候、抑三所再乱、就之其地為御加勢去春以来陣之（出脱カ）由、其聞誠以御太義不及申、節々雖申通度候、白川境中路次菟角之苦申来候間、罷過候、畢竟相似無沙汰候歟、然而彼和談之義双方へ被申届候哉、早々時宜成就奉念願候、殊者小田幷当口之儀、遂而□方如被存候、定而可為御悦喜候、余事驪而可申述候条、令省略候、恐々謹言、

（七月）初秋十七日　武茂　守綱

岩城殿　御陣所

元亀元年（一五七〇）

〇本文書、永禄期のものと思われる。

〇八八七　那須資胤書状案　〇瀧田文書

尚々直談之上申入候へく候、

瀧田式部少輔佗言之様子、委其方へ内儀候歟、何様以時分可申合候、かしく、

九月朔日

「（墨引）　美作守殿　資胤（那須）」

〇本文書、永禄期〜天正十年頃のものと思われる。

〇八八八　小山高朝定書写　〇晃程文書

一　昨廿八及極晩、網戸（小山市）へも加藤以下入部之形ニ、数多指越ける由、為以後心得候き、無相違返之候事、所存之外候、重而も此分之慮外候者、可及其刷候、此等之義無失念可被申事、

一　寒河郡十二郷之内ならの木（楢）郷へも自祇園菟角いろい立

候、此時ハ他所之刷うらミもなく候、此等之為躰申顕も
あさましく候へとも、さひけん《際限》なき慮外之刷ニ候間申遣
候、
一　来春者慥所領方ニ付而、間之弓矢立も可有之候、其時
之ため候間、郷村ニ相立せい《制》札之事、かならす此度うち
申調候事、以上、
榎本之者共、境内へらうせき以外候、誠不及是非候、中泉之内
こなたへ已後地をも竹木以下悉自榎《榎本》為切候、所存之外候、
十二月廿九日　高朝《小山》（花押影）
岩上伊勢守殿
○本文書、永禄末期～天正元年頃のものと思われる。

○八八九　結城晴朝書状写

○東京都立中央図書館所蔵下総崎房秋葉孫兵衛旧蔵模写文書集所収乗国寺文書

尚々、一両日以前、宮《宇都宮》之御音信畏入候、自何御きや人《く》御大義
ニ奉存候、

前日者、自小田原御左右承候間、使をもんて《以》申上候処、御
懇切ニ承仰候、殊ニ一入之御ちや《茶》并はわき《脛巾》被下候き、一段
御心さしひさう申候、小田原之様躰、しつか《静》に御座候哉、
横瀬事者はやく《早》火急ニめんたう《面倒》ニ候処ニ、彼刷無是非次第
ニ存候、川内ニをゐて《於》たれ《誰》も同心申候かたハ、不可有之候
歟、自佐野在城衆・才人衆所望と、夜中飛脚参候間、明後
踞而可相定申候由存候、さいげん《際限》なきをの〳〵《各々》しんろう《辛労》、
なかく《永》迷惑候、将又前日申候一儀、よろしく御さ《座》候、何
さま《様》一両日之内、それへまいり《参》候て、御直談ニ可申上候、
御談合申度存分御さ候、万々彼者口上ニ可有之候間、早申
上候、此由かしく、
（墨引）
□《人》々御申上　晴朝《結城》
○本文書、永禄後期～天正初期のものと思われる。

〇八九〇　小山高朝書状　〇天翁院文書

（礼紙切封ウハ書）
「（墨引）
岩上□□殿　高朝（小山）」

尚々、其口ニ滞留之間、川崎なとへも被罷越度候者、如何にも尤ニ候、返々身躰の事、少も不可有別条候、以前引返候刻、始中終相定候、此又心安可被存候、次来順何方ニわたり候哉、其以後是非之左右無之候、心もとなく候、自桐生（群馬県桐生市）来候者如申者、鹿沼へ可被帰分候けると語候き、如何ニ便も候者こと伝の趣可申越候、きとくの時分静ニ候かたへおくり候て、一方心安候、只今身の苦労之様躰見られ候者、いよ〳〵当地ニ在宿之心地者可被失候、なか〳〵ニ大ゆミやもおこり候て、てきハよく是非をも付度念願迄ニ候、急便候者残筆之事ニ候、

其地へ相退ニ付而、各々可罷越之由入来候間、其覚悟之旨、先々相押候き、何も非如在之儀候、然者去比、万年寺於門外之細事者、一反すハる分ニ候而、良慶も被帰候つ、此度者身ニたいし、ことをもとめられ出寺候上、如此以仕付立可罷退事ニ無之候、自河崎引返候以来別而心安思ひ候ゆへ、用心以下迄相まかせ、しかと指置ニ付而、皆々さまニ申かすめる子細もありけニ候、雖然於洞中たれにても恣之刷者、不可得致之候、淵底膝之下儀相心得候間、くハしく不可及申遣候、心なかく其地致在滞、良慶帰寺当日ニ可被罷帰候、母之所へも以使さま〳〵なくさめ候、心安可被存候、大途むきハ何となく相静候、様々細事苦労追日増進ニ候、如何しても平ニありかたく候、此文やかて火へたき候へく候、
かしく、

〇本文書、永禄期のものと思われる。

〇八九一　結城晴朝書状　〇千賀忠夫氏所蔵文書

（封紙ウハ書）
「（切封墨引）
岩上筑前守殿　晴朝（結城）」

尚々、かなかさ秘蔵無限候、

態啓候、仍去比者、かな笠所望之義〔儀〕相届候処、無相違被越

之条、誠々祝着之至候、彼等之義則可相届候処、菟角取紛
遅々無沙汰様候、然者遥当地へ入来無之候、隙之透ニ被越
尤候、巨細彼口上可有之候、かしく、

○本文書、永禄期のものと思われる。

元亀二年（西紀一五七一）

○八九二　明察小山高朝書状　○大中寺文書

猶々、御代々寺領ニ候間、手元ニ難指置候儘、令寄進候、

西水代郷（小山市・栃木市）之内、古来永不作之上、此度相調新令寄進候、同
郷之内上星宮面〔免〕、衣鉢侍者へ先々渡進候、下星宮面〔免〕之事者、
長勝院拘之由各申候、何様彼替地お立、追而可申合候、簡
要者、祭等少も無如在様ニ被加尊意尤ニ候、恐々敬白、

元亀二年辛未

二月十六日　明察（小山高朝）（花押）

大中寺
衣鉢閣下

○八九三　「下野国供養帳」第一・二　○高野山清浄心院所蔵

　月

下野宇都宮之住南針藤衛門
宗怡道禰　逆修寿福位
元亀二年辛未三月七日

○八九四　「下野国供養帳」第一・二　○高野山清浄心院所蔵

　月

下野国宇都宮南針家中
杲怡妙珊　逆修冥福位
元亀二年辛未三月七日立之

○八九五　「下野国供養帳」第一・二　○高野山清浄心院所蔵

　月

下野国鹿沼
逆修
元亀二年辛未三月十三日

○八九六　田村清顕書状　○橋本文書

尚々申入候、重而出馬、不慮候間、乍御大□（儀カ）いかにも〱足軽以下、能々被相調候て可有之候、万々かたく前々可有之候、せり沢助次郎方へも頼入候、

只今卯刻、如注進旨、義重（佐竹）出馬必候て、今日動之由申候間、俄と云、乍御大義、今日大寺（福島県玉川村）へ被打越可給候、大寺之衆曲木（福島県石川町）へ罷越候間、大寺にて可陣候、若又まか木へ可被相越候由、大寺にて理候共、追て曲木へ被相越候事、御無用之間、大寺ニて可陣事候、重而恐々謹言、

三月十五日　清顕（田村）（花押）
三春ゟ
福原□太輔殿

○本文書、元亀二年～天正十四年頃のものと思われる。

○八九七　「下野国供養帳」第一・二　○高野山清浄心院所蔵

月

下野富田之住玄空家中

逆修　妙徳禅定尼　冥福位
元亀二年辛未三月十七日

○八九八　徳雪斎周長受領状（元折紙）　○高村文書

乱中無二忠信、殊於引田（鹿沼市）日夜之辛労、実以忝候、然者授（ママ）領
成越前守候、猶以相稼奉公尤候、仍如件、
元亀二年未才
四月九日　周長（徳雪斎）（花押）
高村越前守殿

○八九九　徳雪斎周長安堵状（元折紙）　○高村文書

其身田地相拘候宮内、任侘言宛行候、此度於引田（鹿沼市）一騎之走
廻、神妙候、猶以たしなミ一途可走廻候、仍如件、
元亀二年未才
卯月十七日　周長（徳雪斎）（花押）
高村越前守殿

○九〇〇　小山秀綱カ直状写　○青木文書

社務其身親之一跡弐貫百文之所、遣付被相定候条、不可有
相違者也、
元亀弐年
卯月廿一日　御判（小山秀綱カ）
鞁大夫殿

○九〇一　佐竹北義斯書状　○松野文書

当口就在留ニ預音問、祝着之至候、仍和安（和田安房守昭為）進退之儀、為可
申合罷越候、対太田申、一点無沙汰不存候、爰元承届候上、
明日太田へ罷帰、様躰可申合由存候、定而可被届聞召候由
存候、然而盛氏（蘆名）昨日廿四白河へ被打越、先衆新地へ打着之
由、従境申来候、至于事実者資胤（那須）も其地武茂へ可被及行由
存候、不可有御油断候、従何これ祝着之至候、恐々謹言、
追啓、御老父へも其後不申通候、御床敷由申度候、
（元亀二年）四月廿五日　義斯（佐竹北）（花押）

松次江（松野次郎左衛門尉資通カ）

○九〇二　「下野国供養帳」第一・二　○高野山清浄心院所蔵

日牌　下野国　隼人内
妙意禅定尼　霊位
元亀二年卯月廿七日立之

○九〇三　上杉謙信消息写（折紙カ）　○秋田藩家蔵文書九

返々、よししけ《佐竹》・ひろつな《宇都宮》たんかう《談合》あつて、けんこ《堅固》のしをき《仕置》、かんよう《肝要》に候、かしく、

そのおもて《表》のやうたひ《様躰》につゐて、よししけ・ひろつなより、つかひ《使》たまハり候、くハしく《詳》きゝとゝけ《聞届》候、いよ〳〵よしゝけ・ひろつないけん《意見》あつて、けんこ《堅固》のしをき《仕置》、かんよふ《肝要》に候、このはうニおゐて、いさゝかへち《別》なく、こゝろやすかる《心安》へく候、めてかしく、

五月一日　けん信《上杉》（花押影）

（奥切封ウハ書カ）
「（墨引）
せうしやう《少将》（宇都宮広綱室佐竹氏）
申給へ　　けん信より」

○本文書、元亀二年～天正五年頃のものと思われる。

○九〇四　徳雪斎周長書状　○高村文書

急度申遣候、右京亮伏兵にて越度候由、承申候、不敏ニ候、各油断故候、其故者、草ふかき問を、ちんとをミ《陣遠見》をいたし、其後作場ニも人を越可申候処、無其儀、近比油断ニ候、妻子ニちこをつけ尤候、身之涯分憫可申候、兵部卿も一入懇切可申候者、心安可存由申へく候、やかて打越、直其様子可申候、其方ニ可有之候、謹言、

六月十九日　周長《徳雪斎》（花押）

高村大蔵進殿

○本文書、元亀二年～天正六年頃のものと思われる。

〇九〇五　「下野国供養帳」第一・二　〇高野山清浄心院所蔵

日牌

下野皆川又七郎為家中
娟孝禅定尼　霊位
元亀二年七月十七日立之

〇九〇六　「下野国供養帳」第一・二　〇高野山清浄心院所蔵

日牌

娟孝禅定尼　霊位
下野皆川又七郎為家中
元亀二年七月十七日立之

〇九〇七　白川義親書状　〇大田原市那須与一伝承館寄託金剛寿院文書

態令啓達候、抑去冬者、当所御越候□□に遂面拝候事、欣然之至候、御隙之儀者、雖案前候、於館御取成等不申事、于今意外候、其以来者境目依無手透、此等之段不申入候、是又相似無沙汰候、於自今以後者、節々御越可為本望候、将又関東中模様一々可預御報事尤候、自何太関美作守(高増)被致物詣候由、其聞候、様躰如何無御心元候、万吉猶令期来音不能詳候、恐々謹言、

七月十九日　(白川)義親（花押）

金剛寿院江

〇本文書、元亀二年～天正二年頃のものと思われる。

〇九〇八　「下野国供養帳」第一・二　〇高野山清浄心院所蔵

下野宇都宮殖木又五郎
善寿禅門　霊位
元亀二年七月廿九日立之

〇九〇九　田村清顕書状　〇和知文書

近日者無音、意外無極候、仍御当口、無何事候哉、御床敷存許候、当口何条無之候、可御心易候、然者彼御方様宇都宮江御登候、路次中之儀、無相違様、頼入之外、無他事候、

巨砕猶和知右馬助方へ申届候間、不能審候、恐々謹言、

八月二日　清顕(田村)（花押）

白河殿(義親)

○九一〇　止々斎蘆名盛氏書状　○栃木県立博物館所蔵那須文書

内々可申入之由存候処、遮而示預候、今般遂会面直ニ以身血申合候事、真実ニ候、本望至極候、尤如之上者資胤(那須)・止々斎(蘆名盛氏)一期天下相違候共、不可違変有之候、向後尚細々遂会面、大細無腹蔵可申合候、仍義重(佐竹)赤館(福島県棚倉町)へ相揺候、薄手者共助合、馬上三騎其外廿余人討取候之間、令大慶候、後刷之節可申入候、大関方(高増)江毎事中越候、恐々謹言、

菊月(九月)八日(元亀二年)　止々斎(蘆名盛氏)（花押）

烏山(那須資胤)へ

○九一一　心徹斎道楽皆川俊宗書状　○栃木県立博物館所蔵那須文書

先日聊及御返答候旨趣、御悦喜之段重而貴札、殊更以御使僧条々御懇切蒙仰候、旁以畏入令存候、然者去五日盛氏(蘆名)・義親(白川)江被遂御対面尽未来之儀被仰堅之由、真実以目出度御簡要至極候、将又義重(佐竹)去七日向赤館(福島県棚倉町)被相動候之処、会衆被懸、合佐衆数輩被討取、手負無際限被仕出候上、其夜中敗軍之由度々御利運、弥以御本望之至候、猶々清兵・千美御内証之透始中終被申越候、愚意をも速彼御方憑入候、定而可有御心得候、万吉重々恐々謹言、

九月廿四日(元亀二年)　心徹斎(皆川俊宗)　道楽（花押）

烏山(那須資胤)　御館

○九一二　小田氏治条書写　○歴代古案

覚

○一(ママ)　此度御懇答令歓喜事、

一　中筋味方中如御指図令相談候事、

一　西上州御調儀之上、当口へ可被進御陳(陣)候事、

一　晴朝(結城)・資胤(那須)へ意見可申儀、令得其意事、
一　本地之事、口上、
一　御陳(陣)底之事、口上、
一　真壁(氏幹)事、口上、
一　多賀谷(政経)事、
一　結城之各申越子細不審之事、
以上
(補筆)「元亀二カ」
十一月十三日　氏治(小田)
越御陣所(上杉謙信)

○九一三　佐竹義重書状　○茨城県立歴史館寄託茂木直氏所蔵文書

武茂江(堅綱)相談、可有忠信由、快然之至候、時宜於成就者、大関一跡不可有相違候、委細武茂上野介方可被及理候、恐々謹言、

元亀弐年辛未
霜月十四日　義重(佐竹)（花押）
太輪信濃守殿

○九一四　白川義親書状写　○秋田藩家蔵文書奥州文書二九

義重(佐竹)羽黒へ儀定、昨着陣ニ候哉、相延候由聞及候間、其趣会(会津)へも今朝令注進候処、虚説ニ候哉、無是非候、此時者又会へ可用飛脚候、唯今那(那須)へも申越候、明日者替番可指越候、一陣とらすしてハ南面津辺へ揺難有之候歟、浅川・白石へ者あられす候、増番の事是又意得候、かしく、

(元亀二・三年頃)二日　義親(白川)（花押影）
河東田弾正忠殿
上遠野藤兵衛尉殿
芳賀但馬守とのへ

元亀三年（西紀一五七二）

〇九一五　上杉謙信書状　〇越沢太助氏所蔵文書

態以使申届候、仍石倉（群馬県前橋市）今月三日落居、三日立馬彼地卒爾ニ令破却、仕置有如存、同六日至于当地厩橋（群馬県前橋市）納馬候、此上者、自旧冬如申旧、早々常・野之間江可遂進発之由、及其支度候処、信玄（武田）西上州江出張、石倉近辺ニ在陣、隔利根川互ニ相支候、兼日好ヶ之儀与云、第一可付是非覚悟候条、全其口調義慥令見除候、雖不及申候、奥口味方中被申合、堅固之手刷専一候、扨亦宇都宮落居、義重（佐竹）江愚老ニ取而も所存深候与云、蘆名盛氏江之首尾与云、旁愚老大慶不過之候、其口此上者佐竹計ニ候間、仕置輙候、猶可有口上候、恐々謹言、

（元亀三年）閏正月四日　　謙信（上杉）（花押）

菅谷摂津守殿

〇九一六　上杉謙信書状　〇山川泰氏所蔵文書

態以使申届候、仍石倉之地（群馬県前橋市）、今月三日落居、両三日立馬、彼地平等ニ令破却、仕置在如存知之、同六日至于当地厩橋（群馬県前橋市）納簱候、此上者自去冬如申旧、早々常・野之間江可遂進発之由、及其支宅（度）候処、信玄（武田）西上州へ出張、石倉近辺ニ在陣、隔利根河互ニ相支候、兼日好ヶ之義与云、速ニ可付是非覚悟ニ候条、全其口調義非令見除候、雖不及申候、奥口味方中被申合、堅固之手刷専一候、扨亦宇都宮落居、誠義重（佐竹）へ愚老ニ取而も所存深与云、蘆名盛氏江之首尾与云、旁愚老大慶不過之候、其口此上者佐竹計ニ候間輙候、猶可有口上候、恐々謹言、

（元亀三年）壬正月四日　　謙信（上杉）（花押）

山川讃岐守(晴重)殿

○九一七　足利藤政書状写　○小山氏文書

急度申遣候、仍従其地為内儀、御身躰之儀、懇切被申越候段、簗田中務太輔(晴助)言上、誠以感悦之至候、各諸家中有談合、帰座之儀被相調候者、可喜入候、委旨晴助(簗田)可申遣候、謹言、

(元亀三年)閏正(月脱カ)十三日　藤政(足利)（花押影）

小山弾正大弼(秀綱)殿

○九一八　「下野国供養帳」第一・二　○高野山清浄心院所蔵

下野皆川庄鬼口ノ郷冨山若狭家中

妙松禅尼　逆修

元亀三年二月十五日　堯心房

○九一九　「下野国供養帳」第一・二　○高野山清浄心院所蔵

妙松禅尼　逆修

下野皆川庄鬼口ノ郷冨(山脱カ)若狭家中
元亀三年二月十五日堯心分

○九二〇　足利義氏書状写　○小山氏文書

永仙院殿様(足利晴氏)十三回忌、来五月廿七日、追善可被執行候、如前々香典可有進上候、巨細昌伊首座(三伯)可申遣候、謹言、

(元亀三年)二月晦日　義氏(足利)（花押影）

小山弾正大弼(秀綱)殿

○九二一　皆川広勝官途状（折紙）　○羽山文書

受領之事申上候、有御心得、被成下之候、謹言、

元亀三壬申年

三月十二日　広勝(皆川)（花押）

羽山一学とのへ

○九二二　皆川広勝受領状（折紙）　○寺内文書

受領之事申上候、有御心得被成下之候、謹言、

元亀三壬申年

三月十二日　広勝（皆川）（花押）

寺内若狭守（重昌）殿

○九二三　皆川広勝受領状（折紙）　○寺内文書

受領之事申上候、有御心得被成下之候、謹言、

元亀三壬申年

三月十二日　広勝（皆川）（花押）

寺内信濃守殿

○九二四　皆川広勝受領状写　○栃木県庁採集文書五

受領之事申上候、有御心得、被成下之候、謹言、

元亀三年ミつのへさる

三月十二日　広勝（皆川）（花押影）

川津石見守（祐俊）殿

○九二五　皆川広勝受領状　○石川俊雄家文書

受領之事申上候、有御心得被成下之候、謹言、

元亀三年壬申

三月十二日　広勝（皆川）（花押）

石川隠岐守殿

○九二六　「下野国供養帳」第一・二　○高野山清浄心院所蔵

円阿弥陀仏　霊位　下野皆川龍吟立之　元亀三年四月十三日

○九二七　岡本高永書状（竪切紙）　○吉川金蔵氏所蔵文書

雖未申通候、令啓候、抑任前々筋目、御当国江広綱（宇都宮）・義重（佐竹）

御同然可被申談候、御取成畢竟旁々御前可有之候、殊従

屋形様(上杉謙信)去比老父所江御懇切被仰出候、過分之由申候、御次之砌可然様御披露任入候、殊更於自今已後、当口相応之儀不可有御隔心候、事々重而可申伸候、恐々謹言、

岡本筑後守
高永（花押）

(元亀三年)卯月十九日
(豊守)山吉殿
御宿所

○九二八 「下野国供養帳」第一・二 ○高野山清浄心院所蔵

月
下野皆川住泉蔵坊立之
権大僧都順海 逆修
元亀三年五月十八日

○九二九 「下野国供養帳」第一・二 ○高野山清浄心院所蔵

権大僧都順海 逆修 下野皆川住泉蔵坊立之 元亀三年五月十八日

○九三〇 「下野国供養帳」第一・二 ○高野山清浄心院所蔵

下野宇都宮館之内キヤクヂン立之
妙真禅定尼 逆修
元亀三年五月十八日 取次円心

○九三一 「下野国供養帳」第一・二 ○高野山清浄心院所蔵

妙真禅定尼 逆修 下野宇都宮館之内キヤクヂン立之 元亀三年五月十八日取次円心

○九三二 佐竹義重起請文 ○大田原市那須与一伝承館寄託金剛寿院文書

起請文之事

敬白

向後互ニ浮沈吉凶共、無表裏、無二可申合事、付佞人申成も候者、互可申承事、若此儀偽候者、

上者梵天帝尺、四大天王、下者堅牢地神、熊野三所大権現、

日光三所権現、別当国(常陸)鹿嶋大明神、八幡大菩薩、摩利支尊
天、惣日本国大小神祇、則可蒙御罰候也、仍如件、
元亀三季六月廿一日　義重(佐竹)（血判花押）
那須殿(資胤)

○本文書、熊野牛王宝印の裏に書かれている。

○九三三　「下野国供養帳」第一・二　○高野山清浄心院所蔵

月

下野那須カウ〔ラ〕スヤマ満紀野殿立之
輝渓妙光大姉　霊位
元亀三年七月十一日

○九三四　「下野国供養帳」第一・二　○高野山清浄心院所蔵

月

下野皆川平井中村丹後立之
円阿弥陀仏　霊位
元亀三年八月十三日

○九三五　北条氏政書状写　○新編武蔵国風土記稿多摩郡二

其表之模様、以使承候、委細令得心候、榎本(栃木市)口万端被入精
候処、具聞届、誠快然満足候、敵朔日陣払之由、方々注進
候、此上之行、能々被聞届可承候、恐々謹言、
(元亀三年カ)拾月四日　氏政(北条)（花押影）
成田左衛門次郎殿(氏長)

○九三六　「下野国供養帳」第一・二　○高野山清浄心院所蔵

月

下野皆川大垣為松田源三立之
道安禅定門　霊位
元亀三年十月廿八日

○九三七　洗心斎道忠(簗田晴助)書状（竪切紙）　○茂木文書

(封紙折封ウハ書)
「（墨引）茂木上総介殿(治房)　洗心斎
（墨引）」
態令啓候、近年者世上思慮多候間、不申通候、覚外之至非

疎儀候、太田(佐竹)・那庄(那須)被仰合之上、万方無事目出肝要存候、定可為御同意候、仍自房以御使節被　仰出候、世外之式雖令思慮候、父子同前被　仰付候之条一翰差添申候、於委細者子ニ候八郎可申述候条、能々有御塩味、被及御請候節、御諷諫尤ニ候、余事期来音之時候、恐々謹言、

洗心斎(簗田晴助)
道忠（花押）

(元亀三年)霜月十日

茂木上総介(治房)殿

○九三八　「下野国供養帳」第一・二　○高野山清浄心院所蔵

月

下野宇都宮春説房立之

光窓妙本禅定尼　霊位

元亀三年霜月十六日

○九三九　「下野国供養帳」第一・二　○高野山清浄心院所蔵

光窓妙本禅定尼　霊位　下野宇都宮春説房　立之

元亀三年霜月十六日

○九四〇　考哲(小山秀綱)書状写　○松蘿随筆集古二二

夜前被罷着様躰無心元候間、態以脚力相尋候、何も路次中辛労之由申遣度候、一、栗橋(茨城県五霞町)之手成定而其地へ可聞候、濃ニ注進尤候、一、自当地一昨日付之一書今朝巳刻披見、存分候間、不被致用捨、彼一札写幷返書之案文八郎殿へ可被為見申候、一、義重(佐竹)以川井甲斐守昨暮当城へ被届旨候、于今在滞、佐・宮(佐竹・宇都宮氏)半途之備遅々、口惜由遂侘言迄候、一、鉄鉋(炮)衆番替昨晩可指越候、つゝ引かへ候も六ケ敷候間、其儘十丁をハ玉薬共ニ厳密ニ可差置由、必々十人之者共之方へ被申調可然候、相残三ちやう(挺)ハ、彦五郎方家風粟宮・小曽戸かせ(悴)者ニ候間、筒をも持可帰迄候、此替番ハ小薬之鉄鋒(炮)衆三人三丁申付候、玉薬其外厳密ニ彦左衛門・五郎右衛

門ニ相渡可被帰由、是又無失念可被申付候、一、昨於備場其方同道、両人尤之由加詞候キ、荒豊一人計可然候、其外をハしかと陣屋ニ日数之間、不致随意有之様、堅可被申候、第一大酒・火事・無政道、彼是を始、書付之透仕置専一候、謹言、

（元亀三年）十二月六日　　孝哲（小山秀綱）（花押影）

岩上筑前守殿

天正元年（元亀四・西紀一五七三）

○九四一　佐竹義重官途状写　○秋田藩家蔵文書一四

此度なんまの地（鹿沼市）におゐて、動無比類存候、依之官途尤御心得候、恐々謹言、

元亀四年

正月十六日　　義重（佐竹）（花押影）

茂木太〔大〕膳亮（義範）殿

○九四二　佐竹義重官途状写　○秋田藩家蔵文書一七・三四

此度於南摩之地（鹿沼市）、動奇特之至候、因茲官途之事、尤御心得候、恐々謹言、

元亀四年
正月廿六日　義重（佐竹）（花押影）
真崎雲井亮殿

○九四三　佐竹義重官途状写　○国立公文書館所蔵宇都宮氏家蔵文書上

此度於深沢（栃木市）之地、動神妙之至候、因茲官途之事、尤御心得候、謹言、

元亀四年
二月三日　義重（佐竹）（花押影）
平野大膳亮殿

○九四四　芳賀高継官途状写　○小田部庄右衛門氏所蔵文書

此度於深沢（栃木市）之地、動相稼之条神妙候、因之官途之事、相心得候状如件、

元亀四年癸酉
二月四日　（花押影）（芳賀高継）
加藤太郎兵衛尉殿

○九四五　佐竹義重受領状写　○秋田藩家蔵文書五一

此度於南摩（鹿沼市）之地、動奇特之至候、因茲受領之事、尤御心得候、恐々謹言、

元亀四年
二月九日　義重（佐竹）（花押影）
信太駿河守殿

○九四六　佐竹義重書状写　○秋田藩家蔵文書一〇

竹三有相談、石川へ被及手切、白石江徐々与動、被得勝利之由、簡用候、然者、皆川山城守（俊宗）、宮中へ数度之慮外、於義重（佐竹）も無其曲候条、去年極月廿六日出馬、当月十三日迄張陣、山城守拘之地共、不嫌昼夜及取刷候間、皆川之地近辺深沢（栃木市）之城為始十一ヶ城責落、山城守在城許罷成、悉如存取

扱候、内々此度可明隙候得共、去年以来数十日諸勢張陣、
労兵痛敷候間、昨十三先宮へ入馬候、此上爰元有仕置、
二・三日中太田（茨城県常陸太田市）へ可納馬候、万々其時分可申合候、恐々謹
言、
「考ニ元亀四年也」
二月十四日　義重（佐竹）（花押影）
赤坂左馬助殿

○九四七　佐竹義重書状写　○佐竹文書

此度皆川へ出馬付而、自其口各鉄放衆被立越候、遠境一段
痛敷存許候、乍然当口之味方中覚ニ候間、本望之至候、殊
更鉄放衆一入辛労之儀共、不及是非候、爰元之仕置等何事
も如存候而、昨十三先宮へ納馬候、定可御心安候、委曲各
可申候間不具候、恐々謹言、
二月十四日（元亀四年）　義重（佐竹）（花押影）
「充所裁切テナシ」

○九四八　北条氏政書状写　○古案

内々以使可申届雖覚悟候、路次可為不自由之由候間、先以
飛脚申候、抑佐竹（義重）・宮（宇都宮広綱）向皆川（栃木市）張陳（陣）、依之為後詰去十日岩付（埼玉県さいたま市）
打着候処、敵則敗北、此度不討留儀無念千万候、此上ハ兼
日如申達、麦秋之行来月至于下旬者可存立候条、一途ニ向
佐竹於御出勢者、申合無二可及行候、猶路次至于無相違者、
重而以使可申入候、委細源三（北条氏照）可申候、恐々謹言、
二月十七日（元亀四年）　氏政（北条）（花押影）
芦名（盛氏）殿

○九四九　芳賀高継書状　○松野文書

此度向皆川（栃木市）之地、義重（佐竹）へ広綱（宇都宮）被申談、被及調義候処ニ、御
当方為御加勢御出陣、御稼御辛労故、広綱如被存、先以取
成被申候条、満足此事候、自何無手透之上御陣所へも不参、
併相似不沙汰之様候、于今意外千万存候、御陣労御大儀之
段、広綱以使者被申届候間、於自分も北条右京進□（申）述候、

於向後者、節々可申承候、御同意可為本望候、巨細口門令
付与候間、令略候、恐々謹言、

(元亀四年カ)二月廿二日　芳賀
高継（花押）

(資通カ)松野殿
御宿所

○九五〇　宇都宮広綱書状写　○佐竹文書

急度令啓候、仍信玄(武田)至于其国御発足、追日被属御本意之段、
其聞候、誠肝要至極候、彼等之儀、節々雖可申届候、定而
可有其聞候、北条氏政関宿口(千葉県野田市)調儀、其上向当口被及行之上、
無手透之間、無其儀条、併意外候、去秋如申届、皆川山城(俊宗)
守対広綱(宇都宮)度々分外之扱増進之間、義重(佐竹)其外味方中相談、当
春成調儀、及十ヶ城山城守拘之地属手裏候、氏政(北条)当口出張、
彼等之儀も、畢竟皆川所行無是非候、弥無念候、雖然防戦
堅固成之候間、無指儀不経日退散候、爰許之様子、信玄江
長文以申届候、能々被取成、具回章可為祝着候、委細芳賀
十郎(高継)可申届候、恐々謹言、
追而、其国早速有御静謐、
被納馬之儀、単念望候、至于
其時者、猶以
(元亀四年)二月廿五日　広綱(宇都宮)（花押影）
爰元之儀共
可申合候、
土屋右衛門尉殿

○九五一　宇都宮広綱官途状（折紙）　○塩谷文書

此度鹿沼地へ成動候処、抽粉骨被相動、被疵候条、感心之
至候、然者官途之事、可有御心得候、恐々謹言、
(元亀四年)二月廿七日　広綱(宇都宮)（花押）
塩谷宮内太輔殿

○九五二　上杉謙信書状　○上杉家文書

□□ニ返可申処、□□白川江盛氏(蘆名)父子被出馬、仕合能、
結句義重(佐竹)乗向候処ニ、父子御擬故、敵敗北、誠心地好、無

比類候、一、白川(義親)被渡不背(肖)ニ候間、愚之越山無之者、可被遂無事由候歟、尤ニ候、雖然、浮沈共□(二)、盛氏父子ニ当方申談処、敵味方無其隠候条、帰馬之上、其方招候而、始末談合申、其上、菟も角も、父子可為御分別候、越山之有無□□□□(者於白川)者不及申、深谷(上杉憲盛)・羽生(木戸忠朝)可引助処、存詰之間、父子之御分別尤候、一、三楽(太田資正)以稼、義重・盛氏一和雖取嗳、当方江之届計ニ、一和仰切之由、難尽筆紙候、一、深谷幷北条丹後守(高広)父子如註進者、極月関東方へ、氏政(北条)遣長々無用之弓矢立候而、初佐・宮(佐竹・宇都宮)諸家中同事而打向、既一戦之取成候処、廿九夜中、自多功原(上三川町)敗北候処ニ、東方之衆撃押付、数千人討捕候故、岩付江一騎ニ而、氏政逃入之由申候、加様ニ東方之衆ニさへ出合、令敗軍候、増而愚之越山候ニ可合簾歟、腹筋ニ候、去秋、深谷・羽生江源三(北条氏照)代官ニ立由候歟、身之当口へ之無手透処ヲ見聞申、様々のめり出候、向後も越山申候ニ、氏政計愚与及対陣者、其方咲物ニせられへく候、信玄・氏康同陣候時も、度々愚老乗出、退散之時も候つる、旁々も可被及聞候、一、東方此上盛氏於談合申者、

何も別義有間布歟、氏政江為同心由候得共、氏政以下手作、旧冬東方へ打出候ニ付而、東方何も敵ニ作立候条、縦東方之衆、盛氏愚老かたへ為同心間敷分別ニ候共、はや氏政ニ手切之上者、此方江為不取付不叶候歟、一、去秋可被聞及歟、信長(織田)以取嗳、越・甲一和意見候処、信玄如何分別候哉、朝倉義景於取刷者、越・甲無事可落着候、織田信長至于取刷者、為同心間布由候而、徳川家康江手出シ、同濃州向遠山、信玄立色候、家康息(秀康)者信長むこにて、信長芳志故、家康三州・遠州被入手候、依之、遠州・参州江信玄手出シ、信長江事切も同前ニ候処、猶以、濃州之内遠山江信玄出物色候間、弥信長・家康、無二無三、当方江浮沈共ニ以数通之誓詞被申合候、信玄可押詰ヲ存時者、当口者少差ニ候条、早々令帰馬、信・関江之調義存詰候、一、去秋当口へ為自出馬、度々勝利、当陳(陣)及二三度、敵間近押詰候故歟、正月賀州・越中之凶徒令悃望候間、関・信之依心懸、任悃望□□候、号富山(富山県富山市)地利為出城、半途迄納馬候処、自信玄使号長延寺者、表裏申ニ付而、敵富山へ引返候間、愚老事も押

返、富山江凶徒追入、稲荷・同岩瀬・本郷・二宮押上向城、敵地之間上道弐半里又一里又十町有之処も候ニ押詰、向城取立、普請五日之内ニ出来、其上仕置申付、可納馬候、左候者、其方可招候、早々大義ニ候共、被越、静ニ雑談申度候、扨亦、賀州・越中之凶徒者、神通川向ニ陣取候、富山之外ニ、一ケ所も、敵城神通ヨリ内ニ無之候、果而富山持募義者有之間布候、一、極月廿一、於遠州信玄・家康有仕合、小幡尾張守初息兄弟五百余人敵討捕、家康被得勝利、以来信玄除兼、于今遠・三之山入ニ有之由申候、大山ニ候間、卒爾ニ道作事、成間布由申候、飛州・能州、何も隣国無別義候、可心安候、万吉重而恐々謹言、

追而、氏治(小田)佐竹へ縁辺ニ取組由候哉、如何不審ニ候、旧冬も当春も被越使、理而懇比ニ候、偽歟与思候、以上、

(元亀四年)三月五日　謙信(上杉)(花押)

遊足庵(淳相)

○九五三 「下野国供養帳」第一・二 ○高野山清浄心院所蔵

月

下野富田領クライノ郷福冨右衛門

貞《テイ》俊禅門　霊位

元亀四年癸酉三月十六日立之

○九五四 某官途状 ○石崎文書

此度於深沢(栃木市)闘懸合刻、無比類勤、令感還賞、仍而官途之事、被成之候、如件、

(元亀四年カ)三月廿日　(花押)

石崎周防守殿へ

○本文書、なお検討を要す。

○九五五 「下野国供養帳」第一・二 ○高野山清浄心院所蔵

月

下野皆川大垣龍興寺　龍吟庵

預蘆修決掃建公座元禅師　位
元亀四年癸酉三月廿一日

○九五六　「下野国供養帳」第一・二　○高野山清浄心院所蔵

月
下野富田新宿大嶋太郎衛門立之
道春禅定門　逆修
元亀四年癸酉三月廿七日

○九五七　「下野国供養帳」第一・二　○高野山清浄心院所蔵

月
下野宇都宮之領世戸之郷宇賀地丹後守内女
妙香禅定尼
元亀四年癸酉三月廿八日富田老母如意□□□

○九五八　明察小山高朝判物　○円満寺文書

猶々、両屋敷任置候、

先籠城以往十余年、領中竹木以下切取事、無際限候間、何之明屋敷をも手元ニ指置候、仍而慈宝寺隠居屋敷幷地蔵屋敷、任御懇望返進之候、於此上も、竹木不被立者、不可有其曲候、然而天王権殿屋敷竹様々申届候処、不被立候条、口惜候、相拘候者、可承候、裁而可申付状如件、

元亀四年癸酉
卯月朔日　（小山高朝）明察（花押）
元久江

○九五九　徳雪斎周長書状　○高野山清浄心院文書

（封紙ウハ書）
「謹上　清浄心院貴面　　周長」
徳雪斎

貴札拝見、過分至極ニ令存候、爰元静謐之段被及聞召候哉、于今干戈無止事候、武運長久之御祈念之段忝次第候、殊為

御音信三種被懸御意候、且者御芳志、且者不走廻所ニ、毎度如此義迷惑候、手前取静、御法恩奉謝、一度貴山参詣念願迄候、然者爰元へ自佐竹今明日可為動由候間、取乱之躰、御使僧見聞之上不具候、恐々敬白、

（元亀四年カ）卯月廿日　周長（徳雪斎）（花押）

謹上　清浄心院貴面

〇九六〇　「下野国供養帳」第一・二　〇高野山清浄心院所蔵

日牌

下野皆川又四郎為家中
昌心禅定尼　霊位
天正元年癸酉四月廿六日立之

〇九六一　宇都宮広綱受領状写　〇秋田藩家蔵文書五二

受領之事、成之状如件、

五月三日　広綱（宇都宮）（花押影）

平野丹後守殿（貞氏）

〇九六二　「下野国供養帳」第一・二　〇高野山清浄心院所蔵

月

下野皆川東南坊立之
権大僧都宥尊　逆修
元亀四年六月廿三日

〇九六三　北条氏政書状　〇小田原城天守閣所蔵文書

急度令啓候、抑疾可令出張処、難去子細有之而遅々、全非油断候、然者来廿六七之間、必令出馬候、兼日如申合、不移時日宇都宮へ雖可取詰候、越国輝虎（上杉）、尾州之信長（織田）相談、当秋向甲・相（武田・北条氏）可動干戈由、申来候、依之甲・信両国之人数、悉盆前駿州へ発向、駿・遠之境ニ被築地利候、加様之処、無心元候間、内々敵之是非承届上、雖可令出張、余手延候条、先利根川端へ打出、各味方中相談、一動成之、来月中

旬迄も西北至于無事者、中合行、無二可存詰候、如此委細申届意趣者、此方出馬与有之而、被及卒爾之御行、此方之首尾不合者、後日氏政(北条)相違之様ニ候而者、口惜候条、有之儘存分申届候、猶自陣中可申達候、被遂御塩味、何分ニも御指引肝要候、同者早速佐竹(義重)へ御手切、外聞実儀所希候、委細源三(北条氏照)可申候、恐々謹言、

(天正元年)七月廿三日　氏政(北条)（花押）

蘆名殿(盛興カ)

○九六四　孝哲(小山秀綱)書状写　○常陸遺文二

前日以使申届候、条々御懇意之廻答祝着候、仍而義重(佐竹)向木田余ニ在陣、被属本意模様、定而可有其聞候歟、将又氏政(北条)去月廿八日出馬、忍・羽生之間、号小松与所ニ被陣取之由、昨自関宿之注進候、越河不有程候与兼日申述候、従資晴(那須)之御加勢希所候、為其急度申送候、委細岩上宮内少輔口上ニ申含候、恐々謹言、

(天正元年)八月九日　孝哲(小山秀綱)（花押影）

資胤(那須)江

○九六五　「下野国供養帳」第一・二　○高野山清浄心院所蔵

日牌 

下野皆川心徹斎之法名

傑岑文勝居士　霊位

天正元年癸酉八月十一日立之

○九六六　小山秀綱感状写　○彦根城博物館所蔵彦根藩井伊家文書

「藤原(異筆カ)」

北条氏政淡志川之城取詰、則時被懸責候刻、於預置役所子共之藤三郎、十六歳ニ而最前之高名、自今以後、不可有比類、天道加護旨、以其地案堵(ママ)之上、褒美可被下候、玉薬壱万放遺候、三人談合仕、無油断各可相渡状如件、

天正元年癸酉

九月三日

秀綱（花押影）

佐乙女兵庫助殿

○九六七　徳雪斎周長書状写　○白河証古文書

重而以脚力申達候、今日巳刻過者、敵当口へ物頭見へ不申候、栗（粟、以下同ジ）志川ニ日夜無油断鉄炮之音聞及申候、彼地江取扱候と見へ申候、一昨之於栗志川、壬生（綱雄）・皆川衆手負・越度有之由候、西方堅固ニ自南摩之儀堅固ニ相抱候、可被御心安候、然者南衆廿里卅間之内、味方地取詰候所、御備無之候而者、目代之覚不可然候、地形之義者、春・夏毎（前ゝ）度被及御憑候、御出馬之上当口へ御人数被指越、西方へ日々二百騎・三百騎被指遣候ハヽ、栗志川張陣之義不可叶候、一日も早く御出馬企望候、殊ニ先日小山ニ聊越度候へハ、此以今般之御備等無之候者、味方中迷惑可申候ニ、地形よく候ハヽ、御談合於御一戦可輒候、三楽斎被召出可然存候、南衆鍛錬被申、一途可被申上候、委細梅江斎（岡本禅哲）申条不具之旨可被得御意候、恐々謹言、

（天正元年）九月七日巳刻　　徳雪斎

周長（花押影）

太田（佐竹義重）

御館人々

追而過夜も栗志川ニ終夜鉄炮之音ときこゑ聞得候、取扱候と見へ申候、已上、

○九六八　「下野国供養帳」第一・二　○高野山清浄心院所蔵

下野皆河箱林（森）宗光坊取次清林坊

権少僧都長忍

天正元年九月十六日

○九六九　「下野国供養帳」第一・二　○高野山清浄心院所蔵

下野皆河箱森宝光坊立之

月

妙最禅定尼　逆修

天正元年九月十六日　取次清林

○九七〇　小山秀綱書下写　○秋田藩家蔵文書一〇

当幕被紏好被対之候条、以其筋目、近年弥被遂悃意、特（殊）更連々幕文被直之度由之際、今度於壬生陣中申合候、此所老父高朝（小山）江兼日相理候仁、無異儀候、如件、

元亀四癸酉年初冬（十月）七日　秀綱（小山）「花押同前」

梅江斎（岡本禅哲）

「上包ニ、別筆ヲ以テ依上之御判形也トアリ」

○九七一　芳賀高継書状（竪切紙）　○栃木県立文書館寄託小宅定一郎家文書

（包紙ウハ書）「小宅弥八郎殿へ十郎殿ゟ御状」

就大頭勤役、はいたか給候、怡悦候、地たか相勝候上、一段令秘蔵候、恐々謹言、

十月廿四日　十郎（芳賀）高継（花押）

小宅弥八郎殿

○本文書、天正初期のものと思われる。

○九七二　笠間高広受領状（折紙）　○福田文書

名国司事

高広（笠間）（花押）

元亀四癸酉拾月吉日

福田尾張守（有常）殿

○九七三　宇都宮広綱書状写　○秋田藩家蔵文書五二

猶々、ふるまひ事、可然様令校量候、同名越後守辛労痛間敷候、

内々鷹様躰無心元候処ニ、取餌之雁急度上申候、目出度喜悦至候、然者一両日之内罷出、ふるまひの様躰具可申上候、尚せう如何様候条、無心元迄候、同者、越後守ニも物語可

致候、委細者、筑後守可申遣候、謹言、
霜月十日　広綱(宇都宮)（花押影）
平野大膳亮殿
○本文書、元亀四年～天正五年頃のものと思われる。

○九七四　「下野国供養帳」第一・二　○高野山清浄心院所蔵

月　下野国本新左衛門立之
　道慶禅定門　霊位
元亀四年十一月十五日

○九七五　上杉謙信書状　○下条文書

重而為使関口被越候、越山之儀、越中帰馬已来令覚悟候処、越中ニも数日、立馬候条、以此足至于越山者、労兵ニ而無見立、又張陣も無之候得者、其地引立儀ニ者無之、結句引殺道理ニ候条、先年内者休諸軍、越年候者、則正月五ヶ日之内ニ、雪ぉわらせ可越山迄候、気付候様ニ可思候、其支証者、当国年寄共ニ何も為誓詞、以下之者ニも神水ぉ為飲、如何ニも堅申付候、是ニ不審有間敷候、乍去雪時ニ候間、路次にていつもの土之時分ヨリハ可有逗留由令校量、其内為矢銭木伊(木戸忠朝)父子・菅左(菅原左衛門)へ黄金弐百両申付差置処、彼使関口可請取由申候条、相渡候、可然様ニ心得候て可申候、其方忠信之儀者、何様越山之時分可申候間、可心安候、恐々謹言、

追而東方如何ニも相調、佐(佐竹)・宮(宇都宮)何も飛脚ぉ被越候、此なりおぢ・おいへ可申候、以上、

(天正元年)極月廿五日酉刻　謙信(上杉輝虎)（花押）
玉井豊前守殿

○九七六　宝篋印塔基礎部銘

○結城市孝顕寺

奉刻彫石塔一軀
為天翁孝運居士
也
于時天正元年癸酉
十二月晦日孝子敬白

○天翁孝運は小山高朝の戒名。

○九七七　結城晴朝書状写

○東京都立中央図書館所蔵下総崎房秋葉孫兵衛旧蔵模写文書集所収乗国寺文書

尚々、先日者機遣申、安芸守（多賀谷政広）を以申上候処、御挨拶御懇切、誠畏入候、乍此上悪心之者ハ、申隔度計策、当世はやり物ニ候、某心底よしハ、無二ニ御心底御同意候、況御心底之事も無二某を人と思召、旦那ニ被為、専御覚意、昼夜御逼塞候所、見届申候間、菟ニ角ニ御憑敷外無他候、於存分ハ末々迄も此一事まてに候、

態啓達、抑榎本遠行、老後長病、雖覚悟前ニ存候、某朦昧可有御推量候、殊更彼一世之間、内外共ニ、何ニても不罷違孝義（儀）迄も、先立候処ニ、或者折檻、或者免許、一代菟角、剰際（最期）こまて折檻為申候事、乍順義（儀）も心底之外浅間敷、弥朦昧申迄候、何たる以因果、親子之契約、乍我身も不運存迄候、併不致不孝義（儀）、天道明白之間、心安モ存、其上小山へハ、猶以折かん（檻）強候間、以是慰申候、然者於永正寺ニ、中陰之義（儀）、大中寺御門波（派）、しゆんてい（淳貞）はい（牌）所へ立候、其上他家之義（儀）ニ候間、可憑入存分、先日以安芸守内々申述候処ニ、被聞召届、条々御懇答誠畏入候、先段如申宣、代々之はい（牌）所と申、大雲（結城政勝）・昌林（政勝夫人）御好と申、其上貴寺御事者、愚之以拵、那須御出之時分ニ引留申心底成就、于今御繁昌不浅御縁、以何ヶ毛髪可存無沙汰候哉、殊去年身躰、劬労申間、無拠モ似合不申義（儀）憑入、以其旨趣如存成就故、自万邦尊老江御恨をかけ、剰種々之義（儀）共、仮令無何事候間、某事者令安堵

候、此御志ハ生々世々不浅義〔儀〕、不可奉忘も、似合不申乍御用、一命を進置候共、速存詰候間、猶々御当寺御繁昌、昼夜逼塞申迄候、不断心底ニ候へとも申達候、自然佞人之以所行、生々世々之御縁を薄申候ハんかと、此義〔儀〕劬労申迄候、乍勿論いよ〳〵御同意ニ候者、可畏入候、委細者懸御目候時分、心静ニ可申達候、かしく、

（墨引）

乗国寺参人々　　晴朝（結城）

○本文書、小山高朝が死去した天正元年十二月晦日かその翌日のものと思われる。

○九七八　結城晴朝書状写

○東京都立中央図書館所蔵下総崎房秋葉孫兵衛旧蔵模写文書集所収乗国寺文書

追而はい寄之焼香、私事ハ煩申候間、無際限義、貴寺様憑入度由申候、貴寺様御事ハ、秀綱（小山）機色も御違左候間、下々迄も可為同前候へ共、あなたの義ハ、如何共候へ、私代官ニ御出之義ハ、私へ之御志ニ候上、一辺御焼香ニて、御帰可有之迄ニ候と思召、御出候へかしと存候、其分ニ候者、安芸守（多賀谷政広）をはしめ、二三騎も指添可申候、但御心底御思慮之義も候者、菟ニ角ニ御作意まかせ（任）たるへく候、委細者追而可申入存候、無用之義共、あらわし申候、御他者不可叶候、此由以上、

（墨引）

乗国寺参人々　　自館

○本文書、小山高朝が死去した天正元年十二月晦日直後のものと思われる。

○九七九　明察小山高朝書状

○円満寺文書

尚々、御音信目出度存候、

就慈宝寺御入院、態御音問、殊樽肴并鳥目越給候、目出度令祝言候、如何様以吉日可申述候、恐々謹言、

卯月廿九日　　明察（小山高朝）（花押）

慈宝寺江

○九七九号～九八一号は年未詳であるが、小山高朝の命日にかけ便宜ここ

に置く。

○九八〇　小山高朝書状　○佐八文書

（端裏書）
「小山殿」

為此度之弓箭立願、大神楽銭十二貫文令進納候、猶以本領安堵、子孫繁昌之様ニ、於　神前御祈念尤候、恐々謹言、

十二月十一日　　前下野守（小山）高朝（花押）

謹上　内宮佐八掃部助殿

○九八一　小山高朝書状　○佐八文書

尚々去廿日遥々帰路□□廿二日ニ□（為カ）初穂百疋進候き、

去年為立願大神楽銭十二貫令進納候事、争毛頭無沙汰之儀可有之候哉、　天照太神も御照覧候へ、纔も無如在可立進候由、郷中へも、走廻者共ニも裁而申付候上、急度可有催促候、恐々謹言、

十二月廿五日　　（小山）高朝（花押）

内宮佐八掃部助殿

○九八二　笠間綱広書状写　○秋田藩家蔵文書四八

返々懇切被申候、悦喜此事候、

所労于今減気無之候哉、無心元次第候、将又名字中尽未来、綱広に余儀あるましき由、重而以　神名被申候、難有存候、於綱広もさり共大炊助をはしめ大かく助、其外名字中ニ等閑有へからす候、心安可被存候、目出度被取直候へく候由思候、謹言、

八月十六日　　（笠間）綱広（花押影）

（封墨引）福田尾張入道殿　　自館

○九八三　小山秀綱書状写　○栃木県立文書館寄託小宅雄次郎家文書

（注記）
「小山秀綱入道孝山之状」

昨申剋自壬生粟農川江不慮之行候処、自城中出合処、却而敵手負・死人数多仕出候、最大悦可有推量候、当城河西之

儀者、地利二・三ヶ所候、上手曲輪候東筋、半田迄之際、五・三日之中、白《城カ》地可取立候、自其口鹿沼乗込以下手繁有之様任入候、地利普請如形之到出来者、調義可申合候条、動キ十日迄者、不可延候、定而不可有其隠候、恐々謹言、

（後欠）

（注記）「薬師寺田中野口氏所蔵」

○本文書、元亀末期～天正初期のものと思われる。

○九八四　小山高朝書状　○岩上文書

尚々、この間煩いかやうニ候や、心もとなく候、時分からと云、引詰御養生可然候、又はんきやう《判形》さしそへ《差添》候、不足の義いくたひ《幾度》も申され候へく候、

真名子右衛門彼板の事、あらためてしたく候よし、まことにいたましく喜悦之至候、おなしくは、まへのいたをもさし添こし申され候様ニ、かならす〱申遣候へく候、家の事も五けんまなか《真中》ニおもてのゑん《縁》七しやく、庇のうち二けんまなか《真中》ニ、又うらへ六しやくニ、かもへ《鴨居》ニ候て所望ニ候、てもとニはんちやう《番匠》一向候ハす候間、こと〱く木こしらへなといたされ、さしこされ候様ニ申越候へく候、又あまりニとせん《徒然》ニ候間、羽とひのはいたか《鷂》所望ニ候、おなしくゑふくろ《餌袋》なとをも被指添様ニ相調、もつともニ候、又はいたか候ハすハ、しゝくゐいぬ《獣食犬》所持のよしきゝ及候、これをぬすミ《盗》度候、だはいにてもまかり越候て、調法申され候へく候、かしく、

（封紙ウハ書）「（切封墨引）

九郎三郎《岩上》殿　高朝《小山》」

○本文書、小山高朝の命日にかけて便宜ここに置く。

荒川善夫（あらかわ　よしお）
一九五四年、栃木県生まれ。宇都宮大学教育学部社会科卒業。
現在、栃木県立文書館古文書専門員。
著書に、『戦国期北関東の地域権力』岩田書院、一九九七年、『戦国期東国の権力構造』岩田書院、二〇〇二年、『戦国期東国の権力と社会』岩田書院、二〇一二年など。

新井敦史（あらい　あつし）
一九六七年、群馬県生まれ。筑波大学大学院博士課程歴史・人類学研究科単位取得退学。
現在、大田原市黒羽芭蕉の館学芸員。
著書に、『下野国黒羽藩主大関氏と史料保存』随想舎、二〇〇七年、『武士と大名の古文書入門』天野出版工房、二〇〇九年、『下野おくのほそ道』下野新聞社、二〇一五年など。

佐々木倫朗（ささき　みちろう）
一九六六年、静岡県生まれ。筑波大学大学院博士課程歴史・人類学研究科中退。
現在、大正大学文学部教授。
著書に、『戦国期権力佐竹氏の研究』思文閣出版、二〇一一年など。

戦国遺文　下野編　第一巻

二〇一七年九月二〇日　初版印刷
二〇一七年九月三〇日　初版発行

編　者　荒川善夫
　　　　新井敦史
　　　　佐々木倫朗
発行者　大橋信夫
印刷所　亜細亜印刷株式会社
製本所　亜細亜印刷株式会社

発行所　株式会社　**東京堂出版**
東京都千代田区神田神保町一―一七（〒一〇一―〇〇五一）
電話　〇三―三二三三―三七四一　振替〇〇一三〇―七―二七〇

ISBN978-4-490-30774-0 C3321
　http://www.tokyodoshuppan.com